'일'이 아닌 '업'을 찾아가는 홀로서기 여행

뜻밖의 창업

'일'이 아닌 '업'을 찾아가는 홀로서기 여행

뜻밖의
창업

김용태 지음

연암사

'일'이 아닌 '업'을 찾아가는 홀로서기 여행

뜻밖의 창업

초판 인쇄   2019년 12월 10일
초판 발행   2019년 12월 15일

지은이   김용태
발행인   권윤삼
발행처   (주) 연암사

등록번호   제16-1283호
주소   서울특별시 마포구 양화로 156, 1609호
전화   02-3142-7594
팩스   02-3142-9784

ISBN 979-11-5558-050-9   03320

연암사의 책은 독자가 만듭니다.
독자 여러분들의 소중한 의견을 기다립니다.
트위터   @yeonamsa
이메일   yeonamsa@gmail.com

이 도서의 국립중앙도서관 출판시도서목록(CIP)은
서지정보유통지원시스템 홈페이지(http://seoji.nl.go.kr)와
국가자료공동목록시스템(http://www.nl.go.kr/kolisnet)에서
이용하실 수 있습니다. (CIP제어번호: CIP2019030854)

머리말

이젠 누구나 창업해야 하는 시대가 되었습니다. 그런데 많은 사람들이 창업에 대해 잘못된 인식을 가지고 있다 보니 창업을 주저하고 창업생태계도 침체되어 있습니다. 창업과 사업은 다른 차원의 개념인데 혼동하는 거지요.

다니던 직장 그만두고 사업자등록을 내자는 것이 아닙니다. 자신의 업(業)을 발견하고 그것을 향해 첫걸음을 내딛는 용기가 창업입니다. 그것이 비즈니스로 연결되면 사업이 되는 것이고 자신의 업에 부합되는 직장을 찾으면 취업하는 거지요. 사업을 시작했다가 성공보다는 곤경에 처하는 경우도 더 많고 큰돈을 잃게 되면 극단적 빈곤 상태를 맞을 수도 있다 보니 위험한 창업보다는 안정적인 취업을 선호합니다. 또 사농공상 시대가 아닌데도 우리 사회 전반적으로 사업에 대해 부정적인 시선이 잠복해 있는 것도 사실입니다.

5

디지털 혁명, 특히 1990년대부터 확산되기 시작한 인터넷은 노동, 직업 등의 개념을 송두리째 바꿔놓았습니다. 지구인들이 직접 연결될 수 있는 인프라스트럭처가 구축되었고, 기존 오프라인 시스템을 거치지 않고도 구름(cloud) 위에서 만나 소통할 수 있게 된 변화는 1인 비즈니스, 1인 미디어, 1인 금융 등을 가능하게 만들었고 "I am a business" "I am a brand"가 새로운 경제패러다임으로 자리 잡아가고 있습니다.

21세기 뉴 밀레니엄 들어 변화는 급물살을 탔습니다. 2008년 스마트폰 시장이 열리면서 과거 영화 속 007 특수요원들이 들고 다녔을 법한 최첨단기기가 개인들의 손에 쥐어졌고 누구나(anybody) 언제(anytime) 어디서나(anywhere) 무엇이든(anything) 할 수 있는 모바일환경이 조성되었지요. 스마트폰은 문명사적 의미를 갖는 물건입니다. 사람들이 스마트폰으로 주고받는 메시지와 찍어 올린 사진이나 동영상, 그리고 위치를 이동하면서 남긴 족적 등은 빅 데이터가 되었고, 데이터를 배부르게 포식하게 된 인공지능은 인간의 지능 수준을 능가하게 되었습니다. 결국 4차산업혁명이라는 용어도 등장합니다.

인류 역사상 지난 20~30년만큼 숨 가빴던 시대가 있었을까요? 사람들은 변화를 따라잡느라 정신 차릴 겨를도 없었고, 시간이 등속도 운동을 하니까 못 느끼는 것뿐이지 사실은 전혀 다른 세상이 되어 버린 겁니다.

문제는, 세상은 바뀌었는데 생각은 바뀌지 않았다는 사실입니다. 산업시대에 태어나서 학교 다니고 직장생활하면서 살아왔던 관성은 우리 머릿속에 고정관념을 형성해 놓았고, 그 틀이 단단해서 쉽사리 깨지질 않습니다. 부모들은 구시대적 낡은 관념을 자식들에게 교육하고 있고, 20~30대 청년들은 심한 인지부조화를 겪고 있습니다. 그것이 높은 실업률, 낮은 결혼율과 출산율, 행복지수의 저하, 우울증과 자살률의 증가, 그리고 세대 갈등이라는 심각한 사회 문제로 불거지고 있는 겁니다.

이 문제를 어떻게 해결할 수 있을까?

창업밖에는 없습니다. 창업에 대한 생각을 바꾸면 뜻밖의 기회를 발견할 수 있고 야생성도 회복될 수 있습니다. 나는 창업을 부추기려고 이 책을 썼습니다. 또 어떻게 하면 창업의 성공률을 높일 수 있을까가 이 책의 핵심주제이기도 합니다.

모두 사업하라는 얘기가 아니라 당신의 업을 찾아나서는 여행을 시작해 보자는 겁니다. 유튜브나 인스타그램 등 SNS에 올릴 콘텐츠를 만드는 일이 밤새서 할 만큼 재미있고 의미 있다고 생각 든다면 그것도 창업입니다. 책을 쓰는 것도 창업이고, 당신이 좋아하는 것을 만들어 보는 것도 창업입니다.

어느 날 문득 캔디케이스 수집광인 자신의 애인을 도와주려고 인터넷을 뒤지다가 온라인 벼룩시장을 만들어서 서로 사고팔고 교환도 할 수 있도록 하면 좋겠다는 생각을 갖게 된 사람이 있었습니다. 이베이(eBay)의 창업자 피에르 오미디아르 이야기입니다. 그는 처음부터 돈 벌려고 옥션 웹을 프로그래밍한 것이 아니었습니다. 그냥 애인을 사랑하는 마음에 만들어 본 건데 뜻밖의 창업이 된 거지요. 지금은 글로벌기업이 된 구글, 알리바바, 페이스북, 에어비앤비, 우버 등등 대부분이 그렇게 시작했습니다.

운동선수가 몸에 힘이 들어가서는 좋은 성적을 낼 수 없듯이 사업하려면 돈을 좇아가지 말고 자신의 업을 좇아야 합니다. 그러다 작은 첫걸음이 큰 발자국으로 변할 수 있고, 뜻밖의 성공으로 이어질 수도 있습니다. 이 책 2부의 내용처럼 일을 하지 말고 업을 해야 하는 이유입니다.

또 이제는 산업시대에 사업하던 방식으로 해서는 성공할 수 없습니다. 산업문명이 저물고 스마트문명으로 패러다임이 전환되면서 게임의 룰이 바뀌었기 때문이지요. 사물의 경제논리가 아니라 정보의 경제논리로 사업해야 하고, 시장으로 들어가지 말고 플랫폼으로 나가야 성공률을 높일 수 있습니다. 이 책의 3, 4부는 새로운 사업의 원리를 사례들과 함께 설명하고 있습니다.

좋은 공동체의 조건은 무엇일까?

나는 혁신을 보상해 주는 사회가 좋은 공동체라고 생각합니다. 새로운 시도와 모험을 하는 사람들을 끊임없이 격려하고 과감히 보상해 주어야 역동적인 분위기가 살아납니다. 사회적으로 성공한 사람들은 우쭐대면서 갑질을 해서도 안 되고 금고 자물쇠를 잠가서도 안 됩니다. 그들은 실패한 사람들에게 큰 빚을 지고 있기 때문이지요. 실패라는 씨앗이 오랜 시간 어둡고 축축한 땅속에서 견디면서 밑거름이 된 것이고, 그 토양 위에서 성공이라는 꽃이 핀 겁니다.

꽃의 붉음은 열흘 이상 가지 못합니다. 씨앗을 귀하게 여기고 종자에 투자하는 사회가 건강하고 지혜로운 공동체지요. 황폐화되어 있는 창업생태계를 살려내는 것만이 위태로운 한국사회가 구원받을 수 있는 유일한 길입니다.

21세기는 유목민(nomad)의 시대입니다. 우리가 모르는 세상은 알고 있는 세상보다 훨씬 크고 황홀합니다. 좋은 집에 안주하려고 하지 말고 거친 길을 떠나보면 뜻밖의 세상을 만나게 될 겁니다.

이 책을 통해 창업은 최고의 인생을 살아가는 진정성 있는 삶의 양식임을 꼭 말하고 싶었습니다.

차례

제4부 \ 시장으로 들어가지 말고 플랫폼으로 나가라

제1부

최고의 직업은
창업이다

직업이 사라진다

직업의 역사

직업(職業)이라는 단어는 언제부터 쓰이기 시작한 것일까? '직업'이라는 개념이 생기고 용어화된 것은 불과 200년밖에 되지 않는다. 산업혁명 이후에 벌어진 일이다. 산업혁명은 말 그대로 '혁명'이었다. 혁명(革命)이란 '명이 바뀐다'는 뜻이다.

18세기 후반부터 본격화된 산업혁명은 인류의 운명을 바꿔놓았다. 동양과 서양의 역전이 일어나고 사람들의 세계관과 가치관, 인생관도 달라졌다. 세상은 요동치고 패러다임이 이동하면서 질서와 체제도 변해 버린 것이다.

산업혁명은 크게 두 가지의 새로운 조직체를 탄생시켰다. 하나는 기업이고, 또 하나는 국가다. 대량생산과 대량유통을 감당하기 위해서 이전의 길드나 가내수공업 형태가 아닌 '기업'이라는 전문 생산 조직체가 생겨났고, 또 세계 패권 다툼에 대응하기 위하여 '국가'라는 강력한 체제와 울타리를 갖춘 조직체가 만들어졌다.

이런 점에서 국가라는 개념의 역사도 그리 길지 않다. 19세기 들어 유럽에서는 근대국가들이 등장한다. 예를 들어, 이탈리아라는 근대국가가 탄생한 것은 1861년의 일이다. 이탈리아가 통일되기 전 이탈리아 반도에는 크고 작은 도시국가들과 왕조가 존재했었고, 민족이니 국가니 하는 개념은 갖고 있지 않았던 것이다. 독일도 마찬가지다. 독일이라는 근대국가로 통일된 것도 1871년이다. 이전에는 프로이센 왕국, 그 전에는 신성로마제국 영토의 일부였다.

19세기는 이렇게 국가의 개념과 체제가 태동하던 시기였고, 일본도 메이지 유신을 통해 바쿠후(幕府)체제에서 근대국가로 전환했다. 그리고 국가들의 패권이 충돌한 것이 20세기 들어 두 차례 치러진 세계대전이었다.

이전에는 민족이라는 개념도 형성되어 있지 않았다. 근대국가를 만들고 유지하기 위해 강력한 구심점이 필요했고, 민족이라는 개념이 생겨났다. 우리나라도 마찬가지다. 세상이 그렇게도 요동치던 19세기 조선왕조는 잠자고 있었고, 근대국가 체제로 전환하는 데에도 무관심했다. 한민족이라는 개념도 뒤늦게 일제강점기 때 단재 신채호 선생에 의해 부각된다. 13세기 말 고려의 승려 일연이 쓴 〈삼국유사〉, 그러나 조선왕조 600년 동안 거들떠보지도 않았던 이

책에 기록되어 있는 단군신화를 재조명한 것은 〈조선상고사〉였다.

주제에서 벗어난 얘기를 좀 길게 한 이유는 우리 머릿속에 있는 많은 개념들의 역사가 그리 길지 않고, 또 고정된 관념에 갇혀서는 안 된다는 점을 강조하기 위함이다. 과거의 역사를 현재의 관점으로 보아서는 본질을 통찰할 수 없고 미래에 대한 예지력도 얻을 수 없다.

직업은 산업혁명 이후 기업과 국가가 만들어지면서 생겨났다. 애덤 스미스가 〈국부론〉에서 시장경제의 주요 원리로 '분업(分業)'이라는 개념을 부각시켰고, 이후 모든 사회조직체들은 분업을 업무 방식으로 채택하게 되었다. 산업문명의 사회시스템이 재편되면서 산업분류표가 만들어지고 직업도 다양하게 분화(divergence)된다.

인류는 원시시대부터 생존과 번식을 위해서, 또 공동체의 유지를 위해서 수렵이나 채취, 농경과 목축, 전쟁 등의 경제활동을 해 왔지만 그것은 지금 우리가 생각하는 직업의 개념과는 전혀 다른 것이었다.

직업의 미래

이렇게 짧은 역사를 가지고 있는 직업이라는 개념과 형태는 미래에도 존재할까? 결론부터 말하자면, 직업은 사라진다. 그렇게 단언하는 근거는 지금 또 새로운 혁명이 일어나고 있기 때문이다. 스마트혁명이다.

스마트혁명의 발단은 1990년대 인터넷에서 시작됐다. 인터넷이 확산되어 전 세계가 거미줄처럼 연결되는 웹(web) 생태계가 조성되면서 세상의 질서체계는 걷잡을 수 없이 요동쳤다. 물론 웹은 어느 날 갑자기 하늘에서 뚝 떨어진 것은 아니다. 제2차 세계대전 이후 컴퓨터가 발달하기 시작했고, 1980년대 들어 컴퓨터가 개인화(Personal Computer)되는 변화, 그리고 1969년부터 시작된 ARPANET 프로젝트와 같은 통신망 등이 웹의 길을 예비한 세례요한의 역할을 했다.

1990년대 급속하게 퍼진 하이퍼텍스트 프로토콜(http)의 월드와이드웹(www)은 전 세계를 거미줄처럼 연결시키고 융합시키면서 인류의 운명을 또 한 번 바꿔가기 시작했다. 비즈니스 지각판이 갈라지면서 수많은 기업들이 땅속으로 사라졌고, 기업 간의 역전과 이동이 일어났다. 21세기 들면서는 블로그와 SNS 생태계가 조성되면서 웹1.0에서 웹2.0 환경으로 변했고, 2008년에 출시된 아이폰이 스마트폰 시장을 열면서 혁명은 급물살을 타게 되었다.

스마트폰을 만난 SNS는 빅 데이터를 쏟아냈고 이는 딥 러닝(deep learning) 방식의 인공지능을 가능하게 만들었다. 사물인터넷(IoT), 빅 데이터, 인공지능, 여기에 집단지성의 발현체인 블록체인까지 가세하였고, 2016년 다보스 포럼은 4차산업혁명이라는 화두를 던진다.

인터넷이 촉발한 정보의 혁명을 3차산업혁명이라 할 수 있고, 인공지능과 블록체인이 일으키는 지능의 혁명을 4차산업혁명이라 할 수 있겠다는 것이다. 이 구분에 대해서는 논의가 좀 있지만 여기서 중요한 것은 숫자가 아니라 혁명이라는 단어다. 분명 심상치 않은 본질적 전환이 일어나고 있는 중이다.

자, 이것이 지난 20여 년간 일어난 변화라고 한다면 향후 20년간 일어날 변화는 다른 국면으로 진행될 것이다. 지금까지는 웹과 블로그, 모바일 생태계 등 정보의 인프라가 구축되는 시기였다면 이제부터는 그것들을 토대로 본격적인 소프트웨어 시대가 될 것이다. 그것이 인공지능, 사물인터넷, 가상현실과 증강현실, 클라우드, 블록체인 등이다. 웹3.0 시대가 도래했다.

2016년 3월 이세돌과 알파고의 바둑 대결 이후 미래 직업군에 대한 전망들이 쏟아졌었다. 인공지능으로 대체되면서 사라질 직업은 어떤 것이 있고, 그래도 오랫동안 각광받을 직업은 무엇일까에 사람들의 관심이 쏠렸다. 많은 연구소들이 인공지능이 펼칠 미래사회의 변화에 대해 분석하고 있고, 세계적인 석학들과의 인터뷰에서 빠지지 않는 단골 메뉴가 되었다.

나의 견해는, 모든 직업은 인공지능에 의해 대체되고 직업이라는 용어조차도 없어진다는 것이다. 그렇게 단정하는 근거는 산업시대 패러다임에 적합성을 가져 전성기를 구가하던 기업이라는 조직체는 수명을 다하면서 해체될 것이고, 국가라는 관료조직 역시 새로운 패러다임의 기운을 이겨낼 수 없기 때문이다. 이러한 조짐은 벌써부터 곳곳에서 나타나고 있다.

기업들이 과장, 부장, 이사 등 직급을 없애는 것은 직(職)이 없어질 것임의 예고편이다. 당장에는 수직적인 구조를 완전히 바꿀 수는 없을 것이고 부르는 호칭 정도만 바꾸겠지만 그러한 임시방편적 실험은 그리 오래가지 못한다. 궁극에는 기업의 조직은 네트워크로 바뀔 것이고, 지금 그 수순을 밟아가고 있을 뿐이다.

스마트혁명은 새로운 생산양식을 창출하고 있다. 산업시대에는 9시부터 6시까지 회사라는 공간에 모여서 함께 일했었지만 인터넷과 모바일의 스마트혁명은 가상 오피스(virtual office)의 인프라를 조성했고, 물리적 시공간을 뛰어넘어 소통하고 협업하는 방식으로 변할 수밖에 없게 될 것이다. 이젠 '분업' 방식이 아니라 '협업' 이라는 말이다.

다시 한 번 산업혁명이 일으켰던 변화를 뒤돌아보면서 미래사회의 모습을 예측해 보자. 산업혁명은 사람들의 시공간을 동기화(synchronization)시킨 사건이다. 즉, 산업혁명 이전에는 각자의 시공간에서 일했었지만 기업이라는 조직체가 생기면서 동일한 시공간에 모여서 생산하는 방식으로 변했었다. 시간과 공간이 생산요소의 하나가 된 것이 산업혁명이었다. 시간의 코스트가 월급이고, 공간의 코스트가 임대료다.

그런데, 인터넷과 모바일은 인류의 시공간을 재구성했다. 언제(anytime) 어디서나(anywhere) 누구(anybody)와도 연결될 수 있게 되면서 물리적 시공간의 경계는 허물어졌고, 인류는 새로운 시공간의 세상을 발견하게 되었다. 그것이 가상현실(virtual reality)이다.

기업은 시간의 코스트를 줄이기 위해 인공지능을 선택하면서 외부에 있는 개인이나 커뮤니티와 협업하는 플랫폼(platform) 형태로 전환할 것이며, 공간의 코스트를 줄이기 위해 가상현실로 눈을 돌리면서 결국 기업조직이라는 불편한 동거는 끝이 날 것이다. 이것이 기업 해체의 시나리오다.

이렇게 되면 직업은 사라지고 창업가들만 남는다. 자신의 업을 경영하는 자만 생존할 수 있고, 자신의 시간을 월급으로 바꾸는 직업인들은 설 자리를 잃게 될 것이다. 이것이 먼 미래의 이야기일까? 그렇지 않다. 이미 기업들이 창출하는 부가가치가 갈수록 떨어지면서 구조조정과 정리해고하는 기업들이 늘어나고 있고, 신규채용 규모는 축소되고 있다. 경기가 안 좋아서가 아니라 패러다임이 이동하고 있기 때문이다. 여기에 가속도가 붙기 시작하면 쓰나미로 변한다. 5~10년 후 들이닥칠 모습이다.

국가를 믿지 마세요

쓰나미는 기업에만 몰려오는 천재지변이 아니다. 사회 어느 구석도 안전지대는 없다. 국가도 사라질 수 있다. 지금의 국가라는 개념과 형태도 200년도 안 된 잠정적인 시스템이다. 수천 년의 역사 동안 인류는 다른 공동체의 체제로 살아왔다. 현재의 관점에서 과거 역사를 재단해서는 안 된다. 우리 머릿속에 있는 관념과 의식이 왜곡된 것일 수 있음을 경계해야 한다. 이제는 국가도 부도 (moratorium)나는 시대다. 영원한 것은 아무것도 없다.

2015년 흥미로운 광고 하나가 눈길을 끈 적이 있다. 헤드라인은 "국민을 모집합니다." 유럽 크로아티아와 세르비아 중간 다뉴브강 유역에 리버랜드(liberland.org)라는 독립 국가를 새로 만들고 국민을 모집한다는 내용이었다. 면적은 난지도의 2배 정도에 불과한데, 모집 2주 만에 25만 명이 시민권을 신청했다고 했다.

현재 지구상에는 200~300개의 마이크로네이션(micro-nation)이 존재한다. 마이크로네이션은 정식으로 인정받는 국가는 아니지만 국기, 화폐, 조직과 사법체계 등을 보유하고 있는 초소형국민체인데, 인터넷이 활성화되던 1990년대부터 생겨난 개념으로 갈수록 그 숫자가 늘어나고 있다. 1인 국가도 가능하다. 자기 집 옥상에서 개국을 선언한 돈키호테 같은 초등학생도 있었다. 국기도 디자인했고 헌법도 제정했다. 이젠 개인도 누구나 나라를 건국할 수 있는 시대가 되었다.

왜 이런 현상이 나타날까? 사람들이 점점 기존 정치에 염증을 느끼기 시작했다는 방증이다. 국민들의 분노 수치는 갈수록 올라가고 있다. 심층 원인은 세상의 패러다임은 변했는데, 기존 정치의 방식과 시스템, 그리고 정치인들의 의식이나 행태는 수십 년간 복지부동이라는 데에 있다.

과거 교육수준이 낮아 문맹률이 높았고 개인 의사를 전달할 수 있는 커뮤니케이션 수단도 없었을 때 요긴했던 대의(代議)정치 시스템의 유효기간은 끝나가고, 인터넷과 모바일 혁명으로 평평해진 세상에 아직도 계급화되어 있는 폐쇄적인 구식 시스템으로는 새로운 패러다임을 이겨낼 수 없는 것이다. SNS로 연결되어 소통하는 스마트폰들은 대통령 바꾸고 법 수정하는 정도에서 그치는 것이 아니라 정치의 토양을 갈아엎는 지경까지 갈 수도 있다. 그것은 혁명이다.

이렇게 인터넷과 모바일은 근대국가의 개념과 시스템을 흔들고 있다. 물리적 국경의 의미가 퇴색되어 가고, 새로운 커뮤니티들이 기존 체제를 대체해 가고 있는 실정이다. 한때 페이스북이 성장할 당시 중국, 인도에 이어 3대 인구강국이라는 우스갯소리가 떠돌았던 것이 괜한 일만은 아니다. 지금은 최고 인구를 자랑한다.

이런 이야기들이 시사하는 바는 국가라는 관념 자체가 근원적으로 변하고 있다는 것이다. 현재 우리 머릿속에 있는 '국가'라는 사상의 역사는 그리 길지 않다. 근대국가 체제가 잡히면서 민족이라는 개념이 생겨났고, 새로운 국가관이 형성되었던 것이다. 이전 왕조 시대의 나라란 종묘사직이었지, 지금과 같은 국가의 개념이 아니었다. 멀지 않은 미래에 '1인 정부', '1인 국회'라는 용어가 등장할 것이다.

또 2016년에는 발칙한(?) 기사 하나가 눈길을 끌었다. 애플이 미국 법원의 명령을 무시했다는 내용이었다. 사건의 경위는 미 연방수사국(FBI)이 캘리포니아 주에서 발생한 총기난사 사건을 조사하는 과정에서 범인들이 가지고 있었던 아이폰의 비밀번호를 풀지 못해 수사에 난항을 겪으니 애플에게 그것을 풀어달라고 요청했는데, 애플이 고객의 개인정보보호라는 기업철학을 명분으로 이를 거절한 것이다. 그래서 FBI는 법원에 탄원했고, 법원은 애플에게 풀어주라고 명령했지만 애플은 일언지하에 무시해 버렸다. 흥미로운 일은 구글, 페이스북, 마이크로소프트 등도 애플 편을 들었다는 점이다.

10~20년 전만 하더라도 이는 있을 수 없는 일이었다. 일개 기업이 국가권력에 대항하다니? 그러나 디지털과 인터넷은 세상의 권력구조도 바꿔놓고 있다. 플랫폼 제국을 꿈꾸는 애플, 구글, 마이크로소프트, 페이스북, 아마존 등은 더 이상 미국이라는 물리적 국경 내에 존재하는 로컬기업이 아니다. 또 미국 정부의 단독적인 통제 범위를 넘어가고 있다. 인터넷은 물리적 국경을 무색하게 만들었고, 디지털의 발달은 기존 아날로그 문명에 대항하는 신문명을 창조하고 있다.

애플 항명 사건은 국가라는 플랫폼과 디지털 플랫폼 간, 아니 좀 더 거창하게 말한다면 아날로그 문명과 디지털 문명 충돌의 시발점이다. 앞으로 이런 갈등은 점점 심화될 수밖에 없다. 그러면서 사람들의 국가관과 세계관도 바뀔 것이다. 권력이동(Power Shift)이 본격화되고 있다.

　요즘 신도 부러워하는 최고의 직업으로 공무원이나 국가 공기업을 꼽는다. 정년을 보장받을 수 있고 퇴직 후 연금도 많기 때문이다. 그러나 거기도 안전하지 않다. 국가의 개념과 형태가 달라지면 정년이고 연금이고 의미가 없다. 국가를 믿지 마시라. 지금 불쑥불쑥 일어나는 이러한 사건들을 보면 수명이 그리 길지 않을 것임을 예상해 볼 수 있는 일이다.

학교는 유적지로 변할까?

　학교는? 학교 역시 산업혁명 이후 대량교육의 필요성 때문에 생겨난 교육시스템이다. 산업화의 대량(mass) 패러다임이 교육에 적용된 것이다. 다시 말해 산업사회로 이행되는 과정에서 대량생산을 위해 기업이라는 전문생산조직이 만들어졌듯이, 대량교육의 필요성에 따라 만들어진 시스템이 학교라는 제도다. 그리고 학교 교육의 주체는 국가 정부였다.

　산업혁명 이전에는 대중들은 교육을 받을 수 없었고 −아니 받을 필요가 없었고− 교육은 귀족이나 상위신분층의 전유물이었다. 그런데 산업혁명이 일어나서 기계가 힘센 노예들의 육체노동을 대체할 수 있게 되자 글을 읽을 수 있고 계산을 할 수 있는 정신노동자가 필요하게 되었고, 노동력을 확보하기 위해 대중을 교육시킬 필요성이 생긴 것이다. 그것이 학교라는 정부 주도의 대량교육시스템이었다.

유현준 건축가의 강의를 들으면서 탄성을 금할 수 없었다. 가운데 운동장이 있고 건물이 둘러서 있는 사진을 보여주면서 이게 무슨 건물인지 맞혀보라는 것인데 대부분은 학교라고 대답했다. 답은 교도소. 학교와 교도소의 디자인 콘셉트가 똑같은 것이다.

지난 100~200년 간 학교는 산업사회 인력의 원천이었다. 즉, 산업사회에 나가서 일할 수 있는 인재를 준비시켜서 공급해 주는 곳이 학교였다. 이때는 국영수(國英數)가 중요했다. 국영수를 뗀 졸업생들은 기업으로 투입되었고, 자본주의 경제는 수직 성장했다.

20세기 들어 우리나라에도 서구적인 학교 시스템이 정착될 수 있었고, 학교는 우리나라를 근대화시키고 업그레이드시키는 데 혁혁한 공을 세웠다. 또한, 기업과 사회 각 단체들은 인재를 찾기 위해 학교를 찾아갔고, 학교는 산업사회가 요구하는 인재를 키우는 사회적 기능을 잘 수행해 왔다. 그러면서 학교는 전성기를 맞을 수 있었다.

그러나 교육은 표준화되었고 지식은 교과서 안에 박제되었다. 노동자를 양성하던 훈련소가 교도소와 닮아 있는 것은 우연의 일치만은 아닌 것이다. 그런데 교과서는 구글을 따라잡을 수 없고, 집단 지성과 인공지능은 인간의 두뇌를 대체해 가고 있는 상황에 국영수 위주 한국의 스카이캐슬은 21세기에도 난공불락이다.

산업사회의 수명이 다해 가고 지식정보사회로 이행되면서 학교라는 교육시스템에도 일대 혁신이 필요한 시점이 되었다. 짐 보트킨은 〈지식기반사업의 도래〉에서 농경시대에는 8세 정도에 시작해서부터 12살 정도까지 학습을 했고 마을공동체가 교육의 중심역할을 담당했다가, 산업시대로 바뀌면서 6세~24세까지로 연장되었고 정부 등의 공공부문이 중심에 서는 변화가 있었음을 지적했다.

그러나 지식정보시대로 가면서는 학습의 연령이 앞뒤로 더 연장되어 평생교육이 될 것이며, 교육의 중심역할도 정부로부터 민간부문으로 이동할 것이라고 예견하고 있다. 그렇게 되는 이유는 정부 주도의 학교시스템은 밖에서 진화되고 있는 학습의 변모에 뒤처지고 있기 때문이다.

고 앨빈 토플러 역시 〈부의 미래〉에서 현재의 학교라는 교육시스템에 대해 비판적인 속내를 내비쳤다. 사회 변혁을 주도하는 기업이나 사업체가 시속 100마일로 질주한다고 치면 학교는 몇 마일의 속도로 달리고 있다고 생각하는지를 묻는다. 당신은 시속 몇 마일쯤이라고 생각하는가?

답은 시속 10마일이다. 그리고 그는 학교가 공장에서 제품을 대량생산해 내듯이 학생들을 규격화하고 있고, 관료적으로 관리되며, 강력한 교원노조와 정치인들의 보호를 받다 보니 혁신되지 않는다면서 다음과 같이 학교의 문제점을 지적한다.

교육적인 실험들이 늘어나고 있음에도 불구하고 미국 공교육의 핵심 부문은 여전히 산업시대에 걸맞게 만들어진 공장식 학교로 남아 있다. 10마일로 기어가는 교육체제가 100마일로 달리는 기업에 취업하려는 학생들을 준비시킬 수 있겠는가?

(부의 미래, 67쪽)

세상은 빠른 속도로 변하고 있는데, 학교의 변화속도는 1/10밖에 안 된다고 꼬집고 있는 것이다. 학교는 아직도 대량교육 패러다임에서 벗어나지 못하고 있으며, 복제인간을 찍어내는 공장 수준에서 업그레이드되지 못하고 있다. 변화의 소용돌이 속에서 오히려 사회문제의 진원지로 전락하고 있는 학교는 과연 존재의 이유가 있을까?

페이팔의 창업자이자 〈제로투원〉의 저자 피터 틸은 '틸 장학금(Thiel Fellowship)'을 만들었다. 장학금이라 하니 대학 등록금을 지원해 주는 것으로 생각할 수 있지만 틸 장학금은 반대다. 대학을 중퇴하고 창업하는 조건으로 10만 달러를 지원해 주는 프로그램이다. "대학교 1학년 때 배운 것은 2학년이 되면 무용지물이 될 수 있고, 4년은 너무 길며, 대학은 새로운 것을 가르쳐주는 것이 아니라 새로운 것을 못하도록 막는 곳"이라는 것이 그의 변이다.

이더리움 블록체인을 창안한 비탈릭 부테린도 틸 장학금의 수혜자다. 부테린은 ICT 분야의 세계적인 명문인 워털루 대학에 입학했지만 곧 그만두고 이더리움 개발에 전력한다. 대학이라는 제도와 틀은 오히려 걸림돌이 될 수도 있다고 판단했을 것이다. 빌 게이츠가 하버드 졸업장에 연연했다면 마이크로소프트를 세울 수 있었을까? 인텔 8080을 처음 보고 필이 꽂힌 빌 게이츠는 폴 앨런과 함께 베이직 언어 개발에 들어갔고, 아예 여기에 전념하기 위해 대학 대신 차고를 선택했다. 스티브 잡스 역시 대학을 계속 다녔더라면 다른 생각(think different) 대신 규격화된 생각에 머물러 있었을지 모른다.

산업혁명 이전, 교육의 격차는 신분의 고착을 만들어 냈고, 그것을 깨뜨린 것이 학교였다. 음식으로 비유하자면, 어떤 아이는 스테이크를 먹고 어떤 아이는 굶으니 평등하게 모든 아이들에게 햄버거를 먹게 한 것이다. 그런데, 햄버거가 안 좋은 걸 알면서 계속 햄버거를 먹일 수는 없다.

현대경영학의 대부라 불리는 피터 드러커도 1997년 포브스와의 인터뷰에서 "30년 후 대학 캠퍼스는 유적지로 남을 것이다. 오늘과 같은 대학은 더 이상 존재하지 않을 것이며, 이것은 우리가 최초로 인쇄된 책을 만났던 것과 같은 큰 변화일 것이다"고 이야기한 적이 있다. 그의 예측이 숫자까지도 정확하다면 현재 모습의 대학 수명은 10년도 남지 않았다.

요즘 시대 대학이 꼭 필요할까? 실제 대학 강의를 온라인에서 무료로 들을 수 있는 무크(MOOC: Massively Open Online Courses)가 계속 확산되고 있을 뿐 아니라, 유튜브나 교육 사이트, 또 방송국 사이트 등에 가면 박제화된 대학 강의 이상의 것도 들을 수 있고, 인터넷 검색을 통해 재야에 숨어 있는 고수들의 살아 있는 집단지성을 얻을 수 있는 시대가 되었다. 모든 것이 네트워크로 연결되는 사회구조로 변했기 때문이다. 이런 상황에서 국정교과서는 시대착오적인 구시대적 발상일 뿐이고, 아예 교과서 자체를 없애자는 움직임도 늘어나고 있는 추세다.

학교의 미래는 결코 밝지 않다. 학교의 울타리가 허물어지면서 민간부문으로 이동하는 것도 위협요인이지만 출산율의 감소로 학생 수가 줄면서 폐교하는 학교도 늘어나고 있다. 그렇게 어렵게 준비한 임용고시에 합격하고서도 발령이 나지 않아 대기하는 예비자가 많다고 한다. 선생님이 최고의 직업일까?

많은 시간과 돈을 들여 유학 갔다 와도 시간 강사 자리를 구하기가 어렵고, 사립대학에 정식으로 교수가 되려면 적지 않은 대학발전기금을 내야 한다는 얘기가 공공연하게 나돌고 있는 상황에서 대학교수는 최고의 직업이 될 수 있을까? 피터 드러커의 예측대로 학교가 유적지로 변한다면 교사는 관광가이드 역할을 하게 되지 않을까?

산업문명의 해체와 융합 현상

산업문명은 이렇게 해체되고 있는 중이다. 그러면서 한편에서는 융합이 일어난다. 인터넷 혁명은 과거에는 물리적 시간과 공간의 격차 때문에 전혀 연결될 방법이 없었던 것들 간의 연결(link)을 가능하게 만들었고, 同시공간적 융합(convergence)을 일으키고 있다.

기존 산업들의 가치사슬이 해체되면서 산업 간 제품 간 업종의 경계가 허물어지고, 학문에 있어서도 통섭(統攝, Consilience)은 거스를 수 없는 물결이 되었다. 직업도 마찬가지다. 예전에는 듣도 보도 못한 새로운 직종들이 생겨나고 명칭만으로는 어떤 일을 하는 것인지 짐작키 어려운 신조어들이 만들어지고 있다. 직업 간의 경계가 무너지고 있는 것이다.

1990년대 인터넷이라는 진앙지에서 발원된 지진이 땅을 흔들면서 경계를 나누어 놓았던 울타리에 금이 가며 무너지기 시작했고, 지진이 점점 증폭되면서 땅이 갈라지고 지각변동을 일으키면서 서로 뒤섞이는 현상이 바로 융합이다. 새로운 장르가 만들어지고, 다른 사회구조로 변해 가고 있다.

이와 같은 근원적인 전환은 창업자들에게는 역전의 기회가 될수 있다. 실제로 인터넷이 확산된 지 20여 년간 수많은 역전의 사례들이 나타났다. 애플과 구글이 오랜 기간 브랜드 가치 1위 자리를 놓치지 않았던 코카콜라를 제치고 순식간에 기업가치 1, 2위로 등극했고, 아마존은 언론공룡 워싱턴 포스트를 인수했다. 또 정보의 경제논리로 무장한 스타트업들은 전통산업의 가치사슬을 해체시키면서 경제의 중심 자리를 대체해 가고 있는 중이다.

우리나라에서도 현재 최고의 직장이라 여겨지는 대기업/공기업들과 벤처 스타트업 간 역전될 날이 곧 올 것이다. 생각해 보라. 10~20년 전만 하더라도 인기직종이었던 것이 기피직업으로 변하고, 홀대받았던 직종과 역전되는 현상들을 우리는 수도 없이 목도했다.

2000년대 초반 한창 닷컴 열풍이 불던 당시 대기업 직원들이 벤처로 이동하는 현상이 나타났었다. 인간을 스펙에 맞는 부품 취급하는 대기업 조직보다는 자신의 꿈을 펼칠 수 있는 벤처를 택하겠다는 것이었다. 묻지 마 투자의 허황된 꿈과 거품이 꺼지면서 벤처 열풍은 사그라졌지만 불씨는 여전히 남아 있다. 지금의 산업구조와 운영방식으로는 한국경제를 다시 부흥시킬 수 없고, 갈수록 심각해지는 청년실업률 문제와 고령시대의 퇴직자 문제를 해결할 방도가 없기 때문이다.

신의 직장에 다니는 사람들을 부러워하지 말라. 지금 당장 모양이 좀 있어 보이는 것뿐이다. 계절이 순환되고 밤낮이 바뀌듯이 이동과 역전이 일어나는 것이 세상의 이치다. 단언하건데, 5~10년 후 최고의 직업은 창업이 될 것이다. 직장에서 월급 받는 사람들과 창업가들을 보는 사회적 시선이나 신분도 역전될 것이다.

눈이 우리를 속이고 있다

넓은 시야를 가지고 있으면 뜻밖의 창업기회를 만날 수 있다. 융합과 근원적인 전환이 일어나고 있는 상황에서 기존 관념의 틀에 머물러 있다가는 땅속으로 묻히게 된다. '나의 전공은 무엇인데, 지금까지 일해 왔던 분야는 이런 것인데' 하는 생각은 좁은 근시안이다. 학교에서의 전공이나 직업의 울타리가 허물어지고 있기 때문이다. 다른 영역과의 연결과 융합을 통해 나의 정체성을 새롭게 정립하는 노력이 필요하다.

〈미디어의 이해(Understanding Media)〉의 저자 마샬 맥루한은 "어떤 체계에서 전환이 일어나는 가장 평범한 원인 중 하나는 다른 체계와의 이종교배"라는 말을 했다. 자기동일성을 반복하면 암(癌)이 되고, 자신과 다른 체계와의 연결과 융합은 창의적인 결과물을 만들어 낼 수 있다.

일주일에 한 번은 외계인과 점심식사를 하라. 직업이 사라지면서 새로운 체계로 변해 가고 있다. 경계가 허물어지고 있는 상황에서 기존의 틀에 얽매이지 말고 자꾸 인식의 경계를 허물고 경계선 너머에 있는 것들과 융합하려는 시도를 해야 한다.

넓은 시야를 가지려면 끊임없이 공부해야 한다. 공부란 책에서만 배우는 것이 아니다. 세상의 모든 것이 교과서가 될 수 있다. 책이나 학교에서 배우는 것은 다른 사람의 시각과 사고의 틀에 맞춰진 박제화된 지식이다. 그건 내 것이 아니다. 창업을 하려면 자신만의 한칼이 있어야 한다. 창업가들은 남의 눈이 아니라 나의 눈으로 세상을 보려는 노력을 해야 한다. 창업은 세상에 홀로 나서는 일이기 때문이다.

〈스타워즈4〉 영화에 "눈이 우리를 속이고 있다"라는 명대사가 있었다. 주인공이 목표물을 맞히지 못하고 칼을 자꾸 헛치니까 그의 사부가 오히려 눈을 감고 마음의 눈으로 조준하라는 얘기를 한 것이다. 눈은 세상을 내다보는 창이다.

눈을 감고 마음의 눈으로 세상을 다시 보라. 우리가 알고 있던 세상의 종말(the end of the world, as we know it), 이 말이 우리 눈앞에 현실로 다가오고 있는 중이다.

인공지능과
호모 사피엔스의 운명

'불편한 골짜기' 감정을 느끼다

지금으로부터 약 240년 전으로 시간여행을 가보자. 1776년 영국의 제임스 와트는 마침내 자신이 실험을 계속해 왔던 증기기관의 시연에 성공했다. 당시에는 미디어가 없어서 대중에게 실시간 중계방송이 안 되었겠지만 아놀드 토인비는 이 사건을 산업혁명의 시발점이라고 기술했다. 그리고 많은 단어 중에서도 '레볼루션 (revolution)'이라는 표현을 선택했다.

증기기관이 당시 사람들 눈에는 '혁명'이라는 단어를 쓸 만큼 대단한 것이었을까? 기계와 엔진이 일반화되어 있는 지금의 관점에서 보면 그게 뭐 그리 혁명이라 할 만큼 대단했을까 실감이 나질 않는다. 그러한 의구심은 이세돌과 알파고의 바둑대결을 보면서 이

해됐다.

　알파고의 1국을 보는 순간, 뭐라 표현하기 어려운 충격의 전율이 느껴졌다. 마치 죽은 줄로만 여겼던 박물관의 미이라가 갑자기 눈을 뜬 느낌이라고 할까? 그 눈과 마주친 섬뜩함? 그런 공포의 감정이었다.

　일본의 로봇공학자 모리 마사히로는 그것을 '불편한 골짜기(uncanny valley)' 이론으로 설명했다. 모리 마사히로는 인간을 닮은 인형이나 캐릭터를 볼 때 어떤 감정을 느낄까를 연구했다. 극장에서 아이들을 대상으로 애니메이션을 보여주면 어떤 캐릭터에 대해서는 무섭다고 울음을 터뜨리는 반면, 어떤 경우에는 좋아서 열광하는 이유가 뭘까? 그가 내린 결론은 인간의 모습과 거의 완벽하게 흡사해지면 그때부터는 호감도가 급상승하지만, 그 전 단계 어설프게 닮은 수준에서는 이질적인 거부감과 극도의 공포를 느낀다는 것이었다.

　알파고의 바둑을 보면서 인류는 '불편한 골짜기' 감정을 경험했던 것이다. 그리고 인공지능이 몰고 올 디스토피아에 대한 전망들이 쏟아져 나왔다. 알파고와의 바둑 대국이 우리나라에서 이루어진 것은 커다란 행운이다. 거의 전 국민들이 인공지능(AI)에 대해 관심을 갖게 되었고, 어렴풋하게만 느끼던 변화 트렌드를 몸으로 실감하고 어떻게 변해야 할까를 생각해 보는 계기가 되었으니까.

　240년 전 사람들은 제임스 와트의 증기기관을 보면서 불편한 골짜기 감정을 느꼈을 것이다. 역사가들이 1776년을 산업혁명의 시발점으로 기념하였듯이 알파고와의 바둑 대국이 벌어진 2016년은 후대 역사책에 지식혁명의 원년으로 기록될지도 모른다. 인공지능이 삶의 일부가 되어 있을 50년 후의 사람들은 우리가 알파고 사건을 충격으로 받아들였다는 사실에 의아해 할 수도 있다.

인공지능, 누구냐 넌?

인공지능은 무엇인가? 한 마디로 정의하자면, 인간 뇌의 확장이라 할 수 있다. 마샬 맥루한은 〈미디어의 이해〉에서 미디어란 인간의 확장이라는 독창적인 관점을 제공해 주었었다. 예를 들어, 바퀴는 발의 확장이고 옷은 피부의 확장이며, 망원경은 눈의 확장, 라디오는 귀의 확장이다. 인류 문명의 역사는 인간의 몸을 확장해 온 과정이라 할 수 있다.

사람의 육체는 다른 동물들에 비해 강력하지 않다. 우사인 볼트도 말과의 달리기 시합에서 이길 수 없고, 삼손도 코끼리를 당할 재간이 없다. 인간이 만들어 낸 도구나 기술은 인체의 약점을 극복하기 위한 몸의 확장이라는 지적은 일리 있는 얘기다.

기계는 인간의 손과 발의 확장이다. 240년 전 제임스 와트가 개발한 증기기관은 처음에는 탄광 채굴 용도로 만들어진 것이지만 차츰 배, 기차, 그리고 다른 기계들에 적용되어 갔다. 인간의 손발을 대체하는 기계가 발달하면서 이전까지 대접받았던 힘 좋은 육체노동자나 숙련된 수공작업자들은 일자리를 잃게 되고 - 산업혁명이 없었다면 노예제도는 폐지되지 않았을 것이다 - 자본가들이 부상하면서 기업이라는 전문생산조직체가 만들어졌다. 그러면서 지식근로자나 전문가 직업이 최고의 직업으로 대접받아 왔다. 기업을 경영할 수 있는 지식이 필요했기 때문이다. 마샬 맥루한 식으로 말하자면 손발에서 머리로 이동했던 것이다.

인간이 이제는 뇌의 확장에 나서고 있는데, 그것이 인공지능이다. 사실 뇌를 확장시키려는 노력의 역사는 뿌리 깊은 것이다. 그림이나 문자의 기록, 종이와 인쇄술 등은 기억(memory)의 부족함을 보완하기 위한 노력이었다. 그러나 본격적인 인공지능은 70년 전에 시작되었다고 할 수 있다. 그것은 컴퓨터다.

컴퓨터는 전쟁에서 비롯됐다. 제2차 세계대전 중 독일의 암호기계인 에니그마(enigma) 해독 작업을 하던 연합군은 독일군의 암호를 풀지 못해 곤경에 처하게 된다. 에니그마의 암호를 해독하려면 엄청나게 많은 경우의 수를 풀어야 하는데, 인간의 계산능력으로는 불가능에 가까웠던 것이다. 영국의 천재수학자 앨런 튜링은 "기계가 만드는 암호는 기계가 해결해야 한다"면서 결국 암호 해독기를 만드는 데에 성공한다. 이것은 영화 〈이미테이션 게임(Imitation Game)〉의 소재가 되기도 했는데, 튜링머신(Turing Machine)은 디지털 인공지능의 원형이라 할 수 있다.

지난 70년 간 디지털은 무서운 속도로 발전해 왔다. 그리고 인공지능은 이미 우리의 일상에 들어와 있다. 예를 들어, 음료 자판기도 초보적이긴 하지만 인공지능이다. 자판기에는 임베디드(embedded) CPU가 내장되어 있어 돈을 집어넣으면 계산해서 거스름돈도 내주고 선택한 음료제품을 판매한다. CPU는 뇌와 같은 것이다. 그러면서 판매원의 직업을 대체했다.

말할 나위도 없이 컴퓨터와 스마트폰도 인공지능이다. 인간의 뇌 용량보다 커졌고, 연산능력이나 추론능력에 있어서도 인간보다 우수하다. 인공지능은 이미 인간의 통제범위를 넘어 인간처럼 스스로를 확장해 가고 있다. 과학전문지 〈뉴사이언티스트〉는 빅 데이터 인공지능을 취재하면서 "인간은 완전히 새로운 형태의 인공지능을 창조했다. 그것이 어떻게 생각하고 추론하는지를 인간은 헤아릴 수 없다"(2013. 8. 8.)고 보도했다.

이게 무슨 말인가? 과거에는 인간이 컴퓨터를 조작했는데, 이젠 인공지능 컴퓨터가 스스로 엄청난 양의 빅 데이터를 모으고 극도로 복잡한 통계분석을 수행하기 때문에 그 로직과 프로세스를 오히려 인간이 이해할 수 없다는 얘기다. 두뇌의 확장인 인공지능이 스스로 진화하면서 인간을 앞질러 가고 있는 것이다.

지금까지는 계산해서 거스름돈 내주는 정도만 수행하던 음료 자판기에 빅 데이터 인공지능이 적용되면 양상이 달라진다. 음료 자판기는 날짜별 요일별 시간대별 음료수의 판매량 정보를 기록할 수 있다. 이 데이터를 온도나 날씨 데이터와 교차분석하면 의미 있는 마케팅 정보가 추출된다. 이 정보를 자판기들끼리 사물인터넷(IoT)을 통해 주고받고 취합해서 음료회사에 유용한 정보를 제공하게 된다면 음료회사의 시장분석 일을 하는 마케터들은 일자리를 잃을 수도 있다.

자율주행 무인자동차도 그런 것이다. 지금까지 자동차란 발의 확장이었지만 거기에 뇌가 붙는다면 자동차가 알아서 최적의 길을 찾고 자동차의 안전 상태를 체크할 수 있다. 또 주인의 비서 역할까지 수행하면서 최고의 이동공간을 조성해 준다.

의사와 판검사의 미래

산업시대에는 기계가 인간의 손발을 대체했었는데, 이제는 인공지능이 인간의 머리를 대체해 가고 있다. 스마트혁명은 지식노동자들조차 필요 없게 만들고 있는 것이다. 산업시대 각광받았던 지식근로자나 전문가들은 인공지능에게 일자리를 내주고 다른 일을 찾아야 할 변화가 임박했다. 인공지능은 지금 이 순간에도 스스로 진화하고 있고 스마트해지고 있다.

알파고 충격 이후 사람들은 어느 직업이 살아남고 어떤 직업이 없어질지 예측하느라 바빴다. 그러나 그것은 표피적인 분석일 뿐이다. 심층구조가 변하고 판 자체가 바뀌면서 게임의 룰이 달라지고 있는 상황에서 그런 예측들은 큰 의미가 없다. 모든 직업이 사라질 것이다. 그리고 새로 판이 짜진다.

지금 우리사회에서 가장 인기 있는 직업이라 할 수 있는 의사와 판검사는 치외법권일까? 이미 인공지능은 의사 대신 의료부문에 투입되고 있다. 요즘 병원에서 협진은 필수적이다. 과거에는 없던 병들이 생겨났고 원인도 복합적이다 보니 자신의 전문분야의 지식만으로는 병의 원인을 정확히 잡아낼 수 없고 처방과 치료에도 다른 분야 전문의들과의 협력이 필요해진 것이다. 그런데 인공지능은 전문분야가 따로 없다. 알파고가 보여주었듯이 잠도 자지 않고 방대한 데이터를 학습하는 인공지능은 웬만한 전문의보다 훨씬 똑똑하고 빠르고 정확하다. 진단과 처방뿐 아니라 수술도 인공지능이 할 수 있다. 인공지능 병원이 늘어나고 있는 중이다.

판검사나 변호사는 어떠한가? 모든 법전을 읽고 개정되는 법률을 지속적으로 업데이트하고 판례들을 모으고 추론하는 데에는 인공지능이 월등한 능력을 가지고 있다. 그건 그렇다 치고 재판을 하려면 인간의 말을 이해하고, 또 변론도 할 수 있어야 하는 것 아닌가?

왓슨의 사례를 보면 짐작이 갈 것이다. 2011년 초 미국 ABC TV의 최장수 퀴즈쇼인 '제퍼디' 왕중왕 전에서 미스터 왓슨(Mr. Watson)이 전설적인 퀴즈왕들을 물리치고 우승을 차지했다는 보도가 화제가 되었었다. 그것도 압도적인 차이로 눌렀다. 왓슨은 사람 이름이 아니라 IBM이 개발한 인공지능(AI : Artificial Intelligence) 컴퓨터의 이름이다. 컴퓨터가 2명의 인간과의 대결에서 일방적으로 이긴 것이다.

컴퓨터가 인간의 언어를 알아듣고 스스로 학습하고 지식을 재구성하여 퀴즈 문제의 숨은 의도까지 파악하고 인간의 언어로 대답하는 능력을 갖추어가고 있다는 점에서 충격이라 할 수 있는 것이었다. 농담, 속어, 그리고 비꼬는 말까지도 알아듣고 거기에 적합한 답을 도출해 내는 모습을 보면서 미국 시청자들은 '불편한 골짜기' 감정을 느꼈을 것이다.

아직 인공지능의 언어수준이 높지 않다고 안심하고 있어서는 안 된다. 기술의 발전 속도는 항상 우리의 상상을 넘어섰다. 사람들이 인공지능에게 재판을 받고 인공지능 변호사의 변호를 선호하는 일들이 현실이 될 가능성이 크다. 의료, 법률, 경제경영 등의 많은 분야에서 멀지 않은 장래에 현재 지식노동자들이 하고 있는 일들을 인공지능 로봇이 대체하리라는 것은 명약관화하다. 인간들이 인공지능 CEO가 경영하는 회사에 다녀야 할지도 모른다.

소설을 쓰고 그림을 그리고 노래를 작곡 작사하는 인공지능이 점점 많아지고 있다. 개그 AI가 나타나고 있고, 예능 MC 자리에도 인공지능이 들어설 것이다. 자신의 미래를 알고 싶어서 점집을 찾는 사람들도 앞으로는 인공지능에게 물어볼 수도 있다. 수많은 인생 데이터를 분석해서 신의 한 수를 집어줄 수 있기 때문이다. 또 인공지능 종교도 생겨난다. 이렇게 모든 분야에서 인공지능은 인간 사회를 지배한다.

인공지능이 인간세계를 지배하게 되리라는 SF들이 허황된 것만
은 아니다. 어쩌면 외계인은 화성에서 침공해 오는 것이 아니라 우
리 내부에서 키우고 있는지도 모를 일이다. 심상치 않은 일이고 무
서운 일이다. 그런데 이것은 먼 미래의 이야기가 아니다.

플랫폼 전쟁의 최종병기

인공지능은 무섭게 진화하고 있다. 알파고는 빙산의 일각이다.
알파고(Alpha Go)는 딥 마인드가 개발한 바둑 인공지능인데, 딥 마
인드(Deep Mind)는 영국 신경과학자 데미스 하사비스(Demis Hassabis)
가 2011년 창업한 회사다. 딥 러닝 기반의 알고리즘을 연구하는 딥
마인드를 2014년 구글이 약 5000억 원에 인수하고 바둑 학습 알고
리즘을 만들었는데, 그것이 알파고다. 바둑이 영어로 고(Go)다.

플랫폼 제국의 맹주를 차지하기 위한 전쟁에 뛰어든 기업들은
인공지능에 투자를 아끼지 않고 있다. 왜냐 하면, 인공지능이 플랫
폼 전쟁의 최종병기가 될 것이기 때문이다. 알파고 마케팅의 성공
으로 구글의 위상이 급상승했지만 인공지능 연구의 선발주자는
IBM이었다. 1997년 IBM이 만든 딥 블루(Deep Blue)가 당시 세계
체스 챔피언이었던 게리 카파로브를 이겼다. 딥 블루의 바통을 받
은 왓슨이 퀴즈왕도 됐고, 2016년 국내 한 대학병원에서 성공적인
진료를 시작했다.

구글과 IBM이 선두에서 치고나가는 형국이지만 페이스북, 마이

크로소프트, 아마존 등은 빅 데이터를 모으고 분석하는 일에 있어서는 유리한 위치에 있다. 이들 회사들은 앞 다퉈 챗봇(chatting robot)을 출시하고 있고 판매량이 급증하면서 일반인들의 생활 속에 스며들고 있다. 로봇이 없이는 생활하기 어려운 노인들이 늘어날 것이고, 비서나 컨설턴트의 역할도 수행하면서 인류의 라이프스타일에 일대 변혁이 일어날 것이다.

인공지능 연구에 있어서 중국도 만만디가 아니다. 중국 검색시장의 80%를 점하며 중국판 구글이라 불리는 바이두(百度)는 숨어있는 중원의 고수다. 2014년 바이두는 미국 실리콘밸리에 딥 러닝 연구소를 세우고 소장에 앤드류 응 교수를 스카웃했는데, 앤드류 응은 인공지능 분야, 그 중에서도 딥 러닝의 최고 권위자로 꼽히며 구글에서 인공지능 프로젝트를 지휘하던 사람이다. 바이두가 구글에 선전포고를 한 셈이다.

플랫폼 제국의 맹주가 되려면 "난 네가 지난여름에 한 일을 알고 있다" 수준에서 "난 네가 이번 여름에 할 일을 알고 있다" 정도로 업그레이드되어야 한다. 플랫폼을 노리는 기업들이 클라우드 사업, 즉 데이터를 구름에 모으고, 빅 데이터 분석에 총력을 기울이고, 한발 더 나아가 인공지능 연구소들을 만드는 이유가 신의 경지, 즉 구름 위의 천상계에 들어가기 위한 것이다.

플랫폼 맹주를 꿈꾸는 알리바바, 텐센트나 바이두, 샤오미, 화웨이와 같은 중국회사들, 그리고 미국의 구글, 애플, 페이스북, 아마존, 마이크로소프트 등이 모두 인공지능 투자를 아끼지 않고 있다. 이 회사들은 출발한 사업영역은 달라도 모두 이곳에서 크게 한판 붙게 될 것이다. 웹3.0 시대, 인공지능 전투가 플랫폼 전쟁의 최종 승부처가 된다.

호모 아티피셜의 탄생

이렇게 기업들이 인공지능 분야에 전력투구하고 있다면 곧 엄청 난 가속도가 붙을 것이고 임계점(threshold level)을 넘는 순간 새로운 국면에 돌입할 것이다. 그리고 인공지능이 가져올 미래의 충격은 상상 이상이다. 인공지능이 몰고 올 미래의 모습은 어떠할까?

엉뚱한 상상을 한번 해보자. IQ 1000 시대가 올 수 있다. 어떻게? 우리 뇌에다 인공지능 칩(AI chip)을 심으면 된다. 의학과 공학의 발달로 인체에 인공물을 삽입하는 것이 가능하게 되었다. 인공심장박동기, 인공장기, 인공관절을 시술하는 사람들이 많아졌고, 3D 프린터로 인공뼈나 인공치아를 만드는 기술도 확산되고 있다. 또 눈에다 인공각막을 삽입하는 수술은 안경과 렌즈를 대체했다. 인공물의 적용 영역은 갈수록 늘어나고 있는 추세다. SF에서나 상상했었던 사이보그가 현실이 되고 있는 것이다.

또 예뻐질 수 있다면 얼굴과 몸에 성형물을 집어넣는 위험 정도는 감수하는 성형시대가 되었다. 만일 자녀가 똑똑해질 수만 있다면 아이의 뇌에 인공지능 칩을 삽입하려고 엄마들이 줄을 설 것이다. 알파고와 같은 인공지능이 우리 머릿속에서 작동하고 있다고 상상해 보라. 아직은 여러 대의 대형서버에서 돌아가지만 지금과 같은 디지털 발전 속도라면 얼마 지나지 않아 조그마한 칩으로 압축될 수 있고, 의공학의 발달은 뇌신경과의 연결을 가능하게 할 것이다. 여기에 사물인터넷(IoT)까지 결합되어 인공지능들이 자기들끼리 정보를 주고받고 대화를 나눈다면? 인간은 소외된다.

이러한 시나리오가 현실이 된다면 현생 인류를 계속 호모 사피엔스라고 불러야 하는 것일까? 몸속의 장기도 인공물로 교체되어 100년 이상을 살 수 있고, 인공지능 뇌를 가지고 있어 IQ가 1000이 넘는 인간, 인공인간 '호모 아티피셜(homo artificial)'이라는 새로운 종이 탄생할지도 모른다.

현생 인류 호모 사피엔스(homo sapience)의 운명은 어떻게 될까? 알파고와의 바둑 대국을 보는 동안 많은 사람들이 무력감에 빠지고 일이 손에 잡히지 않았던 이유가 이 물음 때문이었을 것이다. 〈사피엔스〉의 저자 유발 하라리는 호모 사피엔스가 멸종하고 '호모 데우스(homo deus)'가 등장하리라 예상했다. 호모 데우스는 지능과 관점이 신(神)의 경지에 이른 인류를 의미한다. 무시무시한 일이 벌어지고 있는 것이다.

일을 하지 말고 업을 하라

앞으로 모든 분야에 있어 인공지능의 업무 능력을 따라갈 수 없게 될 것이다. 똑똑하기로는 인공지능을 이길 수 없다. 또 어느 누구도 인공지능의 일솜씨를 당할 재간이 없다. 이것은 당연한 일이다. 그렇다면 이제 인간은 '일'이 아니라 '업'을 해야 한다. 얼마 지나지 않아 직장에서 일을 하는 사람들은 인공지능으로 대체될 것이다. 비싼 연봉을 주고 사람을 고용하느니 밥도 안 먹고 24시간 일을 하는 인공지능을 렌트하는 것이 기업의 입장에서 보면 비용을 절감할 수 있고, 노조문제나 인간관계에 있어서의 골치 아픈 문제도 해소할 수 있다는 장점이 있다. 구성원들을 스펙화하고 업무를 매뉴얼화해서 시스템적으로 돌아가게 만든 호모 사피엔스가 스스로 파놓은 함정에 빠지는 셈이다. 지금은 모두가 부러워하는 최고의 직장이라 불리는 곳에 다니는 사람들에게도 5~10년 후 닥칠 현실이다.

실업률은 갈수록 높아질 수밖에 없다. 구조가 그렇게 되어 있기 때문이다. 일자리 창출은 표 얻으려는 정치꾼들의 사탕발림 구호일 뿐이다. 솔직히 인정하고 창업을 권하는 사람을 찍어주는 편이 낫다. 정치하는 사람들이 무슨 수로 일자리를 만들고 실업률을 낮춘단 말인가? 패러다임을 이길 정부는 없다.

이제는 '일'이 아니라 자신의 '업'을 해야 한다. 그것이 창업이다. 창업하기 위해서는 근원적인 의식의 전환이 필요하다. '일'에 대한 정의가 달라져야 하고, '지식'의 개념도 바꿔야 한다. 우리사회에 창업이 활성화되고 창업생태계가 조성되려면 당연히 학교 교육도 혁신되어야 한다.

사회는 점점 똑똑한 사람보다 창조적인 인재를 원하고 있다. 그런데도 우리는 아직도 많은 지식 조각을 머리에 주입하는 것을 교육이라고 생각하는 원초적 착각에서 빠져나오지 못하고 있는 것이다. 이제는 경쟁상대가 내 옆에 있는 친구들이 아니라 인공지능이 되어 가고 있다. 어떻게 인공지능을 이길 수 있을까? 경쟁우위점은 창의성밖에 없다. 엉뚱한 조합, 4차원적 상상력은 감성과 영성을 가진 인간의 다른 두뇌영역이 관장하는 것이기 때문이다.

그렇지만 우리 현실은 너무나 동떨어져 있다. 즉, 세상 변화의 축과 우리 교육의 방향성이 어긋나 있는 것이다. 아직도 우리 교육은 인공지능의 아류를 대량생산하는 데 여념이 없다. 불도저가 발달하고 있는 상황에서 삽질을 가르치고 있는 격이다. 스카이캐슬은 소돔과 고모라의 운명을 맞이할 것이다. 거기가 낭떠러지인 줄 모르고 높은 성을 향해 질주하는 레밍 떼의 모습 아닌가? 지금과 같은 교육시스템으로는 절대 안 된다. 지식을 복제하는 교육방식, 그리고 시대변화를 반영하지 못하는 커리큘럼으로는 우리의 미래를 보장받을 수 없다.

그러나 불행하게도 지금의 20~30대 청년들은 아주 전형적인 산업화시대의 공장 같은 교육의 희생양들이다. 어릴 적부터 강요받아온 성공관, 인생관과 가치관에 깊이 물들어 있다. 스카이에 들어가서 신의 직장에 취직하고 좋은 조건을 가진 배우자를 만나 결혼하는 것이 인생의 성공코스라는 세속적이고 유치한 인생놀음에 놀아나고 있는 것이다. 이 먹물을 빼지 않으면 미래사회에 적응하기 어렵게 된다.

상황이 급박하게 돌아가는 데도 기득권층들은 그동안 만들어 놓은 틀 안에서 벗어나지 않고 안주하려고만 하고 있다. 공들여 쌓은 탑이 무너질까 노심초사하고, 철밥통은 웬만한 충격에는 깨지지 않는다. 미래 얘기는 말로만 하는 것이고, 당장 뭘 먹을까 어디서 살까 눈앞의 이(利)를 좇는데 눈이 팔려 있다. 그것이 다음 세대에, 또 후손들에게 어떤 재앙으로 이어질지에 대한 역사의식도 가지고 있지 않다. 이것이 대한민국의 현주소다.

지금까지 약 200년 간 세상의 패러다임을 지배해 왔던 기업, 정부, 학교 등이 해체되면서 직업이 사라질 것이고, 지각판이 갈라지고 새로 짜이면서 인류의 운명도 바뀌는 대전환의 시대가 다가오고 있다.

그냥 구경만 하고 있다가는 쓰나미에 당할 수밖에 없다. 시간이 얼마 남아 있지 않다. 혁명이 필요하다. 나는 그것을 창업이라 생각한다. 우리사회에 창업 열풍이 불어야 한다. 지금 이 순간에도 세상은 빛의 속도로 변하고 있는데, 우리 생각의 속도는 너무나도 느리다.

우리의 미래를 두렵게 만드는 것은 인공지능이 아니라 우리 자신인지도 모를 일이다.

심상치 않은 징후들

인구 변화는 대전환의 예고편이다

대형 지진이나 갑작스러운 환경변화가 발생할 때마다 반드시 동물들이 이동하거나 이상행동을 보이는 전조가 있어 왔다. 동물들에게 지진 예측능력이 있음을 보여주는 사례들이 많다. 개들이 심하게 울부짖는 경우도 있고, 겨울잠을 자던 뱀들이 굴에서 나와 얼어죽고, 거위가 날아다닌다든지, 쥐떼나 두꺼비, 새들이 이동하는 등 다양한 사례들이 있다. 동물들은 인간에 비해 지능은 떨어지지만 본능은 더 발달되어 있다.

전조가 없이 갑자기 일어나는 변화는 없다. 큰 변화가 생기기 전에는 반드시 이상 징후가 나타나는 법이다. 인류의 역사를 보더라도 사회적인 대전환이 있기 전에는 움직임이 있었다. 그것은 인구의 이동이다.

　문명의 발생도 인구의 이동에서 시작됐다. 고대 인류는 물과 먹을거리, 그리고 따뜻한 기후를 찾아서 끊임없이 이동했고, 최적의 정착지를 찾으면서 수렵채취시대에서 농경시대로 전환되었다. 그러면서 고대문명이 꽃피워질 수 있었다.

　산업혁명 역시 갑자기 일어난 사건이 아니다. 르네상스, 그리고 콜럼버스의 아메리카 대륙 발견으로 촉발된 대항해와 식민지개척시대를 거치면서 인구의 유동성이 증가했고, 그 결과 유럽에서 산업혁명이 일어날 수 있었다.

　역사학자 케네스 포메란츠는 〈대분기(Great Divergence)〉에서 "왜 산업혁명이 중국이 아니라 영국에서 일어났을까?" 의문점을 탐구했다. 포메란츠는 유라시아 대륙 양단에 위치한 영국과 양쯔강 하류 지역을 중점적으로 분석했는데, 두 지역은 인구밀도, 기대수명, 생활수준, 소비방식, 농업의 상업화, 가내수공업 발전도 등에서 "놀라울 정도로 유사한 세계"였다. 그런데 중국이 아닌 영국에서 산업혁명이 일어난 원인 중 하나로 16세기 이래 구축한 해상제국주의 시스템의 위력을 꼽았다. 반면 중국은 인구가 정체되어 있었고 노동집약적이고 폐쇄적인 경제구조를 탈피하지 못했던 것이다. 인구의 이동과 변화가 산업혁명에 선행했던 셈이다.

　20세기 들어 미국이 세계중심국가로 부상한 것도 인구의 이동 덕분이었다. 1776년 영국 식민지에서 독립한 미국은 19세기까지만 해도 유럽 국가들로부터 홀대받던 나라였다. 그러나 20세기 들어 발발한 두 차례의 세계대전이 미국의 운명을 바꿔놓는다. 화약고가 된 유럽, 그리고 공산주의 혁명과 파시즘에 휩싸인 유럽으로부터 아메리카 대륙으로 수많은 기업과 학자들이 이주해 갔고, 이러한 인구와 부의 이동의 결과 제2차 세계대전 종전 후 세계경제, 교육, 정치의 중심국가의 지위에 오르게 된다.

역사를 살펴보면 인구가 이동하면 반드시 대전환이 일어났음을 알 수 있다. 이렇듯 인구의 이동과 인구 구조의 변화는 상관관계가 높고 커다란 전환을 예고하는 것이다.

인구가 이동하고 있다

그런데 한국사회에 커다란 변화가 오고 있음이 감지되고 있다. 첫째, 인구의 대이동이 일어날 것이다. 한국경제에서 대기업이 차지하는 비중은 외국에 비해 높아도 너무 높다. 반면 고용의 90% 이상을 차지하는 중소기업은 성장하기 어려운 환경이고, 스타트업들이 창업할 수 있는 벤처생태계는 황폐화되어 있다고 해도 과언이 아니다. 이와 같은 쏠림구조는 한국경제의 위험한 미래를 짐작케 해주는 선행지표다.

과거 50~60년 간 한국경제성장의 동력 역할을 했던 기계, 조선, 중공업, 건설, 전자 등 대기업들의 구조조정이 본격화되었다. 한국의 대표기업이라 할 수 있는 삼성그룹과 현대자동차그룹도 예외가 아닌데, 이 파도는 납품업체들에게까지 도미노처럼 퍼지면서 대형 쓰나미로 변할 가능성이 크다. 또 겉으로만 멀쩡해 보이지 툭 하면 쓰러질 대기업들이 수두룩하다.

5~10년 후 한국경제의 모습은 디스토피아다. 비즈니스 생태계의 변화를 읽지도 대응하지도 못하고 있는 한국의 대기업들의 가치 창출력과 고용창출력은 갈수록 떨어지고 있고, 청년실업률은 높아질 수밖에 없다.

대기업에 취직하려고 수능에 목숨 걸고 스펙 쌓고, 자격증까지 따놓은 청년들은 어디로 가야 하는가? 기업이 어렵다면 정부에는 기대할 수 있는가? 공무원을 많이 뽑고 공기업을 더 세울 수 있을까? 또 공공사업을 벌여서 일자리를 창출할 수 있을까? 그게 다 세금이 걷혀야 되는 건데, 기업 수익이 줄고 실업자가 늘어나는데 어떻게 세금이 늘어나겠는가?

한국경제는 이미 악순환 사이클에 진입해 있다. 지금까지의 관성력 때문에 굴러가고 있는 것처럼 보이는 것이지 엔진은 꺼져 가고 있는 상태다. 또 한 가지 한국경제의 위험요인은 수출의존도가 높다는 점이다. 한국경제가 고도성장할 수 있었던 것은 수출 때문이었다. 그러나 세계경제 환경의 변화로 수출은 더 이상 성장 동력으로서의 기능을 잃어 가고 있다.

미국 MIT 경영대학원의 레스터 서로우 교수가 2005년 우리나라에 왔을 때 이런 지적을 했었다. "한국과 같은 수출주도형 경제는

위기를 맞이할 것이다." 왜냐하면 환율 전쟁이 일어나고 자국 보호
주의 무역이 확산되고 세계 경제지각판들이 충돌하면서 요동치고
있는 상황에서 수출은 지속적으로 성장하기 어려운 사업모델이고
우리 경제는 파국을 맞이할 수 있기 때문이다. 또 이제는 사물의 이
동에서 정보의 이동으로 부 창출의 원천이 이동하고 있다.

그래서 레스터 서로우 교수는 "이제 수출주도형 국가들은 소프
트웨어나 서비스 산업을 키우지 않고 이런 하드웨어 중심의 수출하
는 형태만 가지고는 앞으로 경제에 어려움을 겪을 수도 있다"는 경
고 메시지를 보냈던 것이다. 그의 경고가 현실이 되어 버렸다. 한국
의 수출 물량은 매년 줄어들고 있다.

한국경제가 이렇게 점점 레드오션의 늪에 빠져들고 있다면 일자
리를 찾는 청년들은 어떻게 해야 할까? 외국으로 눈을 돌릴 수밖에
없다. 우리나라 청년들 중에 외국 이민 신청자가 늘어나고 있다고
한다. 또 아예 미국이나 중국 등 벤처생태계가 활성화되어 있는 외
국에 나가 창업하려는 젊은이들도 있다.

또 블록체인은 미개척 광활한 사업영역이다. 그러나 안타깝게도
한국은 블록체인 후진국이다. 블록체인의 개념조차 이해하지 못하
다 보니 블록체인 사업한다 하면 투기하는 것으로 따가운 시선을
보내고 사업자등록이나 은행계좌 개설도 어려운 형편이다. 블록체
인으로 창업하려는 스타트업들이 외국에 나가 법인을 세우는 이유
도 여기에 있다.

반면 외국은 어떠한가? 인구 12만 명의 스위스 주크(Zug) 주는 블록체인의 성지로 불리고 있다. 2013년에 크립토 밸리(Crypto Valley)를 만들었는데, 비탈릭 부테린이 이더리움 재단을 설립하고 ICO한 곳이 바로 주크였다. 암호화폐와 ICO 관련 제도 및 인프라가 잘 갖춰져 있기 때문인데, 이후 수많은 블록체인 기업들이 주크로 몰려갔으며 한국기업 중 에이치닥(Hdac), 아이콘(ICON) 등이 수백억 원 규모의 ICO에 성공하면서 국내에도 주크의 이름을 알렸다. 특히 아이콘은 한국코인으로서는 유일하게 시가총액 20위권에 들어 있다.

또 2016년 5월부터는 관공서 내에서 비트코인 사용을 허용했는데 공공기관으로서 비트코인을 정식 화폐로 인정하고 결제수단으로 사용한 것은 전 세계에서 최초였다. 2018년에는 디지털 신원(eID) 시스템을 이용해 블록체인 기반 투표 시스템을 테스트했는데 성공적이라 평가를 받는다. 주크의 성공요인은 민관협력, 그리고 전향적인 태도에 있었다. 주크의 성공에 자극받은 싱가포르, 몰타, 지브롤터, 홍콩 등 역시 블록체인 스타트업들을 끌어모으고 있다.

블록체인 최선진국은 에스토니아다. 정부 공공 서비스에 블록체인 기술을 가장 적극적으로 활용하는 나라로 꼽히는데, 매우 이른 시점부터 암호화폐 관련 규제와 법제도 마련에 나섰고 2014년 암호화폐를 공식 통화로 인정했다.

또 2014년부터 전 세계 사람들에게 전자영주권(e-Residency)을 발급해 주고 이들은 유럽연합(EU)에서 쉽고 편안하게 창업할 수 있다. 세계 최초로 총선에도 전자투표(i-Voting)를 도입해 이전에 볼 수 없었던 새로운 혁신 실험을 하고 있다. 제도의 발전은 국민의 의식수준을 높였고 높아진 의식수준은 또 다시 제도의 발전으로 이어지는 선순환 사이클을 타고 있는 것이다.

1991년 소련으로부터 독립한 에스토니아는 작은 영토, 부족한 자원, 그리고 130만 명의 적은 인구라는 핸디캡을 인터넷과 디지털로 돌파해 갔다. 비트코인이 나오기 전인 2007년 이미 블록체인 기술을 전자정부 구축에 도입한 최초의 국가이기도 하다. 에스토니아는 창업의 천국이 되어 가고 있으며 블록체인 강국으로 우뚝 서면서 전 세계 청년들에게 손을 흔들고 있다.

인구의 이동이 일어난다. 눈을 국내에 고정하지 말고 넓은 세상을 보라. 인도네시아와 동남아지역인 아세안(ASEAN), 그리고 아프리카 대륙도 새로운 기회의 땅이 될 수 있다.

또 국제결혼이 늘어나고 외국 근로자의 국내유입도 늘어날 수밖에 없다. 한국은 단일민족국가가 아니다. 다민족, 다문화사회로 변하고 있고, 이러한 추세는 막을 수 없다. 기압이 높은 곳에서 낮은 곳으로 바람이 불 듯, 인구도 그렇게 이동해 간다. 인구가 이동하면서 바람은 태풍으로 변한다.

가장 빠른 속도로 늙어가는 나라

한국사회에 커다란 변화가 오고 있음을 예고하는 두 번째 지표는 인구 구조의 변화다. 우리나라는 세계에서 가장 빠른 속도로 늙어가는 국가다. 2000년도에 이미 고령화 사회에 진입했고 2017년 65세 이상 인구가 14%인 고령사회가 되었고, 2026년이 되면 20%가 넘어가는 초고령 사회로 변화하게 된다. 몇 년 남지 않았다.

반면 우리나라는 세계에서 가장 아기를 적게 낳는 국가다. 출산율은 이미 심각한 수준을 넘어가 있다. 이대로 가다가는 한국은 실버타운으로 변할지 모를 일이다.

인구 구조는 사회변화의 예고편이다. 예를 들어, 남녀성비가 변하면 문제가 발생한다. 미국 뉴욕 컬럼비아대의 레나 에들룬드 교수팀이 중국의 16~25세 젊은이들을 대상으로 연구한 결과 여성 대비 남성의 비율이 1포인트 올라가면 재산을 목적으로 한 범죄나 폭력 범죄가 5~6% 올라가는 것으로 나타났다. 또 남녀성비의 불균형과 전쟁 간의 상관관계가 높다는 분석도 있었다. 반대로 여초 현상이 생기면 여성근로자의 증가로 경제구조와 산업지도가 바뀌고 가치관의 변화도 생기게 된다.

저출산, 고령화라는 인구 구조의 변화는 어떤 사회적 변화를 일으킬까? 인구가 감소하면 수요가 줄고 경제는 마이너스 성장으로 돌아설 수밖에 없다. 인구는 국가의 힘이기 때문이다. 경제의 활력이 떨어지고 연금과 의료비 부담이 늘면서 세대 간의 갈등이 증폭

될 것이다. 우리보다 먼저 고령화 문제를 겪은 유럽이나 일본을 보면 미래 시나리오를 예측할 수 있다.

잘못된 교육은 천하후세를 죽인다

이와 같이 인구의 양적인 구조변화는 사회를 변혁시킨다. 그런데 더 중요한 문제는 삶의 질이다. 이미 심각한 사회문제로 불거지고 있다. 먼저 5060세대를 생각해 보자. 사회중심 연령이 급격하게 낮아지면서 50대에 들어서면 은퇴를 고려해야 한다. 30~40대에 희망퇴직하고 나오는 사람들의 수도 증가하고 있다. 인구가 감소해서 경제가 어려워지면 기업들은 구조조정을 계속할 것이고, 가계의 가처분소득이 줄면 소비가 위축되고, 구매능력이 떨어지니 기업은 어려워지고, 이것이 전형적인 악순환 사이클이다.

100세 시대, 남은 50년을 뭐 하며 살아야 하나? 5060세대의 고민이다. 돈도 문제지만 일이 더 큰 문제다. 하는 일없이 산다는 것은 재앙이다. 나이 들어 재취업도 잘 안되고, 사업을 하자니 아이템 찾기도 어렵고 울타리 안에서 매달 월급 받던 체질이 굳어져 있어 야생에 나가서 적응하지 못한다. 동물원에 있던 사자를 야생으로 내보내 보라. 사냥도 못하고 양지바른 곳에서 꾸벅꾸벅 졸기만 하다 잡혀 먹힌다.

정년을 다 채우고 퇴직하면 좀 나을까? 나이 들수록 창업하는 것은 더 힘들다. 젊어서 직장생활할 때는 그게 계속될 것 같았고, 퇴직하면 그간 쌓아놓은 업무지식과 사회인맥을 활용해서 창업을 할 수 있을 것처럼 생각되지만 정글의 법칙은 완전히 다르다.

2030청년들은 어떠한가? 이들은 잘못된 교육의 피해자들이다. 시대착오에다 방향오류, 우리나라 교육을 생각하면 우려를 넘어 분노가 치민다. 북송(北宋) 말 고상(高尙) 유변공이 이런 말을 남겼다.

사람들은 욕심으로 자신을 죽이고, 재물로 자손을 죽이고, 정치로 백성을 죽이고, 학술로 천하후세를 죽인다.

자신(욕심) - 자손(돈) - 백성(정치) - 천하후세(교육) 순으로 폐해의 범위가 커진다. 즉, 정치를 잘못 해봐야 기껏 당대가 망가지는 정도이지만, 교육이 잘못되면 후대까지 망하게 만든다는 말이다. 이렇듯 학문과 지식의 폐해는 훨씬 더 오래가고 파괴력도 무섭다. 화석화되고 틀에 갇힌 지식을 주입하는 우리네 교육은 현재의 나와 사회를 위험하게 만들 뿐 아니라 천하 후세까지도 파멸로 몰아넣을 수 있는 것이다. 이 글귀가 내 마음에 남았던 것은 요즘 우리사회의 현실과 비슷해서다.

후진 교육의 피해자들인 2030들은 집단 무기력증에 빠져 있다. 몇 년 전, 우리나라 인구 중 우울증이나 조울증으로 병원에서 치료를 받은 경험이 있는 사람이 265만 명이라는 통계 발표가 있었다. 계산을 해보니 대한민국 인구의 5.5%에 해당하는 숫자였다. 주위의 시선 때문에, 또는 몰라서, 아니면 아직은 증세가 심각하지 않아서 병원에 가지 않은 사람들까지 합하면 265만은 빙산의 일각일 터이니, 내가 만나고 부딪히는 사람 10명 중 적어도 2~3명은 우울증에 시달리고 있는 것 아닐까? 이거 보통 일이 아니구나 하는 생각이 든 것이다.

또 우울증에 걸린 사람 10명 중 2명은 자살을 시도한 적이 있다고 한다. 그렇다면 우리나라 사람 100명 중 1명은 자살을 시도했었다는 얘기며, 수면 아래 있는 사람들까지 고려하면 그 수는 몇 배가 될지 모를 일이다. 이 수치는 갈수록 커지고 있다.

무서운 일 아닌가? 경제가 성장하고 과학이 발달하면 잘 살 줄 알았는데, 삶의 질은 떨어지고 있다. 90년대 말부터 니트(NEET)족이라는 용어가 일반화되고 있다. 'Not in Education, Employment, or Training'의 두문자어인데, 학교를 졸업하고도 취업이 안 되고 그렇다고 취업의 의욕도 없는, 한마디로 무기력증에 빠진 청년들을 일컫는 용어다.

신이 부러워하는 직장에 들어가면 상황이 나아질까? 대기업 입사자 3명 중 1명은 1년을 못 버틴다. 독일 대기업에서 퇴직 후 저널리스트로 활동한 마르틴 베를레는 〈나는 정신병원으로 출근한다〉라는 책을 썼다. 부제도 냉소적이다. "직장이라 쓰고 정신병원이라 읽는 이들에게 보내는 연서" 제목만으로도 어떤 내용인지 짐작이 가지 않는가?

호모 좀비우스의 번식

청년들뿐 아니라 이 사회에 대해 절망하는 사람들이 갈수록 늘어나고 있다. 사회의 활력이 떨어지면서 우울지수와 자살률은 높아만 가고, 사람들의 정신과 영혼은 황폐되어 간다. 인간을 스펙화하고 자본의 효율성을 추구하던 산업 문명의 말기 증상들이 나타나고 있는 것이다.

이 뿐이 아니다. 가정도 해체되고 있다. 농경시대의 대(大)가족이 산업시대로 이행되면서 핵(核)가족화되었는데, 정보시대로 변하면서 개(個)가족화되고 있다. 결혼하지 않고 독신으로 사는 사람들도 늘어나고 독거노인의 문제도 심각한 사회문제가 되었다. 뿔뿔이 흩어져 사는 기러기 가족도 많아지고 이혼율이 높아지면서 1인 가구의 비중이 커지고 있는 것이다. 소외와 고독, 이것이 현대인의 자화상이다.

더 심각한 것은 인격장애, 성격장애 등 정신질환이 늘어난다는 것이다. 거리를 가다가 갑자기 다른 사람을 찌르고 흉기를 휘두르거나 불을 지르는 사건들이 늘어나는 원인도 여기에 있다. 육체의 장애는 눈으로 보이지만 정신의 장애는 겉으로는 모른다는 데에 더 심각한 문제가 있다. 겉은 멀쩡해 보여도 많은 사람들의 속마음은 부러지고 비틀리고 흉측한 모습으로 변하고 있는 것이다.

이러면서 호모 사피엔스가 호모 좀비우스로 변하고 있다. 야생성을 잃고 따뜻한 잠자리와 굶지 않는 양식에 길들여져 있다. 요즘 청년들은 안정된 직장의 정규직을 선호한다. 인류 최초의 정규직은 노예였다는데, 그게 우스갯소리만은 아니다. 지금의 사회 분위기가 한두 세대 더 계속 된다면 한국사회의 유전자는 노예 DNA로 퇴화될 것이고, 좋은 아파트와 음식을 제공받는 대가로 야생성은 거세될 것이다. 공짜 치즈가 있는 곳은 쥐덫밖에는 없다.

물위를 걸으려면 보트에서 뛰어내리라

이 문제를 어떻게 해결할 수 있을까? 결론부터 말하자면, 해결책은 없다. 우리는 레드오션으로 침몰하는 고장 난 배에 타고 있다. 차오르는 물을 계속 퍼내 봐야 한계가 있을 수밖에 없다. 배에서 뛰어내려야 한다. 창업밖에는 선택이 없다.

배를 고쳐야 하지 않겠냐고 항변할 수도 있다. 결론을 말하자면, 이 역시 불가능하다. 조한혜정 연세대 명예교수는 허핑턴 포스트와의 인터뷰에서 "근대적 인간은 계속 세상이 좋아진다는 이른바 진보를 믿어 왔다. 그런데 이제는 좋아질 게 없고 나빠지기만 한다는 것, 운명을 개척하는 게 아니라 그냥 생존하다 죽는 존재일 뿐임을 받아들여야 하는데 그것이 쉽지 않다"(허핑턴 포스트, 2016. 4. 8.)라는 말을 했는데, 나는 이 말에 동의한다. 산업문명이 쇠퇴하는 근원적인 구조변화가 일어나고 있기 때문이다.

지금 우리사회의 권력층이나 기득권층은 더더구나 이 일을 할 수 없다. 자신들의 철밥통을 깨뜨릴 수 있는 용기 있는 어른이 없다는 점이 우리사회의 불행이다. 국가를 믿어서는 안 된다. 국가를 운영하는 그들은 임기나 채우고 뭘 좀 얻어가려는 소인배일 뿐이다. 대기업들이 한국경제를 살리고 많은 일자리를 만들어줄 것이라는 환상도 깨뜨려야 한다. 갑질이나 하지 않으면 다행이다. 누구도 우리사회를 구원해 주지 못한다.

새 술은 새 부대에 담아야 한다. 개미군단들이 너도나도 일어나서 창업해야 한다. 그것만이 우리사회를 신문명의 패러다임에 맞게 개혁하는 방법이다. 물론 배를 고치려고 기업이나 정부 등 기존 조직 안으로 들어가는 사람도 필요하다. 그러나 그 안에서도 자신의 업을 세우는 창업을 해야 한다. 이제는 'I am a brand', 'I am a business'의 시대가 되었다. 문제는 패러다임 쉬프터의 꿈을 안고 기존 조직 내로 들어가 봐야 얼마 못 견디고 금방 동화되어 버린다는 것이다. 똑똑한 사람 뽑아다 바보 만드는 게 관료조직의 특성이다.

딜레마가 여기에 있다. 배에 남아서 배를 고치는 것도 기존 조직의 생리 때문에 쉽지 않고, 바다로 뛰어내려서 블루오션으로 갈 수 있어야 하는데 창업생태계가 조성되어 있지 않은 우리사회에서 성공하기가 어렵기 때문이다. 둘 다 쉬운 일이 아니다. 머무를 수도 나갈 수도 없는 진퇴양난의 형국이다.

그러나 물위를 걷는 기적을 체험하려면 보트에서 뛰어내려야 한다. 지금은 폭풍전야다. 곧 쓰나미가 덮치고 태풍이 불어올 것이다.

앞에서 살펴본 심상치 않은 이상 징후들이 그것을 예고하고 있다. 시간이 얼마 남아 있지 않은데 머뭇거리고 있다가는 정말 큰일 난다. 변화의 속도를 최재천 교수는 다음과 같은 비유로 설명했다.

간단한 생각 실험을 하나 해보자. 어느 작은 연못에 물벼룩 한 마리가 살고 있었다고 하자. 단위생식을 하는 이 물벼룩은 정오에 한 마리가 있었는데 1분에 한 번씩 번식을 하여 12시 1분에는 두 마리, 2분에는 네 마리, 3분에는 여덟 마리로 늘어나더니 자정에는 결국 온 연못을 꽉 채우고 모두 죽고 말았다. 그렇다면 연못의 절반이 채워져 있을 때는 언제인가?

(조선 2008. 5. 17.)

답은 11시 59분이다. 11시 58분에는 4분의 1밖에 채워져 있지 않았을 것이고, 불과 3분 전인 57분에는 8분의 1이었을 것이다. 10분 전까지만 해도 연못의 아주 적은 부분만이 물벼룩으로 채워져 있었다.

변화란 이와 같다. 변하는 증거가 지속적으로 눈에 보이면 '이거 장난이 아니네' 하면서 대비를 할 텐데, 변화가 단절적으로 일어나니까 그 심각성을 느끼지 못할 뿐이다. 변화는 이렇게 순식간에 들이닥쳐 어느 날 갑자기 전혀 다른 세상으로 만들어 버리는 속성을 가지고 있다. 폭풍은 이미 우리 앞에 당도해 있다.

인구가 이동하고 인구 구조가 변하는 것은 이상 징후를 감지한 인류의 집단무의식(collective unconsciousness)의 발로다. 야성을 잃어버리고 우울증과 정신장애, 자살병이 번져가는 대한민국은 결코 안녕하지 못하다.

미래 충격이 시작되었다. 우리가 나서야 한다. 돈을 벌려고 하는 장사꾼은 이(利)를 좇지만 사회를 생각하는 사업가는 업(業)을 좇는다. 소인배가 되지 말고 대장부가 되어야 한다. 보트에서 뛰어내리라. 이것이 운명을 바꾸는 혁명의 첫걸음이다.

창업천국, 중국을 주목하라

훅 들어온 중국

몇 년 전, 미국의 한 기관에서 44개국을 대상으로 기업가정신 지수를 조사한 적이 있었다. 한국은 28위. 뒤에서 세는 게 훨씬 빠르다. 이것은 위험한 사인이다. 꼴지는 일본이었다. 실제로 일본 청년들은 한국 청년들보다 심각하다. 일본이 잃어버린 20년 늪에 빠진 것도, 경제의 활력을 잃고 우울한 미래를 전망하는 것도 이런 연유였다. 1위가 어디였는지 아시는가? 놀랍게도 중국이었다.

우리는 중국에 대한 편견과 오해를 가지고 있다. 중국은 우리와 가장 가까운 나라이고, 또 역사나 문화 등에서 닮은 점도 가장 많은 나라인데도 우리는 중국에 대해 관심을 기울이지도 않았고, 중국에 대해 잘못된 선입견을 가지고 있다. 값싼 노동력과 원가, 짝퉁 천국, 공산주의 체제 등이 대부분 한국인의 머릿속에 있는 중국의 이미지다.

또 우리 속에 중국인에 대한 폄훼 의식도 잠재해 있다. 예를 들어, 중국인들은 더럽다, 그래서 돼지우리에 중국인이 빠지면 돼지가 먼저 뛰쳐나간다, 이런 조크들이 나돌곤 했었다. 중국 상인하면 런닝 바람에 부채질하는 왕 서방 같은 이미지를 연상하기도 했다. 남의 것 베껴서 짝퉁이나 만들어 내고, 싸구려 천국 같은 생각을 갖는 것이다. 옆집에 살고 있는 가난하고 잘 씻지도 않고, 만만디 같은 사귀고 싶지 않은 촌스러운 친구? 뭐 이런 느낌을 가졌던 것이 사실이다.

그런데 중국은 변했고, 무섭게 변하고 있다. 문제는 인식의 관성력 때문에 우리 생각이 변하지 않고 있는 것이다. 중국에는 왕 서방만 있는 게 아니라 스마트한 최첨단 기업가도 있음을 알아야 하고, 그들의 만만디 정신에 숨겨져 있는 역설의 철학도 이해해야 한다.

요즘 중국은 무서운 속도로 일어나고 있다. 중국기업들의 행보를 보면 섬뜩한 느낌을 받을 정도다. 치고 올라가는 성장 속도나 행태가 만만디가 아니기 때문이다. 알리바바와 함께 중국의 BAT맨으로 꼽히는 텐센트, 바이두도 그러하지만, 징둥상청, 샤오미, 화웨이, 그리고 드론계의 애플로 떠오른 DJI 등등 중국기업들이 무서운 약진은 이제 일정 수위를 넘어 탄력을 받은 상태다.

어느 날 갑자기 훅 들어와 버렸다. 우리도 인식하지 못하는 사이 성큼 다가온 중국의 변화는 바로 인접한 우리나라에도 위협 요인이 되면서 이제 우리의 미래를 우려하지 않을 수 없는 상황이 되어 버렸다. 그런데, 진짜 문제는 우리는 중국에 대해 관심을 별로 기울이지 않았고, 또 중국에 대해 잘 모를 뿐 아니라 잘못 알고 있다는 사실이다.

중국의 요우커들이 서울 명동이나 제주도에 몰려왔다, 부동산의 큰손이 되었다, 중국에서도 한류 열풍이 불고 K팝 등 한국문화가 유행이다 등의 뉴스를 보면서 한국경제에 대한 자부심을 느끼겠지만, 과거 10~20년 동안 중국이 어떻게 변해 왔는지, 또 지금 중국 기업들의 행보나 위상에 대해서는 너무나도 모르고 있는 실정이다. 지금 우리는 갈라파고스 무인도에서 한강의 기적에 취해서 무기력해져 있는 형국이다.

중국굴기의 원천

중국경제가 무서운 기세로 부상하고 있는 것은 개혁 개방 정책을 펼치던 1980~90년대 불었던 창업 열풍 덕분이다. 지금 중국경제를 이끌고 있는 기업들이 대부분 이때 시작되었다. 그러면서 중국사회에 역동적인 에너지가 넘쳐나게 되었고, 그것이 20~30년이 지난 현재 태풍으로 바뀌고 있는 것이다. 중국 청년들의 의식이 변했고 가치관도 달라졌다. 창업생태계가 활성화되면서 안정적인 직장 대신 창업을 선택하는 청년들이 늘고 있다.

어느 중국인에게 이런 말을 들은 적이 있다. 중국 사람들은 자기 사업을 하기 위해 대학을 가는데, 한국 사람들은 대기업에 들어가기 위해 대학을 간다고. 공부란 자신의 업을 찾는 일인데 우리는 뭔가를 잘못하고 있는 것이다. 미국이나 중국이 강국인 것은 창업 열풍이 거세기 때문이다.

이제 중국은 달라졌다. 중국 청년들의 의식 속에는 스펙 잘 만들어서 신의 직장에 취직하겠다는 생각보다는 사업해서 자신의 업을 이루어 보겠다는 생각이 강하다. 중국의 구글이라 불리는 바이두(百度)를 창업한 리옌홍(李彦宏)도 그런 사람이었다.

바이두 창업자 리옌홍(李彦宏) 이야기

바이두는 중국 검색시장의 80%을 점하고 있는 플랫폼 맹주인데, 알리바바가 전자상거래 분야, 텐센트가 메신저와 게임 등 정보서비스 분야의 강자인데 반해, 바이두는 검색을 활용한 인공지능 분야의 선두주자다. 미국에서는 '검색하다'가 '구글링하다'라는 단어로 바뀌었듯이 중국에서는 '바이두이싸(百度一下)'가 '한번 검색해 보자'라는 뜻의 일상어가 되었을 정도다.

인공지능 분야에서도 구글과의 한판 승부를 예고하고 있는 바이두는 1999년 리옌홍이 창업한 검색엔진 개발회사다. 알리바바나 텐센트와 비슷한 시점에 창업되었는데, 1990년대 중후반은 중국에 창업 열풍이 일기 시작하던 시점이었다. 1968년생이고 산시성(山西省) 출신인 리옌홍의 부모는 공장근로자였다고 한다. 자녀들이 모두 공부를 잘했던 모양이다. 그의 누나도 베이징대학에 들어가서 고향 시골마을에 플래카드가 붙었었다고 하는데, 리옌홍도 베이징대 경영정보학과에 합격한다.

사실 리엔훙은 수학과 컴퓨터를 좋아했다는데, 경영정보학은 문과 분야다 보니 대학공부에 흥미를 못 느꼈던 것 같다. 졸업 후 미국으로 유학을 가는데, 뉴욕 주립대 컴퓨터공학 석사과정을 밟으면서 두각을 나타내기 시작한다.

박사과정을 계속할까 아니면 취업을 할까 고민하다가 미국 월스트리트 다우존스에 금융정보시스템 개발자로 취직하게 된다. 여기서 일하던 중에 검색엔진을 접하게 되는데, 이 당시 유명했던 알타비스타나 인포시크와 같은 검색엔진의 단점을 개선할 수 있는 아이디어를 리엔훙이 생각하게 된다.

리엔훙은 1996년 '랭크덱스(RankDex)'라는 검색엔진을 만들었는데, 그것은 구글의 창업자인 래리 페이지와 세르게이 브린의 '페이지랭크(PageRank)' 알고리즘과 비슷한 착상이었다. 즉, 다른 웹사이트가 많이 참고했거나 링크가 많이 걸려 있는 페이지에 높은 가산점을 줘서 순위를 매기는 방식이었다.

어찌 보면, 리엔훙의 아이디어가 빨랐는데, 상품화가 늦어졌다. 리엔훙은 자신이 개발한 랭크덱스 알고리즘을 완성시켜 보자고 자신이 근무하던 회사에 건의를 했지만, 월스트리트에서는 검색엔진에는 별 관심을 기울이지 않았다. 그러다 1997년 한 학회에서 자신의 검색 아이디어를 발표할 기회를 얻게 되고, 당시에 잘 나가던 검색회사 인포시크로부터 스카웃 제의를 받는다. 1990년대 미국 동부와 서부 실리콘밸리의 정서와 분위기는 매우 달랐다. 리엔훙은 실리콘밸리에 있는 인포시크로 가서 일하게 되는데, 여기서 래리 페이지와 세르게이 브린과도 조우하는 기회를 갖게 된다.

그러다 1998년 디즈니가 인포시크를 인수하면서 보수적인 경영진으로 바뀌자 리옌홍은 인포시크를 나와 창업을 결심하게 된다. 미국에서 창업을 할 것인가, 아니면 중국으로 가서 할 것인가 고민하던 리옌홍은 중국행을 결심한다. 1998년 구글이 창업되었는데, 리옌홍은 미국 실리콘밸리를 떠나 중국의 실리콘밸리라 불리는 베이징의 중관춘(中關村, Inno Way)의 허름한 호텔방에서 1999년 창업을 하게 된다.

이것이 바이두의 시작이었다. 리옌홍은 미국에서 석사과정을 마치고 박사 코스를 밟고 교수가 되는 것을 선택할 수도 있었을 텐데, 학교에서 박제화된 지식을 배우는 것보다는 실전에서 살아 있는 인생 경험을 하는 것이 더 가치 있다고 생각한 것이다. 또 미국 실리콘밸리에서 창업할 기회가 있었는데도 중국으로 돌아온다. 1990년대 당시 중국은 인터넷 불모지와 같은 상황이었는데, 리옌홍도 무모한 도전을 했던 셈이다. 리옌홍이 왜 그랬을까? 애국심이 강해서? 반드시 그것만은 아니었을 것이다. 중국의 다이내믹한 에너지가 그를 끌어온 것이다.

중국의 창업생태계
원래 중국의 기업가정신은 뿌리 깊다. 우리는 '사농공상'이라

상인을 천대하고 벼슬하거나 학자가 되는 것을 출세라고 생각하는 의식이 저변에 깔려 있지만, 중국은 상인 정신을 존중하고 자신의 업과 부를 이루는 것을 더 큰 가치로 생각하는 문화적 유전자를 가지고 있다. 그러다 보니 중국 곳곳에 수많은 상단의 뿌리가 아직도 남아 있는 것이다.

과거 100여 년간 그렇게 못 살던 중국이 개혁개방정책으로 물꼬를 열어주니까 봇물 터지 듯 터져 나오고 있는 것인데, 그 폭발력은 대단하고 무서움을 느끼게 할 정도다. 이제 중국은 창업천국이라 할 정도로 창업의 열기가 뜨거워졌고, 중국의 실리콘밸리라 불리는 베이징의 중관춘을 위시로 주요 도시마다 창업 밸리들이 활성화되어 있다.

선전(深圳)의 창업 생태계를 탐방한 한 블로거의 글을 보자. 광둥성의 선전은 텐센트, 화웨이, 그리고 BYD의 고장이기도 하다. 또 애플 아이폰이나 샤오미 제품을 만들어 주는 공장들이 모두 이곳에 있고, 스타트업들이 시제품을 선전에 있는 스튜디오에서 만들어 간다. 선전을 '하드웨어의 성지'라 하는 이유가 여기에 있는 것이다.

현재 중국은 창업 액셀러레이터와 인큐베이터 전성시대다. '창업자보다 액셀러레이터가 더 많다'는 농담이 들릴 정도다. '대중의 창업, 만인의 혁신(大众创业, 万众创新)'를 기조로 "창업은 모든 것의 기초"라 설파하는 리커창 총리와 중국 정부의 영향이 크다. 큰 리스크 없이 아이디어만 있으면 자신이 원하는 제품과 서비스 구현이 가능하다는 것은 창업에 의지를 둔 중국 청년들에게 크게 어필되는 부분이다. 더불어 중국 창업자들에게는 알라바바 마윈과 샤오미 레이쥔 등 확실한 롤 모델이 존재하기에 동기부여 또한 크다.

레전드 스타에서 창업 보육을 받고 있는 '마융(馬勇) 씨는 "정부의 지원도 의미 있지만, 마윈 등 성공했다고 평가받는 창업자는 존경받는 인물이다. 사리사욕을 채우는 인물이 아니라 사회를 아우르는 중국식 기업가 정신이 있다. 이들은 우리의 롤 모델"이라고 말한다.

중국은 급속한 변화가 느껴지는 나라다. 불과 1년 전만 하더라도 중국 청년들의 사회생활 첫 단추는 외국계 기업에 입사하는 것이었다. 하지만 현재는 알리바바나 텐센트, 바이두와 같은 자국 기업이 우선순위가 되었다. 더불어 창업이라는 새로운 옵션이 생겨 젊은 층에서 열렬히 호응 중이다. 무서운 것은 이는 시작에 불과하다는 것이다.

(출처 http://platum.kr/archives/45943 2015.9.14.)

중국이 다시 용틀임하는 활력이 느껴지는 대목이다. 우리나라의 분위기와 대비되지 않는가? 지금 한국사회에는 기업가정신이 사라지고 있다. 스펙 쌓고 안정된 직장 선호하고, 이렇게 계속되다가는 우리사회에서 다이내믹한 에너지가 고갈된다. 이건 위험한 사인이다. 야생성이 없어진다면 사막으로 변해 가게 되기 때문이다.

한국의 기적적인 경제성장의 이면에는 기업가정신이라는 다이내믹한 에너지가 있었다. 1950년대 세계최빈국이었던 한국은 "우리도 한번 잘 살아보자"는 간절함이 있었고, 우리사회에는 기업가정신이 살아 있었다. 그 열매를 지금 우리가 따먹고 있는 셈인데, 그러나 초심을 잃고 기업가정신이 사라진다면 공든 탑이 하루아침에도 무너질 수 있음을 간과해서는 안 된다. 샤오미의 공동창업자인 리완창(黎萬强)도 한 인터뷰에서 한국 청년들에게 이런 조언을 했다.

창업할 때 부(富)의 획득보다는 경험 획득을 더 중시했으면 합니다. 중년 이후엔 부가 중요해지지만 젊은 시절엔 실패하더라도 경험이 더 중요합니다. 제가 만난 미국의 한 벤처캐피털은 2~3차례 실패한 기업인에게만 투자한다고 합니다. 실패에서 배운다고 믿기 때문이죠. (조선일보, 2015. 9. 16.)

자신의 업을 부단히 추구해 가는 것, 그리고 실패를 두려워하지 않는 야생성을 회복하는 것, 그것이 지금 우리에게 필요한 기업가정신이다.

73

주역의 문화유전자

중국에 대한 또 하나의 왜곡된 이미지는 아날로그 느낌이다. 왠지 표의문자인 한자를 쓰는 중국과 디지털은 잘 어울리지 않는 느낌을 받게 된다. 값싼 아날로그 상품들은 잘 만들어도 첨단 IT 기술이 필요한 부문에서는 뒤쳐져 있다는 인상을 가지고 있다. 그게 사실일까?

중국의 디지털과 IT 발전 속도는 놀랍다. 블룸버그가 발표한 자료에 의하면 세계 인터넷기업 시가총액 순위 탑10 안에 중국기업이 4개나 들어가 있다. 알리바바, 텐센트, 바이두, 징둥상청(JD닷컴)이다. 점점 더 많은 중국기업들의 순위가 올라가고 있는 중이다.

디지털 종주국인 미국과 중국의 격차도 그리 크지 않다. 1990년대까지만 해도 인터넷 불모지였던 중국이 어떻게 디지털을 이렇게 빠른 속도로 따라잡을 수 있었을까? 나는 동양에서 가장 오래된 고전인 주역에서 디지털의 문화적 유전자를 찾을 수 있다고 생각한다.

주역은 세상의 변화를 두 가지 단위의 조합으로 설명한다. 양효와 음효가 그것이다. 그런데 이것이 디지털의 최소 단위인 비트(bit), 즉 1/0과 유사하다. 아날로그는 최소 단위가 원자(atom)인데 비해 디지털은 최소 단위가 비트(bit)다. 즉, 모든 정보를 0과 1로 표현하는 것이 디지털의 원리인데, 그것이 주역에서 세상의 변화를 음과 양으로 표현하는 것과 같은 것이다.

그렇다면, 동양의 주역에 이미 디지털의 원리가 담겨져 있다고 볼 수 있지 않을까? 분석심리학자 칼 융이 주역을 공부했다는 것은 많이 알려져 있는 사실이다. 융의 심리유형론, 즉 인간의 심리를 외향-내향, 직관-감각, 이성-감성 등의 쌍으로 표현한 이론도 주역에서 아이디어를 얻었다는 얘기가 있다. 또 아인슈타인도 주역 마니아였다고 전해진다.

우리나라가 빠른 속도로 IT 강국이 될 수 있었던 것도, 중국이 디지털을 무서운 속도로 따라잡을 수 있었던 것도 이런 문화적 배경이 있음을 무시할 수는 없는 것이다. 더구나 우리는 세종대왕에게 고마워해야 한다. PC에서 중국어를 치려면 알파벳을 치고 한자로 전환해야 하지만 한글은 알파벳처럼 자판만 치면 된다. 한글은 매우 과학적인 문자이고, 디지털 시대에 적합한 구조를 가지고 있다.

지금까지 우리는 미국식 경영학과 전략모델에 익숙해져 왔다. 창업도 그런 식이다. 서구를 선진국이라 생각해서 그들의 프레임으로 세상을 봐왔고 그들의 논리에 생각이 길들여졌는지도 모를 일이다. 나는 선진국이니 후진국이니 하는 용어를 싫어한다. 선진과 후진을 나누는 기준이 무엇인가? 그 기준이란 것도 서구사람들이 만든 것 아닌가?

지난 20세기 식민지에다 세계최빈국으로 지냈던 역사적 열등감을 극복하지 못하고 있다. 또, 아직까지 '지적 사대주의'를 벗지 못하고 있다. 예를 들어, 외국에서 새로운 경영전략모델이 나왔다고 하면 난리가 난다. 알고 보면 뭐 그리 대단한 이론이나 신기술이 아닌데도 아우라에 눌리는 것이다. 어떤 문제를 만났을 때 우리 스스로 추론해 보고 어떻게 해결할 것인지를 생각하지 않는다.

과거 50~60년간 우리는 열심히 배웠다. 기술도 배워왔고 경영전략도 배워왔다. 말 그대로 '빠른 추종자(fast follower)'였다. 그래서 기적적인 경제성장을 이룰 수 있었다. 그러나 이제는 그들이나 우리나 똑같이 불확실성의 시대를 살아가고 있어 그들도 모르고 어디서 배워올 데가 없다. '퍼스트 무버(first mover)'가 되려면 스스로 생각해야 하고 홀로 일어서야 한다. 족집게 과외선생이 해주는 요점 정리에 익숙한 우리네 배움 방식으로는 미래 변화의 쓰나미를 헤쳐갈 수 없다. 창업을 하지 못하는 이유도 스스로 생각하고 살아가는 훈련이 부족했고, 그러다 보니 자신감이 결여되었기 때문이다.

배운다는 뜻의 한자어 '습(習)'자는 흰 백(白)자 위에 깃 우(羽)자가 있는 모습을 형상화한 것이다. 즉, 하얀 달걀을 깨고 나오려는 병아리가 힘들게 날갯짓하는 모습인데, 배움이란 남의 것을 모방하고 지식의 단편조각을 머리에 집어넣는 것이 아니라 스스로 알을 깨고 나오는 고통의 몸짓이라는 의미다.

창업도 마찬가지다. 남의 관점이 아닌 나의 눈으로 세상을 보고, 남의 관념이 아닌 나의 머리로 세상을 살아가는 것이 창업이다. 거기에는 반드시 알을 깨고 나오는 고통이 따르는 법이다. 우리는 우리가 누군지를 모른다. 또 우리 몸과 머릿속에 얼마나 대단한 문화 유전자가 잠재해 있는지 깨닫지 못하고 있다. 그러나 알을 깨고 그것을 끄집어내면 뜻밖의 세상을 만나게 된다. 스스로 비롯되는 자유(自由)의 삶을 사는 것, 그것이 창업이다.

중국에 불을 지른 사람들

잠깐 여기서 궈광창(郭廣昌)이라는 인물 이야기를 해보자. 궈광창은 현재 중국 푸싱(復星)그룹의 회장이면서 중국 부호 탑 순위에서 빠지지 않는 인물인데, 마윈과 함께 중국 대학생들이 가장 닮고 싶어 하는 창업형 CEO다.

궈광창은 1967년 저장성(浙江省) 둥양현이라는 작은 마을의 농민 집안에서 태어났다. 궈광창의 아버지는 1980년대 개혁개방정책으로 저장성 도처가 공사현장으로 변하자 더 많은 소득을 얻기 위해 공사 현장에 농민공으로 뛰어 들었는데, 불행히도 폭약 작업을 하던 중 손에 심한 부상을 입고 고향으로 돌아오게 되었고, 월급 15위안을 받는 공장 경비원으로 취직해 가족을 부양해야 했다. 이때 궈광창은 14세였고, 두 누나와 힘겨운 생활을 이어 나가야 했다. 그러나 궈광창은 대학 진학을 꿈꿨다. 농민이라는 신분에서 벗어날 수 있는 유일한 길이 대학입학이었기 때문이었다.

궈광창의 부모는 고향에서 편하게 교직생활을 할 수 있는 사범 전문학교에 진학하기를 원했으나, 고집을 꺾지 않고 1985년 상하이 푸단(復旦)대 철학과에 입학한다. 1989년 학교를 졸업한 궈광창은 대학 강사직에 있으면서, 그 시기 많은 명문대생들이 그랬던 것처럼 유학을 준비하고 있었다. 그런데, 1992년 궈광창의 인생방향을 바꾼 일대 사건을 만나게 된다. 그게 바로 덩샤오핑의 '남순강화(南巡講話)'였다.

남순강화! 그게 뭐 길래 그렇게 중요한 의미를 갖는가? 그것을 이해하려면 당시의 중국 상황을 살펴봐야 한다. 1989년 천안문사태가 일어났는데, 천안문사태는 우리나라로 치면 4.19라 할 수 있다. 민주개혁 개방을 외치며 학생들이 천안문에 모여 반정부 시위를 벌였던 것이다. 중국 공산당은 군대를 밀어붙이면서 수천 명이 죽는다. 그 이후 80년대 한껏 달아오르던 중국의 사회 분위기는 급격히 침체될 수밖에 없었고, 서양 세계와의 외교 관계가 악화되었을 뿐 아니라 중국 내 보수파의 압력으로 덩샤오핑이 권좌에서 물러나면서 개혁개방정책들이 하나둘씩 뒤집히게 되었다.

그 해에 독일이 통일된다. 동독과 서독 사이에 있던 베를린 장벽이 무너졌고, 1990년에는 소련이 해체된다. 가장 강력한 공산주의 종주국이었던 '소비에트 연방' 즉, 소련이 붕괴되면서 제2차 세계대전 이후 형성되었던 냉전 체제가 종식되고 국제정세가 변하던 시기였다.

1992년 1~2월에 했던 남순강화는 천안문사태 이후 중국 지도

부의 보수적 분위기를 타파하고, '개방화' '글로벌화' 하는 세계흐름을 중국에 접목시키기 위해 덩샤오핑이 기획한 순회강연이었다. 당시 88세의 고령이었는데, 우창(武昌), 선전(深圳), 주하이(珠海), 상하이(上海) 등 남방 경제특구를 순시하면서 반개혁적 지도부에 대해 변화를 촉구하는 강연을 한다. 이것이 침체되었던 개혁개방에 대한 새로운 시작을 알리는 신호탄이 된 것이다.

베이징 천안문사태로 개혁개방정책이 주춤했던 때였는데, 덩샤오핑의 남순강화 천명은 당시 많은 젊은이들의 마음에 불을 질러 놓았고, 그 불은 마른 들에 번지듯 걷잡을 수 없이 퍼져나갔다. 중국 청년들 사이에서는 안정된 직장 대신 창업을 선택하는 사례들이 늘어났고 미국으로 유학 갔던 브레인들이 중국으로 돌아와 창업에 나서고 사회 분위기도 다이내믹하게 변하게 된다. 1992년은 중국이 한국과 수교를 맺은 해이기도 하지만, 중국 경제 부활의 원년이라고 할 수도 있다. 수많은 사람들이 덩샤오핑의 말에 고무되어 사업을 시작하게 되었고, 중국에서는 1992년 이후에 창업한 젊은 기업인들을 '92파(派)' 라고 부르기도 했다.

푸싱그룹의 창업자인 궈광창도 '92파' 다. 그는 유학 대신 사업으로 방향을 바꾼다. 유학가려고 준비했던 자금을 털어서 푸단대 출신 친구 네 명과 함께 자본금 10만 위안으로 상하이에서 정보자문회사를 시작한 것이다.

상하이라는 지리적 여건에 힘입어 회사는 설립 10개월 만에 100

만 위안의 이익을 낼 수 있었는데, 첫 종자돈을 만든 궈광창은 과감하게 고위험 고수익 업종을 찾았고, 생물·의학 분야로 전업을 결정한다. 1993년 회사 이름을 지금의 푸싱(復星)으로 바꾸고, 이후 유전공학을 전공한 푸단대 졸업생을 영입해서 푸싱공사의 첫 번째 제품인 B형 간염 진단 시약을 개발하는데, 이게 대박이 터진다. 푸싱의 자본금은 1995년에 이르러서는 1억 위안으로 늘어나게 되었고 이후 푸싱그룹은 의약품업체로 성장일로를 걸으면서 지금은 의약, 철강, 금융 등 여러 업종을 가지고 있는 대그룹이 되어 있다.

덩샤오핑(鄧小平)의 남순강화와 '92파'

덩샤오핑이 지른 불은 궈광창에게서 멈추지 않고 계속 번져나갔다. 중국 최초의 포털사이트인 왕이(網易), 영어로는 넷이즈(NetEase)라는 이름의 사이트를 만든 딩레이(丁磊)도 '92파'에 속한다. 1971년 저장성 닝보(寧波)에서 태어난 딩레이는 엔지니어였던 아버지 영향을 받아서인지 어려서부터 전기제품을 분해했다가 조립하는 것을 좋아했다고 하는데, 중학교 1학년 때는 라디오를 직접 조립할 수 있는 수준이었다고 한다.

딩레이는 쓰촨성(四川省) 청두(成都)에 있는 전자과학기술대학을 졸업하고, 고향인 닝보시 전신국에 공무원으로 취직한다. 부모님의 뜻에 따라 안정적으로 일할 수 있는 공무원의 길을 선택한 것이었다. 당시 중국 공무원은 일반 직장에 비해 대우가 좋았고, 누구나 부러워할 만한 안정적이고 좋은 직장이었지만, 딩레이는 1995년 주위의 강한 반대를 물리치고 과감히 사표를 던지고는 광저우(廣州)에 있는 미국 데이터베이스 회사로 옮긴다.

여기서 인터넷을 접한 딩레이는 1997년 넷이즈를 창업한다. 인터넷 사이트 주소를 누구나 쉽게 기억할 수 있도록 '163'이라는 숫자를 사용해 만들었는데, 딩레이는 창업과 함께 무료 이메일 서비스를 시작해 단번에 성공 대열에 올라섰고, 2000년 미국 나스닥에 상장하는 기염을 토하게 된다.

그 뿐만이 아니다. 광둥성 출신의 마화텅(馬化騰)이 텅쉰(騰訊), 즉 텐센트를 창업한 것도, 미국에 유학갔던 리옌홍이 돌아와서 바이두를 창업한 것도, 그리고 마윈(馬雲)이 알리바바를 창업한 것도 모두 90년대였다. 이렇게 1990년대 중국은 유학 가려던 청년들이 유학 자금을 모아 사업에 나서고, 신의 직장에 다니던 사람들이 자리를 박차고 나오고, 유학 갔던 청년들이 돌아와 창업에 뛰어들던 시기였다. 한 마디로 기업가정신이 충만하던 때였던 것이다. 이 '92파'들이 현재 중국경제 굴기를 이끄는 주역이 되어 있다.

가난과 혼란과 공산주의 체제 속에서 세계 최빈국이었던 중국이 불과 몇 년 사이에 이렇게 달라질 수 있고, 그런 혼돈더미 속에서 세계적 기업이 꽃피워질 수 있었다는 사실이 놀랍다. 더구나 1990년대 중국은 인터넷 인프라가 매우 취약했던 상황이었다. 그런데 중국굴기를 이끌고 있는 기업들이 모두 이때 씨앗이 뿌려진다.

그 진원지는 덩샤오핑이다. 덩샤오핑은 청나라 말기인 1904년에 태어나 1997년 93살의 나이에 죽을 때까지 가장 험난했던 20세기 중국을 살다간 중국 현대사의 산 증인이라 할 수 있는 인물이다.

쓰촨성(四川省) 시골에서 태어났던 덩샤오핑은 1920년 16살 때 프랑스로 유학갈 수 있는 기회를 맞이한다. 말이 유학이지 공부할 돈이 없었던 덩샤오핑은 입학했던 바에 중학교를 1년도 다니지 못하고 압연 노동자, 구두 제작사, 기계조립 노동자, 막노동꾼으로 전전해야 했다고 한다. 당시는 제1차 세계대전이 끝났던 시절이라 유럽은 경기불황을 겪던 상황이었고, 프랑스도 실업률이 치솟던 어려운 상황이었다.

덩샤오핑은 이곳에서 생활의 밑바닥을 체험하고, 자본주의의 잔혹을 느낀다. 러시아 10월 사회주의 혁명의 영향으로 덩샤오핑은 마르크스주의를 접하게 되었고, 1922년 유럽 주재 중국소년공산당에 입당했고, 1924년에는 중국 공산당 당원이 된다. 프랑스에서 공산당 활동을 하다 수배된 덩샤오핑은 1926년 모스크바로 도망 가 잠시 공부한 후 중국으로 돌아와서 마오쩌둥(毛澤東)과 함께 고난의 여정을 시작한다. 중국의 혼란과 내분, 중일전쟁, 그리고 장제스(蔣介石)가 이끄는 국민당과의 전투를 거치며 1949년 중화인민공화국을 수립하게 된다. 그러나 1966년 마오쩌둥의 문화대혁명 때는 숙청까지 당했다가 1976년 마오쩌둥이 죽은 후 본격적으로 개방과 개혁의 기치를 내걸고 1997년 죽을 때까지 중국굴기의 발판을 마련한다.

키가 155cm밖에 되지 않았던 작은 거인 덩샤오핑이 좋아했던 좌우명이 있다고 한다. 도광양회(韜光養晦)! 이 말은 '자신의 재능을 밖으로 드러내지 않고 인내하면서 기다린다'는 뜻의 고사성어인데, 한자를 그대로 풀이하면 '칼날의 빛을 칼집에 감추고 어둠 속에서 힘을 기른다'는 뜻이다.

20세기 약소국으로 전락한 중국은 미국이나 일본, 유럽 등으로부터 각종 수모를 참아내야 했다. 덩샤오핑은 대외적으로 불필요한 마찰을 줄이고 내부적으로 국력을 발전시키는 것을 외교정책의 기본으로 삼았던 것인데 이를 '도광양회'라고 표현한 것이다. 결국 그가 빼든 칼이 중국 사람들의 마음도 한칼에 벴다.

멜팅팟, 중국

중국에 대해 가지고 있던 시각을 이제는 바꿔야 할 때가 되었다. 그래야 중국굴기를 이끄는 기업들의 숨어 있는 힘의 원천을 이해할 수 있다. 한 기업인으로부터 이런 이야기를 들은 적이 있다. 중국 출장 가서 저녁 먹으면서 대화하는 도중 한 중국 청년이 이런 아이디어 어떠냐고 이야기하더란다. "좋은 생각이다" 얘기 나누고 1시쯤 호텔에 돌아와서 자고 일어났는데, 다음 날 아침 그 중국 청년이 호텔로 찾아왔다. 전날 저녁 때 말한 아이디어를 계획서로 만들어 들고 온 것이다. 1시에 돌아가서 밤새 제안서를 작성했던 것인데,

중국인이 만만디다? 요즘 중국 사람들, 절대 느리지 않다는 것이다. 오히려 우리가 만만디가 되어 버렸다는 탄식이었다.

우리가 중국에 대해 가지고 있는 선입견 중의 또 하나가 바로 남의 것 베껴서 싸구려 짝퉁을 잘 만드는 나라라는 점이다. 저작권 관념도 없고, 모방해서 자기 것처럼 사기친다는 것이다. 웬만한 기업들이 들어갔다가 다 털리고 나온다. '개미지옥'이라는 표현도 쓴다. 한번 들어가면 미로 헤매듯 출구를 못 찾기 때문이다. 실제 그렇다. 구글은 바이두에게 털렸고, 페이스북은 텐센트에게 털렸다. '만리장성 방화벽'을 못 넘은 것이다.

그런데 중국의 역사를 보면, 여러 이민족들의 문화를 융합해서 자신의 것으로 바꿔 왔던 것을 알 수 있다. 중국의 중원은 '멜팅팟(melting pot)', 즉 여러 재료들을 다 집어넣어서 녹여내는 용광로였던 셈이다. 중원은 황하와 장강 사이 광활한 대평원을 말하는데, 중원은 한족뿐 아니라 몽고족도 거란족도 여진족도 만주족도 차지했었다. 중국 역사 중 한족이 지배했던 왕조는 한나라, 송나라, 명나라 정도였을 뿐이다. 그런 점에서 중국의 역사는 한족의 역사가 아니다.

중국에 와서 씨를 뿌렸으면 그 열매는 땅 주인의 것이지 뿌린 사람 것이 아니라는 생각이 저변에 깔려 있는 것이다. 그걸 '중화' 사상이라고도 표현하는데, 우리 관점에서 볼 때는 이해 안 되는 대목이다. 지금도 중국은 다민족국가다. 또 중국은 정글만리와 같은 곳이다. 다양한 민족, 다양한 문화가 공존하고 있고, 장강을 중심으로 그 북부와 남부는 문화도 다르고, 사람들의 의식구조나 가치관도 다르다. 심지어 말도 통하지 않는다. 중국의 각 성들은 별개의 국가라 할 수 있는 정도이고, 이런 맥락에서 '중국'이라는 단어는 추상명사에 불과하다.

중국이 오랜 역사 동안 번성할 수 있었던 것은 다양한 문화와 기술을 융합하는 기제가 잘 작동했었기 때문이다. 중국을 우리 관점이 아닌 좀 다른 각도에서 조명할 필요가 있다. 중국을 짝퉁 천국, 베끼기의 달인 정도로만 인식하는 것은 남의 문화와 역사를 배려하지 못하는 편견일 수도 있다.

몰락했던 부잣집

편향되어 있던 우리의 눈을 좀 되돌릴 필요가 있다. TV나 신문 뉴스들은 중국에 관한 내용들을 잘 다루지 않았었고 우리의 시각이 미국이나 유럽, 일본 등으로만 쏠려 있었던 것은 사실이다. 그리고 관점도 서구 편향적이었다. 우리는 우리 자신에 대해서조차 잘못 알고 있다. 산업혁명 이후, 특히 20세기 들면서 서양이 세계의 중심에 서면서 자신들 위주로 왜곡시켜 놓은 것들이 많다. 우리는 그것들을 학습했고, 서양 사람들의 눈으로 세상을 봐 왔다. 그리고 그러한 생각에 길들여졌다.

지금으로부터 200년 전만 하더라도 청나라는 세계최고의 부자나라였다. 또 과학이나 제조기술 등에서 당시 유럽이 따라올 수 없었을 정도였다. 반면 산업혁명이 일어난 18세기 전까지만 해도 유럽은 중국에 비해 낙후된 지역이었다. 아편전쟁이 일어난 원인을 보면 그것을 알 수 있다.

당시 영국은 청나라로부터 많은 문물을 수입해 갔다. 도자기, 비단 등과 같은 섬유, 차, 그리고 예술품 등. 그러나 영국은 청나라에 팔 물건이 별로 없었다. 그래서 무역적자를 해소하기 위해 영국이 생각한 품목이 아편이었다. 아편의 폐해가 커지자 청나라는 아편 수입을 금지시켰고, 영국 배에 싣고 온 아편을 몽땅 바다에 버리는 사건이 아편전쟁의 발발 원인이 된다. 그만큼 청나라의 문물이 발달되어 있었고, 18세기 청나라는 태평성대를 누리면서 전성기를 구가했던 것이다. 앨빈 토플러도 〈부의 미래〉에서 동양이 서양에 비해 한참 앞서 있었음을 다음과 같이 기술했다.

오랫동안 서양이 경제적인 우위를 행사해 왔기 때문에 5세기 전에는 유럽이 아닌 중국의 기술이 가장 발달되어 있었다는 사실을 사람들은 잘 모른다. 또한 아시아가 전 세계 경제적 산출 중 측정가능한 부분의 65%를 차지하며 세계를 주도했었다는 사실도 자주 간과되고 있다. (부의 미래, 105쪽)

19세기 중반 벌어진 아편전쟁에 지면서 청나라는 몰락의 길을 걷게 된다. 19세기 청나라는 체면이 말이 아니었다. 서구 열방들에 의해 유린당하는 형국이 되는데, 일본과의 청일전쟁에서도 패배하면서 부잣집 청나라는 패망한다.

이렇게 18~19세기 들면서 아시아 지역에서 유럽으로 중심이동을 한다. 낙후되어 있던 유럽은 항해술의 발달로 대항해시대를 열고 산업혁명을 일으키면서 세계의 중심으로 자리 잡는다. 그리고 세계인의 관점을 서구 중심으로 편향시킨다. 20세기 들어서는 두 번의 세계대전이 일어났다. 세상의 중심이 대서양을 건너 미국으로 이동한 것이다. 2차 세계대전 후 미국이 제1의 경제대국으로 부상하면서 달러화는 기축통화가 되었다.

반면 청 왕조는 1912년 멸망하고 중화민국이 들어서게 된다. 중화민국은 중국 사람들에게 국부로 추앙받는 쑨원(孫文)이 1911년 신해혁명을 성공시키고 국민당을 만들어 세워지게 된 정부였다. 당시만 해도 중국은 공산국가가 아니었다. 곧 이어 제1차 세계대전이 터지고 1925년 쑨원이 죽자 장제스가 국민당을 이끌게 된다.

20세기 중국은 대혼란과 격동의 시기를 겪으면서 역사상 최악의 시간을 지내왔다. 제2차 세계대전이 끝나고 민심을 잃은 장제스의 국민당은 타이완 섬으로 밀려가서 중화민국 정부를 세우고, 중국 대륙에서는 마오쩌둥의 공산당이 득세하면서 1949년 10월 1일 중화인민공화국이 들어서게 된다. 이때 공식적으로 중국이 공산주의 국가가 된 것이다.

쓰레기더미에서 시작된 중국굴기

우리나라도 20세기 들어 중국과 비슷한 길을 걸었다. 1905년 조선 왕조는 망하고 기나긴 일제강점기, 해방과 한국전쟁을 겪으면서 대한민국은 중국, 인도 등과 함께 세계최빈국이 되어 버렸다. 그러나 우리는 1960년대부터 산업화에 성공하면서 경제성장의 토대를 잡은 반면 1960년대 초 중국은 약 3천만 명이 굶어죽는 심각한 지경에까지 이른다.

1949년 중화인민공화국을 수립한 마오쩌둥은 소련에서 1930년대 스탈린이 성공시킨 경제개발 5개년 계획을 벤치마킹해서 대약진운동을 기획한다. 중국도 미국이나 소련처럼 잘 살아보자, 그러려면 농업이나 기존의 수공업보다는 중공업을 키우고 국유산업을 일으켜야 한다고 생각해서 거창한 경제개발계획을 세운다. 그러고는 역사상 유례가 없을 정도의 빠른 속도로 발전을 이룩하자는 슬로건을 내걸고 공산당 식으로 강력하게 밀어붙인다.

농민들이나 상인들을 총동원해서 국유기업에 투입시키고, 특히 철강 산업을 육성하자 해서 철 생산에 전력을 다한다. 공산당 공무원들은 위에서 할당량을 주니까 그것 맞추느라고 농민들 집에 있는 농기구나 밥솥까지 들고 나와 용광로에 녹여서 철 생산량 달성하는 데 혈안이 되는데 당연히 철의 품질이 좋을 리 없고 인민들의 생활은 파탄이 나게 된 것이다. 거기에 엎친 데 덮친 격으로 1960~61년 홍수와 가뭄의 자연재해까지 겹쳐서 당시 한국의 인구수만큼의 사람이 아사했다니 당시 중국경제가 어느 정도 심각했는지 짐작이 되는 대목이다(영화 '인생'에 이 시대적 상황이 잘 묘사되어 있다).

결국 마오쩌둥은 1958년부터 시작된 대약진운동 실패의 책임을 지고 당 주석으로 한 발짝 물러나고 류샤오치(劉少奇)가 국가주석에, 덩샤오핑은 당 총서기의 자리에 앉는다. 류샤오치는 "생산보다 구매가 더 좋고, 구매보다는 대여가 더 좋다"는 유명한 격언을 남긴 사람인데, 실용적이고 자본주의적인 경제정책을 추진하게 된다. 마오쩌둥은 자리에서 물러나긴 했지만, 자신의 공산주의 이념과 노선이 다른 류샤오치나 덩샤오핑을 좋아했을 리 없었다.

뒷방 늙은이로 물러나 있던 마오쩌둥이 다시 전면에 나선 사건이 바로 1966년 일어난 문화대혁명이었다. 문화대혁명이란 '마오쩌둥 키즈'라 할 수 있는 홍위병들이 마오쩌둥을 다시 옹립한 사건이다. 말이 좋아 문화대혁명이지 언론과 음악, 예술 등 모든 문화활동은 공산주의 이념을 찬양하는 것이 아니면 반동분자로 몰리고 현대판 분서갱유 같은 일들이 일어난 것이었다. 그 후 1976년 마오쩌둥의 사망까지 중국은 공산당 통치 하에서 죽의 장막에 싸이게 되었다. 숨 막히는 통제와 검열과 고립, 그리고 인권 유린 등 암울한 세월, 중국은 창업은커녕 숨쉬기 어려울 정도로 꽉 막힌 사회였다.

마오쩌둥과 경제관이 달랐던 덩샤오핑은 문화대혁명 때 숙청되어 공장근로자로 전락하면서 도광양회의 시절을 보낸다. 그러다가 마오쩌둥이 죽고 난 이후 다시 복권되면서 70년대 말부터 중국의 개혁개방 정책을 이끌게 된다.

이 당시 중국의 경제는 밑바닥이었고, 쓰레기더미와 같았다고 해도 과언이 아닐 것이다. 그런데 역설적이게도 쓰레기더미에서 꽃이 피기 시작했다. 덩샤오핑이 개혁개방의 기치를 든 1970년대 말 중국은 기술도 자본도 없었다. 사람이 유일한 자원이었다. 그 많은 사람들이 먹고 살려면 무엇인가 해야 했던 상황이었다. 일자리는 없고 그래서 거리에 좌판을 벌여놓고 팔 수 있는 것이라면 뭐든 다 내다 판다. 소형 점포를 뜻하는 '거티후(個體戶)'들이 우후죽순 생겨난 때였다.

경제를 살리자! 그러면서 창업의 열풍이 불던 1980년대는 지금 중국의 부자가 된 기업들이 많이 창업되던 시절이었다. 1984년 21살의 리슈푸(李书福)는 중국 저장성에서 동업자와 함께 냉장고 부품을 만드는 소규모 가게를 차리는데, 그게 바로 2010년 볼보자동차를 인수한 지리(吉利)자동차의 시작이었다.

하이얼, 레노버, 화웨이 등을 창업해서 현재 중국굴기를 이끌고 있는 주역들은 중국의 최악의 흑역사 시기에 태어나고 학창시절을 보낸 사람들이다. 또 이들은 개혁개방의 물결을 타고 외국에 문호를 개방하면서 많은 외국인들이 들어오고 중국 사회의 분위기가 역동적으로 바뀌던 80년대 창업을 하고, 그 바람이 90년대 들어 남순강화 이후 태풍으로 변한 것이다.

1990년대 중국의 이러한 역동성이 지금에 와서 중국을 다시 일어서게 만드는 원동력이 되었다. 지금 우리사회의 분위기는 어떤가? 열매만 따먹고 씨를 뿌리지 않다가는 10~20년 후에 어떤 결과를 낳을지 우려하지 않을 수 없다.

新열하일기

중국에서 대륙풍이 불기 시작했다. 중국 정부의 막강한 후원을 등에 업은 중국의 기업들은 아시아뿐 아니라 아프리카, 그리고 남미대륙으로 뻗어가고 있는 중이다. 중국 요우커들이 몰려오면서 알리페이와 텐센트페이는 한국인의 지갑 속으로 들어왔고, 한국에 물류기지 건설을 추진하고 있으며, 한류의 역풍이 불 날도 머지않아 보인다. 텐센트는 카카오의 2대 주주가 되었고, 게임 산업의 블랙홀이 되어 가고 있다. 중국의 BAT라 불리는 알리바바, 텐센트, 바이두만이 아니다. 샤오미는 사물 인터넷의 맹주를 노리고 있고, IBM PC와 모토롤라를 인수한 레노버는 세계 1위의 컴퓨터업체가 되었으며, 화웨이는 정보통신 분야에서, 하이얼은 전자제품 분야에서 선두주자를 추월하고 있다. ICT 분야만의 일이 아니다. 거의 모든 산업분야에서 중국의 부상은 상상 이상이다.

대륙풍의 기류가 심상치 않다. 대비하지 않는다면 북서풍의 매서운 추위가 들이닥칠 것이다. 미국과 서구로 편향되었던 우리의 시각을 좀 교정할 필요가 있고 태평양에서 불어오던 동남풍에 익숙했던 우리의 체질도 바꿔가야 한다. 이것이 우리가 몰랐던 중국을 다시 보고 新 열하일기를 써야 할 이유다.

이제는 은퇴한 알리바바 마윈 회장은 "대부분의 기업은 갑작스런 추위에 얼어 죽는 것이 아니라 다가오는 추위에 놀라 심장마비로 죽는다"는 재미있는 비유를 했다. 창업을 통해 추위에 대비해야 한다. 창업이란 홀로서기다. 창업자는 '누구에게 도움을 받을까를 생각하지 말고 누구에게 도움을 줄까'를 먼저 생각해야 한다. 혼자의 힘으로 서서 꿋꿋이 걸어가는 강한 사람은 추위에 놀라서 심장마비에 걸리지 않는다.

또 대륙풍을 막을 수 있는 유일한 방법은 창업이다. 우리 사회에 창업의 뜨거운 열풍을 일으켜서 차가운 북서풍을 차단해야 한다. 바람의 방향이 바뀔 시간이 얼마 남지 않았다.

제 2 부

일(事)을 하지 말고
업(業)을 하라

업이란 무엇인가?

호모 루덴스의 위대함

다른 세상으로 변하고 있다. 100세 시대, 인공지능, 사물인터넷, 가상현실, 블록체인, 4차산업혁명 등 이전과는 다른 작동원리에 의해 움직이면서 과거의 인생관과 가치관, 라이프스타일로는 살아갈 수 없는 세상이 된 것이다.

2016년 이세돌과 알파고의 바둑대결을 보면서 무기력감과 우울증에 빠진 사람들이 많았다. 앞으로 인간은 뭐 하며 살아야 하나? 세상으로부터 소외되는 것은 아닐까? 이런 생각을 해봤을 것이다. 공부 잘해서 일류대학 가는 것도, 기술을 익혀서 전문가가 되는 것도 부질없어 보일 수 있다. 그런 식으로는 인공지능과 경쟁할 수 없으니까.

산업문명이 쇠락하고 새로운 스마트문명이 몰려오는 이 시대, 우리는 어떻게 바뀌어야 하나? 이 문제에 대한 답을 구하기 위해 생각의 관점을 비틀어 생각해 보자. '일(事)'이라는 관점에서 보면 인간은 인공지능의 일솜씨를 당할 수 없다. 맡겨진 일을 처리하는 데 있어서는 인공지능이 탁월하다. 그렇다면 인간은 무엇을 해야 하는가? 일(事)이 아니라 업(業)을 해야 한다.

우리가 이 세상에 온 것은 일을 하기 위함이 아니다. 문화인류학자 호이징거는 '호모 루덴스(homo ludens)'라는 표현을 썼는데, '놀이하는 인간'이라는 뜻이다. 즉, 인간의 본성은 일보다는 노는 것을 좋아하고 놀이에서 인류 문명의 원형과 원동력을 찾을 수 있다는 얘기다. 어린아이들이 놀이를 만들어 내는 것을 보면 어른들은 생각지 못하는 천재성이 있다. 또 공부도 억지로 하는 것보다는 재미있어서 즐기며 하는 아이들이 잘한다. 일도 마찬가지다. "知之者不如好之者 好之者不如樂之者" 즉, 아는(知) 자가 좋아하는(好) 자만 못하고, 좋아하는 자는 즐기는(樂) 자만 못하다.

자신이 좋아하고 즐길 수 있는 것, 그것이 호모 루덴스의 업이다. 밤을 새도 시간가는 줄 모를 정도로 몰입할 수 있고, 안 하면 죽을 것 같고, 10년 이상을 돈벌이가 안 돼도 사업을 지속할 수 있다면 그건 자신의 업임에 틀림없다.

이세돌이 4국을 승리했을 때 사람들은 환호했다. 왜 환호했을까? 인간의 자존심을 지켜줘서? 그것보다 진짜 이유는 이세돌이 인간의 '업'이라는 것이 무엇인지를 보여줬기 때문이다. 세 판을 내리 지고 나서의 참담함을 극복하고 4번째 대국을 이겼다는 것은 대단함을 넘어 위대한 일이다. 한 판이라도 바둑을 이겼다는 사실이 중요한 게 아니라 나 같으면 이미 끝난 승부, 전 세계가 주목하고 있는 대국장에 들어가는 것조차 혐오스럽고 죽기보다 싫었을 것 같다.

만일 바둑이 자신의 일, 즉 직업(職業)이라고 생각했다면 이세돌은 중간에 포기했을지도 모른다. 또 4국에서 그렇게 집중력을 발휘하지 못했을 것이다. 그러나 바둑은 그의 업이었다. 인간이 가장 아름다울 때는 묵묵히 걸어가며 자신의 업을 수행할 때다. 성공과 실패에 연연하지 않고 승부를 초월해서 자신의 업을 완수하고 가는 발걸음이 인생이다. 바둑은 승부를 가리는 게임이지만 인생은 승부가 없는 게임이다.

호모 루덴스들이 이세돌에게 환호했던 것은 '업'이 멋졌기 때문이다. 나는 그것을 보면서 김상용 시인의 시 구절이 생각났다. "왜 사느냐고 물으면 그냥 웃지요." 아플 때도 씩 웃을 수 있는 초월적인 마음, 이것이 자신의 업을 하며 살아가는 인간의 위대함이다. 인공지능은 그런 것 못한다.

이세돌이 아름다웠던 이유

바둑을 잘 두는 프로기사들은 많다. 그런데 사람들이 이세돌을 좋아하는 것은 물론 뛰어난 기력을 가졌고 대회우승도 많이 한 이유도 있겠지만 무엇보다 그만의 독특한 스타일 때문이다. 주위의 프로기사들은 이세돌의 독창적인 바둑을 칭찬한다. 흔히 바둑계에 입문해서 공부할 때 정석 책이나 기보들을 많이 보는데 이세돌은 어린 나이부터 스스로 수를 찾고 문제를 해결하는 도전을 많이 했다고 한다.

이세돌은 비금도라는 작은 섬에서 5남매의 막내로 태어났는데, 아버지는 초등학교 교사, 어머니는 농사일을 하는 평범한 주부였다. 건강이 안 좋아져서 퇴직한 그의 아버지는 집에서 자식들의 공부를 가르치면서, 아마5단의 실력으로 바둑도 가르쳤다고 한다. 어릴 적부터 바둑에 흥미를 붙여서인지 5남매 모두 고수들이다.

이세돌이 9살 때 아버지는 그의 형(이상훈 9단)과 이세돌을 데리고 서울로 올라온다. 가난한 살림살이였지만 재능을 섬에 썩히기 아까운 마음에 바둑계에 입문시킨 것이다. 중앙무대에서도 이름을 날리며 승승장구하던 이세돌은 13살 때 프로기사가 된다.

그런데 프로기사가 되면서 슬럼프가 시작됐다. 기력 향상은 정체되었고 사춘기와 맞물리면서 말을 하는 게 싫어졌고 몇 년간 말을 하지 못하는 실어증에 걸렸다. 아들의 고통을 옆에서 지켜만 봐야 했던 아버지의 마음은 어떠했을까? 기가 막혔을 것이다. 그리고 아들이 15살 되던 해 암으로 세상을 떠난다. 참으로 슬픈 영화 같은 이야기다. 그러나 이세돌은 그러한 시련을 극복하고 지금의 위치에 서게 된 것이다.

　이세돌은 가장 존경하는 인물로 아버지를 꼽는데, 아버지의 영향을 많이 받았다고 했다. 이세돌의 바둑이 독창적인 원인은 책이나 기보에 의존하지 말고 스스로 생각해서 문제해결책을 찾으라는 아버지의 가르침 덕분이었던 것이다. 아버지는 바둑 문제를 내놓고 "시간은 얼마가 걸려도 좋으니 너만의 방식을 찾으라" 하고는 집밖으로 나가버리는 식이었다. 어린 이세돌은 바둑판 앞에 앉아서 홀로서기 훈련, 다른 말로 표현하면 창업(創業) 훈련을 받은 셈이다.

　이것이 이세돌이 바둑을 잘 두게 된 배경이다.　'바둑을 잘 둔다' 이게 무슨 뜻일까? 수읽기를 잘하고 기력이 뛰어난 것을 바둑을 잘 둔다고 표현한다. 그런데 그렇게 바둑을 잘 두는 프로기사들은 수두룩하다. 이세돌이 아무리 바둑을 잘 둬도 모든 경기에 이기는 것은 아니다. 이세돌에게 이겨본 경력이 있는 기사들도 많다. 또 그런 의미의 바둑을 잘 두는 것으로 치자면 알파고가 최고다. 몇 단이라 할 수 있을지 모르겠지만 인간 IQ를 초월해 있다는 것을 증명했기 때문이다.

　바둑의 최고수는 알파고이니 앞으로 인간은 바둑을 둘 필요가 없는 것일까? 그렇지 않다. 진짜 바둑을 잘 둔다는 것은 몇 급 몇 단인가 하는 척도의 문제가 아니라 바둑을 업으로 생각하고 있는가 하는 데에 있다. 바둑의 심연을 본 사람만이 바둑을 업으로 생각할 수 있다. 바둑의 급수는 낮더라도 바둑이란 무엇인가 하는 본질을 깨닫는 자가 진짜로 바둑을 잘 두는 것이라는 얘기다.

바둑판 앞에 앉아서 아버지가 내준 문제를 푸느라 골몰하던 시간, 또 실어증에 걸렸던 3~4년의 시간, 그때 이세돌은 바둑의 실존과 맞닥뜨린 것이었다. 이것이 이세돌을 우수함(good)을 넘어 위대함(great)으로 이끈 원동력이었고, 그의 업이 아름다웠던 이유다.

일과 업은 다르다

이것이 일과 업의 차이점이다.

창업은 단지 사업을 하는 것이 아니라 자신의 업을 발견하는 작업이다. 일(事)과 업(業)은 다르다. 어떤 지위에서 어떤 '일'을 했는가가 중요한 것이 아니라 자신의 '업'을 발견하고 그것을 이루는 것이 삶의 목적이 되어야 한다. 그것이 자아를 실현하는 길(道)이고, 잘 사는 방법이다. 그런데 문제는 지금까지의 산업문명의 가치관이나 인생관이 일 중심적이었다는 사실이다. 우리는 거기에 익숙해져 있다.

학생들에게 장래 희망이 무엇인가를 물어보면 99% "나는 어떤 직업을 가진 사람이 되겠다"고 적는다. 의사, 판검사, 교수, 경영자, 연예인 등등 '직업'을 자신의 꿈이라 생각한다. 어떤 사람이 되겠다(being)는 것보다는 어떤 일을 하겠다(doing)는 의식이 저변에 깔려 있는 것이다.

왜 이런 현상이 나타날까? 크게 두 가지 원인을 찾을 수 있다. 첫

째는, 교육 때문이다. 산업사회에서는 산업의 역군을 키워내는 교육이 필요했다. 그러나 산업문명이 쇠락하는 현 시점에서 일꾼을 대량 생산해 내는 기계식 교육으로는 자신만의 업을 발견할 수도 발현시킬 수도 없다. 내가 누군지, 왜 살아야 하는지도 모른 채 레밍 떼에 합류해서 뒤도 안 돌아보고 낭떠러지를 향해 달리는 형국이다.

두 번째 이유는 여러 가지 직업군 중에서 가장 마음에 끌리고 모양 나는 직업을 선택하는 것이 내가 어떤 사람인가를 생각해 보고 나의 업을 발견하는 것보다 쉽고 편하기 때문이다. 다음의 우화는 인간이 자신의 실존과 대면한다는 것이 얼마나 어려운 일인가를 말해 준다.

어떤 사람이 자신의 집 앞에서 무언가를 열심히 찾고 있었다.

지나가던 사람이 "무엇을 그리도 찾고 있소?"라고 물었다.

"네, 열쇠를 잃어버렸는데, 찾을 수가 없네요."라고 대답했다.

"어디서 잃어버리셨는데요?"

"네, 방안에서요."

"아니, 집 안에서 잃어버린 것을 왜 집밖에서 찾고 있으세요?"

"방안은 너무 어두워서요."

방안에서 잃어버린 물건을 안은 어두워서 못 찾겠다고 밖에서 찾고 있는 이 우화의 주인공이 어리석다는 생각이 들지만, 사실은 우스꽝스러운 이 모습이 우리들의 자화상이다. 어쩌면 우리는 리플리 증후군(Ripley Syndrome)에 빠져 있는 것은 아닐까? 허구의 세계를 진실이라 믿고 변명과 자기합리화, 그리고 거짓된 행동을 상습적으로 반복하게 되는 것은 마음 안에서 잃어버린 것들을 외부에서 찾기 때문이다. 사람들은 자신의 마음을 들여다보는 것을 불편해한다. 아니 더 엄밀히 말하면, 두려워한다. '나'의 실존과 대면하는 철학 훈련이 되어 있지 않은 것이다.

그렇기 때문에 "당신의 업이 무엇입니까"라는 질문에 막연한 대답을 할 수밖에 없다. 그냥 많은 사람들이 하고 있는 직업군 중에서 선택하는 것이다. 직업의 경계가 허물어지면서 사라지는 상황에다 대고 어떤 직업을 갖겠다고 얘기하는 모습은 어처구니없는 난센스 아닌가?

자신의 잃어버린 실존을 진지하게 찾아보지 않는다면 창업을 할 수 없다. 자신의 업을 모르는데 어떻게 업을 세울 수 있겠는가? 사업자등록을 내고 돈벌이를 시작하더라도 그건 창업이 아니다.

창업이란 '회사'를 만드는 것이 아니라 자신의 '업'을 일으키는 것을 의미한다. 업은 돈벌이와 상관없을 수도 있다. 봉사를 자신의 업이라 생각하고 구호단체에서 일하며 지도 밖으로 행군하는 삶은 많은 사람들에게 감동을 준다. 또 공무원도 있어야 하고 기업 조직에서 월급 받으면서 일하는 사람도 필요하고 의사나 교사도 사회에 꼭 필요한 존재들이다. 중요한 것은 그것이 자신의 업이라는 진정성이 있는가 하는 것이다.

안정된 수입, 사회적 인정과 출세 욕구, 이러한 세속적 가치관이 저변에 깔려 있다면 그것은 당신의 업이라 할 수 없다. 그런 사람은 철밥통 속에서 안주하다가 바깥세상 철의 변화를 모르는 철부지(不知)가 된다. 그러다 40~50대 나이에 들어 퇴직하면 나머지 40~50년의 삶을 무기력하게 살아야 한다.

반면 일이 아니라 자신의 업을 하는 사람은 직장생활을 하면서도 "I am a business", "I am a brand"라는 의식을 가질 수 있다. 월급쟁이처럼 일하지 않고 창업가처럼 일하는 것이다. 그것이 자신의 업을 찾고 세우는 창업이다.

일을 잘하는 사람은 - 그 사람이 아무리 지위가 높고 대단한 능력을 가졌다고 해도 - 오래가지 못하고, 또 사람들이 부러워하지도 않는다. 그러나 길거리를 쓸고 있는 환경미화원이나 폐지 줍는 노인처럼 사회적 지위가 미천하고 별 볼 일없어 보이는 사람이라 하더라도 자신의 업을 하는 사람에게서는 감동과 존경심을 느끼게 되는 법이다.

필립 스탁의 업

'나는 누구인가' 질문에 대해서 '무슨 일을 하는 사람' 이 아니라 '어떤 업을 가진 사람' 으로 정체성을 바꿔야 한다. 그것을 잘 보여준 인물이 필립 스탁(Philip Starck)이다. 필립 스탁은 세계적인 건축가로서, 그리고 인테리어와 생활소품 분야의 디자이너로서 명성을 얻은 사람이다. 명성뿐 아니라 엄청난 부도 일궈냈다.

나는 개인적으로 필립 스탁을 좋아한다. 그의 언행을 보면 재밌다. 엉뚱하기도 하고 무슨 말을 하는 건지 횡설수설하는 것 같기도 하고 일반인과는 달리 4차원적 생각도 잘한다. 필립 스탁의 남다른 비결은 무엇일까? 디자인 실력이 더 뛰어나서일까, 아니면 미적 감각이 탁월하기 때문일까? 그가 내한했을 때 한 잡지와의 인터뷰에서 다음과 같은 말을 했다.

제가 좋은 디자이너, 좋은 건축가인지는 잘 모르겠습니다. 하지만 사람들이 더 나은 삶을 살 수 있도록 투쟁한다는 점은 확실합니다. 오늘날 디자인의 핵심은 아름다움을 만들어 내는 것이 아니라고 생각합니다. 아름다움은 상대적이기에 중요한 건 사람들에게 도움이 되는, 다시 말해 인생을 좀 더 낫게, 편하게, 풍족하게, 지혜롭게 해주는 것이죠. 그것이 바로 디자인의 역할입니다.

이 말속에는 필립 스탁이 어떤 자기정체성을 가지고 있는지를 잘 말해 준다. 그의 직업은 디자이너다. 그러나 그는 자신을 디자이너라고 생각하지 않는다는 얘기를 한다. 디자이너란 아름다움을 형상화하는 일을 하는 사람이라는 의미의 직업 명칭일 뿐이다. 그럼 무엇하는 사람인가? 고객의 "인생을 좀 더 낫게, 편하게, 풍족하게, 지혜롭게 해주는 것"이 자신의 업이라는 얘기를 하고 있는 것이다.

디자이너는 일이고, 라이프스타일 크리에이터는 그의 업이다. 그렇기에 단순히 아름다운 건축물을 만들고 멋진 리빙용품을 디자인하는 것이 아니라 내 고객이 어떻게 하면 더 멋지고 지혜로운 라이프스타일을 즐기게 할 수 있을까를 끊임없이 연구하고 치열하게 투쟁하는 것이다. 이것이 일을 하는 하류 디자이너와 업을 하는 일류 디자이너의 차이다.

디자인 감각이나 실력에 있어서 필립 스탁보다 뛰어난 디자이너는 얼마든지 있을 수 있다. 그러나 그의 말대로 아름다움은 상대적이다. 즉, 어떤 사람은 아름답다고 느끼지만 다른 사람은 아름답지 않다고 생각할 수도 있다. 자신을 디자이너라고 생각하는 사람은 그림 한 장당 얼마 받고 그려주는 정도의 가치밖에 인정받지 못하지만 나는 디자인이라는 일을 하는 사람이 아니라 고객의 삶을 섬기는(serve) 것이 자신의 업이라 여기는 사람은 가치 이상의 감동을 줄 수 있다. 사람들이 필립 스탁 브랜드에 환호하는 이유가 여기에 있다.

틈새라면 이야기

"당신은 무엇을 하는 사람입니까?" 물어본다면 직업의 명칭을 대답하지 말라. 그 직업은 곧 사라진다. 자신의 업이 무엇인지 고민하고 정체성을 바꿔야 한다. 나는 무엇을 좋아하는지, 또 이 세상에 온 소명이 무엇인지를 발견해야 한다.

틈새라면을 성공시켰던 김복현 사장은 사람들에게 라면 끓여주는 게 즐거웠다고 한다. 그래서 그는 틈새라면이라는 라면가게를 차렸다. 틈새라면 가게에 들어가면 김 사장의 라면철학을 따라야 한다. 예를 들어, 냅킨을 달라고 하면 거들떠보지도 않는다. 입걸레라고 불러야 한다. 사업하는 사람들이 대개 "고객이 왕"이라고 얘기하는데 자신은 그렇게 생각하지 않는다는 얘기도 했다. 고객이 왕이 아니라고? 그럼? "주인이 왕"이라고 생각한단다.

사람들에게 '종이 만들어 주는 음식이 좋은가 아니면 왕이 만들어 주는 음식이 좋은가' 물어본다고 한다. 백이면 백, 왕이 만들어서 서빙해 주는 것이 좋다고 대답할 것이다. 그는 처음 명동에서 라면가게를 시작하면서부터 그런 마인드를 가지고 했다고 한다. 라면 끓이는 일을 직업이 아니라 자신의 업이라 생각하는 사람에게서만 나올 수 있는 당당함이다. 그는 또 한 주간지와의 인터뷰에서 장사철학이 뭐냐고 묻는 질문에 이렇게 대답했다.

욕심을 버리는 것이다. 돈을 벌려고 하면 오히려 돈이 달아난다. 자기가 좋아하는 물건을 다른 사람에게 파는 것이 장사다.

(주간조선, 2004. 9. 14.)

돈을 벌려고 하는 것은 일이고, 자신이 좋아서 남들에게도 해주고 싶어서 몸이 근질근질한 것이 업이다. 그런데 아이러니컬하게도 돈과 업은 상관관계가 없다. 즉, 자신의 업이라 생각해서 시작했는데 돈은 못 벌수도 있다는 말이다. 물론 반대로 돈을 잘 버는 경우도 있다. 큰돈을 번 부자들이 공통적으로 하는 말이 있다. "돈 좇아다녀서는 돈 절대 못 벌어. 돈이 나를 좇아오게 해야지."

이 말은 부자는 자기가 되고 싶다고 되는 것이 아니라는 얘기다. 자신의 업을 발견하고 때를 기다리는 지혜가 필요하다. 경우에 따라서는 생각보다 오랜 시련과 고통이 지속될 수도 있고, 도중에 극단적인 빈곤을 경험할 수도 있다.

그렇지만 내가 좋아하고 잘하는 업을 즐기면서 남을 어떻게 도와줄까 찾다 보면 언젠가는 돈이 좇아오게끔 되어 있는 것이 부(富)의 이치다. 자신이 좋아하는 것을 통해 고객에게 서비스하는 것이 비즈니스의 원리이며, 돈 버는 비결이라는 말이다. 좋은 나무는 때가 차면 좋은 열매를 맺게 되어 있다.

장사꾼과 사업가의 차이

그러나 자신의 업보다는 당장 눈앞에 보이는 이익을 따라가는 사람들을 흔히 볼 수 있다. 어떤 사업이 금방 돈이 될 것이라는 주위사람의 말에 현혹돼서 자신의 업과는 거리가 먼 사업에 뛰어드는 것이 그런 경우다. 그것은 돈을 좇아가는 일이다.

물론 그렇게 해서 돈을 버는 사례들도 있다. 그런데 문제는 성공할 확률보다 자신의 돈마저 날릴 확률이 크다는 것이고, 설령 성공한다 해도 그렇게 번 돈은 오래가지 못하고 반드시 부작용을 일으킨다. 돈은 사람을 잡아먹는다. 당장은 수익이 없어 힘들어 보여도 좁은 길을 선택하는 것이 나중에는 넓은 길로 이어지리라는 것을 머리로는 알면서도 눈에 속는 것이다.

중국 청년들이 알리바바의 창업자 마윈을 가장 존경하는 경영인으로 꼽는 이유는 일관되게 자신의 업을 좇아 성공까지 이른 사람이기 때문이다. 마윈은 이런 강의를 했다.

90%의 사람들이 넓다고 생각하는 길이 있습니다. 하지만 사람이 늘어나자 넓었던 길도 어느새 발 디딜 틈도 없이 붐비게 되죠. 반대로 가파르고 좁디좁은 길이 있습니다. 처음에는 좀 힘들지만 그 안으로 들어갈수록 널따란 길이 펼쳐집니다. 왜냐면 그 길 위에 당신 혼자 서있기 때문입니다. 이처럼 때로는 뒤집어서 문제를 바라볼 줄도 알아야 합니다. 모두 좋다고 덤벼들 때 좀 더 냉정하게 문제를 살펴봐야 합니다.

(양쯔강의 악어, 91쪽)

마윈의 이 강연문을 읽으면서 루쉰(鲁迅)의 글이 생각났다. 루쉰은 〈아 Q정전〉〈광인일기〉 등의 소설로 알려진 인물인데 〈고향〉에서 이런 글을 남겼다. "地上本沒有路, 走的人多了, 就變成了路(땅 위에는 본시 길은 없었다. 걸어가는 사람이 많아지면 변하여 곧 길이 되는 것이다.)"

루쉰의 말은 〈노자〉 도덕경 첫 머리에 나오는 대목과 맥락을 같이 한다. "道可道, 非常道 名可名, 非常名" 즉, "지금 있는 길을 길이라 할 수 있지만, 그것이 항상 길인 것은 아니고, 지금 부르는 이름이 항상 그 이름은 아니다"라는 의미다. 이 세상에 확정되어 있는 것은 없고 변하고 순환된다는 역설의 철학을 담고 있는 것이다.

마윈은 처음부터 성공한 게 아니다. 알리바바를 창업하기 전 많은 실패와 시련을 겪었고, 알리바바를 키우는 과정에서 많은 유혹과 위기를 이겨내야 했다. 그것을 정면 돌파할 수 있었던 힘은 '중국의 소상공인들의 해외진출을 돕겠다'는 자신의 소명의식이었다. 포기하거나 흔들리지 않고 일관되게 업을 좇은 것이 결국 알리바바를 만들어 낸 힘의 원천이 되었다. 창업가는 위대한 꿈이 아니라 독특한 꿈을 가져야 한다.

마윈은 "장사꾼은 돈만 벌지만, 사업가는 사회를 생각한다"는 말을 했다. 장사와 사업은 어떻게 다른가? 규모나 운영방식이 구분 짓는 기준일까? 아니다. 기준은 무엇을 추구하느냐에 달려 있다.

이(利)를 좇는 것은 장사요, 업(業)을 구하는 것은 사업이다. 나의 존재의 이유, 그리고 나에게 부여된 소명의식을 발견하고 그것을 실현하는 데에 자신의 모든 삶을 올인하는 것이 진정한 사업가의 모습이다. 아주 영세한 구멍가게를 한다고 하더라도, 또는 꼭 돈 버

는 일이 아니더라도 그것이 자신에게 주어진 업이라 생각하는 진정
성이 있다면 그것은 훌륭한 사업이다.

반면 장사꾼은 직(職)을 좋아한다. 높은 직위를 얻어 유명해지는
것을 성공이라 하고, 그렇지 못하면 실패라 생각하는 것이다. 성공
과 실패를 구분 짓는 기준이 이(利)나 직(職)에 있는 것일까? 그런 것
들의 유효기한은 그리 길지 않다.

업은 즐거움이다

인생의 길을 떠나온 우리 모두는 창업가가 되어야 한다. 그렇지
못하면 리플리처럼 계속 허상만 좇게 된다. 자신의 마음 내부에서
업을 발견하고 누려보지도 못하고 밖으로 돌며 돈 좇아다니며 일만
하는 노동자의 삶을 살다 가는 것이다. 이처럼 불쌍한 삶이 어디 있
겠는가? 반면 업을 발견하면 삶이 역동적으로 변하고 즐거워진다.
마윈(馬雲)은 한 강연에서 이런 말을 했다.

너무 진지하게 일하지 마세요. 즐거우면 그만입니다. 즐거움
만이 당신을 새롭게 만듭니다.   (알리바바 마윈의 12가지 인생강의, 328쪽)

삶을 변화시킬 수 있는 힘은 즐거움에서 나온다. 그것이 호모 루
덴스의 본능이다. 일과 업은 다르다. 돈 벌려고 일하지 말고 자신
내면에 있는 즐거움을 누리라. 지위와 돈으로 위장된 삶이 아니라

109

당당하게 나만의 삶을 살라. 그것이 최고의 인생이고, 우리사회를 최고의 공동체로 혁신하는 유일한 해법이다. "나의 업은 무엇일까?" 사업가는 이 철학을 쉬지 말아야 한다.

업은 절대 실패하지 않는다

두려운 창업

자신의 업을 세우는 것이 인생 최고의 가치이고 창업이 최고의 직업임을 확신한다 해도 창업의 길로 나선다는 것은 여전히 두려운 일이다. 현실이 결코 만만하지 않기 때문이다. 업이란 자신이 즐길 수 있고 또 가장 잘 할 수 있는 것이고, 존재의 이유니까 창업을 하면 성공하고 삶도 즐거워야 하는데 현실은 그렇지 않다. 사업의 실패로 끼니를 걱정해야 하는 극단적인 상황이 올 수도 있고, 가정이 파탄 나거나 병을 얻는 사례들도 비일비재하다. 심하면 신용불량에 노숙자 신세로까지 전락할 수도 있다.

현실적으로 창업의 성공률은 매우 낮다. 특히 창업생태계가 조성되어 있지 않는 한국은 다른 나라들에 비해 훨씬 심각하다. 창업을 해서 5년 이상을 지속하는 확률이 5%도 되지 않는다. 더 큰 문제는 실패한 95%가 입는 타격이 경우에 따라서는 치명적일 수도 있다는 점이다.

한번 현실적으로 계산을 해보자. 먼저 취업 대신 창업을 선택하려는 청년들은 어떤 생각을 할까? 일단 이들은 창업자금이 없다. 창업자금은커녕 대학 때 학자금대출 받은 빚을 안고 마이너스 상태에서 시작해야 한다.

부모에게 약간의 도움을 받고 정부나 단체들이 지원하는 창업자금 대출을 가지고 시작할 수밖에 없다. 만약 월급쟁이로 취직을 한다면 평균 연봉 2,500이라도 받을 텐데 만약 창업을 해서 그 이상의 이익을 내지 못한다면, 아니 이익은 고사하고 손실을 보게 된다면 기회비용은 손실금액 플러스 2,500이 된다. 청년 시절 이 금액은 결코 만만한 액수가 아니다. 결혼은 언감생심이다.

직장생활을 하다가 창업을 고려하는 중년의 입장에서도 마찬가지다. 자신이 받던 연봉 이상을 벌지 못한다면 당장의 생활비, 자녀교육비 등을 감당할 방법이 없다. 사업에 실패해서 가정이 파탄 나는 사례들도 적지 않다. 또 소득 상위 1%에 속하던 사람이 졸지에 하위 1%로 추락하는 경우도 볼 수 있다. 빚은 생각보다 무거운 것이다.

은퇴한 5060의 경우도 심각하다. 100세 시대가 되면서 하는 일 없이 40~50년을 더 살아야 하는 것은 고통, 아니 재앙이 될 수도

112

있다. 황혼이혼이 많아지고 갈수록 노인우울증과 같은 정신질환이 늘어나고 있는 실정이다.

5060의 재취업은 쉽지 않다. 그렇다고 집에서 놀 수는 없으니 퇴직금이나 저축해 놓은 돈으로 누군가의 말에 솔깃해서 잘못 투자했다가, 또는 창업했다가 노년무전(老年無錢) 상태에 빠질 수도 있다.

그런데 돈이 없는 것보다 더 두려운 것은 일이 없는 것이다. 이제 살면서 언젠가 한번은 누구나 창업을 할 수밖에 없는 100세 시대가 되었는데 미래에 대한 계산이 창업을 주저하게 만든다. 창업의 가장 큰 장애물은 두려움이다.

최고의 싸움꾼, 마윈

두려움! 그런데 우리는 무엇을 두려워하는 것일까? 두려움과 싸워 이기려면 두려움이라는 놈의 정체를 파악해야 한다. 어쩌면 두려움은 머릿속에만 존재하는 상상일지도 모르기 때문이다. 대상의 실체는 없는데 우리 혼자 허공에 대고 주먹을 휘두르며 힘만 빼고 있는 우스꽝스러운 모습일 수도 있다.

내가 아는 한 이 분야 최고의 싸움꾼은 중국 알리바바의 창업자 마윈이다. 마윈은 '실패'에 전혀 쫄지 않고 '두려움'을 두려워하지 않는다. 마윈은 중국 인구 약 3천만 명이 굶어죽던 최악의 흑역사 시기였던 1964년 가난한 연극배우의 아들로 태어나 불우했던 어린 시절을 보내야 했고, 친구들과 싸움을 일삼으며 학창시절을 보내다

수학 점수가 안 돼서 삼수 끝에 어렵게 대학에 들어간다. 졸업 후 영어강사를 하다 창업에 도전하게 되는데, 중국 최고의 기업가가 된 마윈도 1999년 알리바바를 창업하기 전에 세 번의 실패, 즉 삼 절굉을 경험했었다. 번역회사, 차이나 페이지라는 웹 에이전시, 그리고 중국 대외경제무역부와의 제휴 등에서 실패의 쓴 잔을 마신다. 흔히 성공의 화려한 면만 보지만 그 이면의 쓰라림과 눈물은 간과한다. 마윈은 어려웠던 시절을 이렇게 회상한다.

저는 일을 시작하기 전에 서른 번도 넘게 거절당해 봤습니다. 입대도 거부당했고 경찰 모집에 떨어진데다 KFC와 호텔 입사 시험에 모두 실패했죠. 이렇게 수없이 거절을 당하고 좌절을 겪으면서 오히려 저는 많은 것을 배웠습니다.

(마윈처럼 생각하라, 239쪽)

이 말의 이면에 숨어 있는 슬픔이 느껴진다. 요즘 우리나라 청년들의 실태와 비슷하기 때문이다. 거절당하고 넘어져서 아파하고. 그러나 아프니까 청춘이 아니라 야(野)해야 청춘이다. 청춘의 힘은 그걸 이겨내는 야생성에 있다. 마윈은 베이징 대학에서 이런 실패학 강의를 했다.

실력이란 계속되는 실패와 충격 후에도 다시 일어서는 것을

114

말합니다. 영원히 포기하지 않는 정신이 곧 실력입니다. 프로젝트에 실패할 수도, 실수를 할 수도, 돈 버는 기회를 모조리 잃을 수도 있지만 그래도 꿈을 놓지 않는 것이 열정입니다.

저는 다시 일어나 계속 노력할 것입니다. 성공할 때까지요. 하지만 벽에 머리를 부딪치는 무식한 짓은 하지 않을 것입니다. 성공하려면 포기하지 않는 법을 배워야 하지만 진정한 포기를 알아야만 사람은 발전할 수 있습니다.

저는 진용 선생의 무협소설을 좋아합니다. 소설 속에서 누구든 힘든 시련과 단련을 거쳐야만 성공할 수 있습니다. 이것이 바로 제 신념입니다. 많은 실패를 겪을 수도 있지만, 이 신념은 실패하지 않을 것입니다. (양쯔강의 악어, 169쪽)

이 말은 대중에게 한 강연이지만 마윈이 자기 자신에게 끊임없이 던졌던 다짐말이었을 것이다. 실패가 쌓여 실력이 되는 것이다. 성공의 경험이 주는 교훈보다 실패에서 얻는 것이 진짜다. 성공은 오히려 나르시즘에 취하게 하고 고정관념의 틀에서 벗어나지 못하게 만든다. '이렇게 하니까 잘 되던데' 하는 자만심과 교만이 미래에는 해악이 될 수 있다. 그래서 미국의 벤처캐피털 중에는 실패해 본 경험이 있는 회사에만 투자한다는 원칙을 가지고 있는 회사들이 많다.

인생은 짧지 않다. 인생을 살다보면 수많은 역전 드라마가 펼쳐진다. 공부 잘 해서 입시에 성공했던 사람이 사회에 나가서는 실패하는 경우도 있고, 대학 졸업 후 대기업에 취직했지만 나중에는 취직이 안 돼 사업을 택한 친구와 역전되는 사례들을 흔히 볼 수 있다.

실패와 성공은 반대말이 아니다. 진정한 성공이란 실패를 실패로 여기지 않는 정신이다. 즉, 결과가 좋든 나쁘든 그런 표피적인 것 때문에 내 중심이 흔들리지 않는 것이다. 성공에서 나오는 실력은 싸구려다. 그런 것은 조금만 바람 불면 날아가 버린다. 실패라는 뿌리로부터 나온 것이 진짜 실력이고, 뿌리 깊은 나무가 될 수 있는 것이다.

실패가 쌓이면 실력이 되고, 그것이 진정한 성공. 이것이 '실패의 철학'이다. 마윈이 이렇게 실패를 전혀 두려워하지 않고 정면 돌파할 수 있었던 힘은 실패에 대한 철학에서 나온다. 그것은 실패와 성공은 반대가 아니라 한몸이고 순환된다는 생각이다.

이런 비유를 생각해 보자. 여름이 좋은가 겨울이 좋은가? 밤이 좋은가 낮이 좋은가? 이런 질문은 "엄마가 좋아 아빠가 좋아?"만큼이나 난감한 우문이다. 낮과 밤은 반복되는 것이고, 계절은 순환된다. 비가 오는 날에는 비를 즐기고 눈이 오는 날에는 눈을 즐기면 된다. 밤은 쉬면서 자신을 돌아보는 시간이고 낮은 나가서 일을 하는 시간이다. 실패했다가 성공하고, 성공했다가 실패하는 것이 세상의 이치다. 계속 성공만 하는 사람도 없고 실패만 하는 사람도 없는 것이다. 살다보면 우기도 있고 건기도 만나는 법이다.

실패와 성공은 순환된다

흔히 실패는 나쁜 것, 그래서 가능한 피해야 할 것으로 생각하면서 성공을 향해 달리고 누구나 성공하는 삶을 바란다. 그런데 어떤 것이 성공하는 인생일까? 대개는 성공의 척도를 돈이나 지위로 삼는다. 부와 명예를 얻었다면 성공한 것일까?

우리는 소위 사회적으로 성공했다는 사람들의 민낯을 봤다. 고위관료들, 정치인, 기업인들을 풀어헤쳐 놓고 보니 얼마나 형편없고 냄새 나던가? 그들은 스카이캐슬에 들어가려고 스펙 쌓는 젊은 세대들의 목표점이고 롤 모델이었다. 그들은 성공한 건가 실패한 것인가?

예수는 부자가 천국에 들어가는 것이 낙타가 바늘구멍으로 들어가는 것보다 어렵다고 설파했다. 부가 나쁜 것이라는 얘기인가? 그렇지 않다. 부가 나쁜 게 아니라 부와 명예를 얻은 사람이 자신을 지키기가 그만큼 어렵다는 의미다. 공자가 편찬한 것으로 알려져 있는 〈춘추좌씨전〉에 이런 경구가 있다.

富而不驕者鮮 부유하면서 교만하지 않은 자는 드물고
驕而不亡者 未之有也 교만하면서 망하지 않은 사람이 아직 없었다.

부와 명예를 얻어 성공한 사람 중에서 겸손한 사람을 발견하는 것은 모래사장에서 바늘 찾기만큼 어렵다. 겉으로 드러나는 태도가

117

공손하고 예의바르다 해서 마음까지 겸손한 것은 아닌 것이다. 속으로는 상대를 낮게 여기는 마음을 갖기 쉽고, 자신의 성공 방식이 성공불변의 법칙이라 여기는 나르시즘에 빠져 자신의 좁은 틀 안에 갇히기 쉽다. 실제 사회적으로 성공한 사람 중에는 인격적인 결함이나 성격장애를 가진 사람들이 많은 것도 이런 이유다. 그래서 결국에는 망하게 된다는 것이 〈춘추좌씨전〉의 경고다.

이렇게 성공은 실패로 이어지고, 또 실패의 끝은 성공이다. 2014년 알리바바 그룹이 뉴욕 증시 상장에 성공하면서 마윈이 중국 제1위 부자가 되었을 때 치켜세우는 언론들을 향해 자신은 "알리바바를 성공한 기업이라 생각하지 않는다"면서 담담하게 이런 말을 했다.

알리바바 그룹의 끝은 결국 실패입니다. 전 세계에 있는 모든 기업은 어떤 시기부터든, 탄생한 그 날부터 죽음을 향해 가기 때문에 그 끝은 결국 실패입니다. 저의 임무는 바로 기업을 더 오래 살아남게 하는 것입니다. 저는 그 끝은 실패라는 것을 알지만, 이 기업이 살아 있는 시간을 늘리기 위해 최선을 다할 것입니다.
(양쯔강의 악어, 248쪽)

마윈의 이 말에서는 비장함까지 느껴진다. 알리바바가 당장에 성공했다는 것은 좋은 일도 아니고 나쁜 일도 아니다. 마윈의 실패

경험이 알리바바의 성공으로 이어졌지만, 그 성공이 곧 실패로 이어지리라는 순환의 철학을 얘기한 것이다.

주역과 같은 동양 역법의 근저에 흐르고 있는 정신도 바로 이것이다. 모든 일에는 음과 양이 공존하며, 절대적으로 좋은 일도 없고 나쁜 일도 없다는 것이다. 실패와 성공, 기회와 위기, 이것들은 한 몸이고 세상의 모든 일은 봄 여름 가을 겨울로 순환하고 변화한다.

삼절굉(三折肱) 이야기

실패의 실체를 파악하게 되면 실패가 더 이상 두렵지 않게 되고 싸워 이길 수 있다. 오히려 눈 오는 날 눈을 즐기듯이 실패를 즐길 만큼 의연해진다. 실패는 성공보다 훨씬 값진 인생의 경험이기 때문이다. 〈춘추좌씨전〉에 '삼절굉(三折肱)' 고사성어가 나온다. '절굉'이란 '팔이 부러진다'는 의미, 그러니까 삼절굉이란 팔이 세 번 부러진다는 뜻이다.

때는 춘추시대 말 BC497년경, 진(晋)나라에서 있었던 일이다. 당시 진나라는 전성기를 지나 쇠퇴기 국면에 있던 시기였는데, 왕의 힘이 약화되고 경대부들의 파워가 강해지면서 서로 충돌하던 상황이었다. 한씨와 위씨를 위시한 경대부들이 당시 진의 왕이었던 정공(定公)에게 반기를 들고 쫓아내려는 음모를 꾸미고 있었는데, 정공을 치자고 주장하는 사람들에게 고강이 이렇게 말한다.

三折肱知爲良醫 팔을 세 번 분질러야 훌륭한 의사가 되는 것이오.

고강이 한 이 말의 의미는 정공은 팔이 세 번 부러지는 삼절굉의 실패를 겪어봤고, 또 한때 나라 밖을 떠돌던 백전노장이니 자칫 건드렸다가는 오히려 화를 당할 것이라는 경고였다. '삼절굉' 이라는 고사성어가 여기서 나왔고, '절굉' 은 중국 역대 명의(名醫)들이 호를 지을 때 많이 따왔던 단어 중 하나다.

고강은 제나라에서 진나라로 망명해 왔던 사람인데, 자신도 제나라에서 군주를 치려다 실패했던 경험을 말해 준 것이었고, 결국 반란은 삼절굉의 경험이 있는 정공의 승리로 끝난다. 삼절굉을 당할 당시에는 아프지만 그 고통이 훗날의 영광으로 이어지는 법이다.

두 개의 세상이 존재한다

삼절굉의 경험을 가진 자만이 명의가 될 수 있듯 새로운 차원의 삶으로 올라가려면 반드시 고통이라는 의식(儀式)을 치러야 한다. 자신의 업을 일으킨다는 것은 결코 평탄한 길이 아니다. 나도 창업을 하고서 큰 고통을 겪은 경험이 있다. 처음엔 그렇게 힘들 줄 몰랐다. 너무 아팠다. 너무 아프면 말도 안 나오고 너무 지치면 까딱할 수도 없다. 그것이 한두 번이면 견디겠는데, 오랜 시간 계속 될 때의 괴로움이란 말로 표현하기 어려운 것이다. 그때 덩샤오핑이 좋아해서 아예 외우고 다녔다는 〈맹자〉 고자장의 글귀가 눈에 들어

왔다.

天將降大任於斯人也 하늘이 장차 큰 임무를 사람에게 내리려 하면

必先勞其心志 반드시 먼저 그 마음과 뜻을 괴롭히고

苦其筋骨 뼈마디가 꺾어지는 고난을 당하게 하며

餓其體膚 그 몸과 살을 굶주리게 하고

窮乏其身行 그 생활을 빈궁에 빠뜨려

拂亂其所爲 하는 일마다 어지럽게 하나니

是故 動心 忍性 이는 그의 마음을 두들겨서 참을성을 길러 주어

增益其所不能 지금까지 할 수 없었던 일도 할 수 있게 하기 위함이니라

그 중 마지막 구절 "지금까지 할 수 없었던 일도 할 수 있게 하기
위함이니라" 글귀가 깨달음을 주었다. '지금의 고통은 지금까지와
는 다른 차원의 일을 맡기기 위한 신의 섭리이구나' 하는 생각이
든 것이다. 시련과 고통은 변장하고 찾아온 축복이다. 사람이 태어
나서 죽을 때까지 하나의 세상에서 살다가는 것 같지만 실은 두 가
지 세상이 존재한다. 그런데 사람의 경우만 그런 것이 아니라 모든
사물의 이치가 그러하다.

씨앗은 처음에는 씨앗이지만 차갑고 어두운 땅속에서 썩은 후
에야 꽃으로 다시 태어난다. 애벌레 역시 고치 속 세상과 고치를
뚫고나와 나비로 살아가는 바깥세상, 이렇게 두 개의 세상을 사는

것이다.

그런데, 모든 씨앗과 애벌레가 두 번의 삶을 살다가는 것은 아니다. 땅속에 들어가 썩지 못하는 씨앗이 있고, 고치 속을 뚫고 나오지 못해 번데기로 마감하는 애벌레도 있다. 그러나 고통을 감수하는 씨앗과 애벌레는 꽃과 나비로 만나 새로운 생명을 이어가는 것이 자연의 이치다. 이 세상의 모든 아름다운 것들은 고통을 거쳐 만들어진다.

사람도 마찬가지다. 어두컴컴하고 음습한 땅속에 들어가서 썩는 것이 냄새나고 무섭다고 고통훈련을 생략한다면 평생을 볼품없는 씨앗으로 살아가야 하고, 고치를 뚫고나오는 것이 너무 힘들다고 해서 안주하고 있다면 평생을 애벌레로 살 수밖에 없는 것이다. 새로운 세상으로 나와 새로운 업을 이어가기 위해서는 반드시 고통의 터널을 통과해야 한다.

자신의 업을 일으키고 그것을 이루어가는 삶이란 이런 것이다. 알을 깨고 바깥세상으로 나오는 몸부림이 창업이다. 고통은 우리의 삶을 가치 있게 만들어 주는 명의이고, 창업은 더 높은 차원의 세상으로 들어가기 위한 통과의례다. 죽기를 각오하고 혹독한 고통을 감수할 용기가 없다면 창업에 나서지 않는 것이 좋다. 그러나 자신의 업을 이루어 가는 삶이 최고의 인생이라는 것을 깨달았다면 고통으로부터 자유로워져야 한다.

고통으로부터 자유로워지려면 쫄지 말고 정면으로 직면해서 고통훈련을 하는 수밖엔 없다. 고통이 찾아오기 전에 먼저 고통을 찾아 나서라. 맞닥뜨려 싸움을 걸라. 선방을 날리지 않고 우물쭈물 이 핑계 저 핑계 대고 있다가는 순식간에 역습을 당한다. 실패와 고통의 정체를 알고 나면 절대 쫄 이유가 없다. 그렇게 되면 고통은 우리에게 뜻밖의 세상을 열어준다.

성숙은 아픔을 동반하는 것이 세상의 이치이며, 절대고독을 경험해 보지 못한 사람은 자신의 업을 찾아낼 수도 일으킬 수도 없다. 진정한 성공자들은 모두가 절대고독(絶對孤獨)의 시간을 지나왔다. 고통과 고독 없이 성숙과 성공은 있을 수 없는 것이다. 그러므로 자신의 실존(實存)과 한계(限界)를 경험하는 것은 창업가들이 이수해야 할 전공필수과목이다.

엘런 머스크의 고통훈련

창업의 길은 생각보다 험난하다. 길을 떠나기 전에 짐을 가볍게 하지 않으면 무게에 짓눌려 걷기 어렵게 된다. 머릿속에서 실패에 대한 두려움, 체면과 자존심을 내려놓고, 경제적인 측면에 있어서도 미리 다운사이징(down-sizing)을 해놓아야 한다. 준비작업 없이 길을 떠났다가 도중에 길을 잃고 지쳐 헤매는 경우를 많이 볼 수 있다.

창업 전에 반드시 이수해야 할 필수과목이 있다. 고통훈련이다. 고통훈련은 창업의 가장 큰 걸림돌인 실패에 대한 두려움을 극복하게 해주는 것이다. 두려움과 대면해서 이겨내기 전에는 창업에 나서서는 안 된다. 그런 점에서 창업 전에 고통훈련을 자처한 엘런 머스크(Elon Musk)는 지혜로웠다.

우주여행 벤처 스페이스X, 전기자동차 테슬라 모터스의 CEO이며, 그 전엔 핀테크의 선발주자 페이팔(PayPal)의 공동창업자로 큰 돈을 거머쥐었던 엘런 머스크는 창업 전에 고통에 직면하는 실험을 했다고 한다.

1971년 남아공 출생인 엘런 머스크는 부모님의 이혼 후 캐나다 모델 출신인 어머니와 함께 살다 17살 때 캐나다로 건너온다. 미국에서 대학을 졸업하자마자 동생과 함께 실리콘밸리로 가 창업 도전에 나섰지만 실리콘밸리에서 삶은 그리 변변치 못했다. 사무실에서 자고 다음날 아침엔 YMCA 건물에서 샤워하는 일상이 반복됐다. 밥 사먹을 돈이 없어 하루 종일 오렌지로 끼니를 때울 때도 많았다.

엘런 머스크도 대부분의 창업자들처럼 덜컥 겁이 났다. '창업했다 망하면 어떡하지? 안정적인 삶을 살 수 있는 기회마저 잃는 것 아닐까?' 확신이 서지 않는 것이었다. 그래서 자신의 한계치를 실험해 보기로 했다. 대형마트로 달려가서 냉동 핫도그와 오렌지 30개를 사와서 한 달 내내 이것만 먹는 실험을 했다고 한다. 그게 질릴 때는 가끔 싸구려 토마토소스 캔을 따서 파스타를 해먹었다.

한 달이 지나니까 이 과정이 자신에게 별 게 아니라는 걸 깨달았다고 한다. 좋은 음식에 흥미가 없다는 걸 알았고, 컴퓨터 한 대와

한 달 30달러만 있으면 평생 살 수 있다는 확신을 가진 후 창업에 뛰어들었다. 창업 전에 미리 실패에 대한 두려움과 대면했던 셈이다.

실패연습

창업하기 전, 고통훈련과 함께 이수해야 할 과목이 또 하나 있다. 실패연습이다. 실패를 해봐야 근육이 생긴다. 마라톤 선수가 미리 트레이닝을 통해 근육을 키워놓지 않고서는 시합에 나갈 수 없다. 창업 전에 실패 이미지 트레이닝을 하는 것은 큰 도움이 될 수 있다.

누구에게나 창업을 할 때는 미래가 핑크빛으로 보이게 마련이다. 눈에 콩깍지가 씌워지기 때문이다. 그러나 현실은 녹록하지 않다. 창업성공률이 5%도 안 되는 현실이 그걸 증명하는 것이다. 오히려 실패를 전제로 창업하는 것이 현명한 일이다. 아니, 실패할 것을 알면서 창업하는 바보가 어디 있겠는가 반문할 것이다. 그럼 반대로 생각해 보자. 성공할 것 같아 보여 창업하면 성공할 수 있는가? 핑크빛으로 보이는 것은 우리 안에 잠재해 있는 '거인환상' 때문이다.

사람들은 자신을 거인처럼 크게 보고 자신이 세상의 중심이라고 착각한다. 어릴 적 읽었던 영웅위인전이 그런 착시현상을 부추긴다. 그러나 세상은 내 생각대로, 또 나를 중심으로 돌아가지 않으며, 매일매일 살면서 성공하는 일보다 거절당하고 잘 안 되는 일들이 훨씬 더 많다. '인생은 고해'라는 말은 삶의 디폴트값은 원래 힘들고 어려운 것이라는 깨달음에서 나온 경구다. 누구에게나 삶은 힘든 게 당연한 것이고, 힘들지 않고 성공해야 한다고 생각하는 것이 오히려 이상한 생각이다.

대부분의 사람들은 창업해서 5% 안에 들 수 있다는 생각을 하지만 그건 우리 무의식에 깔려 있는 '거인환상'이다. 창업은 성공하려고 하는 것이 아니라 나의 업이기 때문에 하는 것이다. 처음부터 사업을 크게 벌이지 않고 작은 걸음부터 내딛는다면 큰돈을 잃을 일은 생기지 않는다. 사람의 마음속에서 나오는 성공에 대한 욕심과 강박관념이 파멸로 몰고 가는 것이지 실패는 사람을 망가뜨릴 수 있는 깜냥이 못 된다.

실패와 성공은 매일의 삶에서 경험하는 일상이고 순환을 반복하는 자연의 현상이다. 아니, 성공과 실패란 인간의 이성이 만들어 낸 관념일 뿐이라는 것이 오히려 정확한 표현이다. 그렇기에 실패와 성공에 대한 예상을 머리에서 지우고 작은 창업의 연습을 자주 해보는 것이 좋다. 실패하더라도 큰 상처가 되지 않을 범위를 정해 놓고 도전해 보는 것이다. 잽을 뻗다보면 결정적 펀치의 기회가 온다. 처음부터 크고 완벽한 계획을 세우기보다는 작은 시도들을 자주 해볼 필요가 있는 것이다.

6만 원으로 시작한 창업이야기

대학 강의 시간에 학생들에게 경영사례를 조사해서 프레젠테이션하게 한 적이 있었다. 대개 기업들의 사례를 발표하는 경우들이 많은데, 어느 학생이 '6만 원으로 시작한 창업이야기' 라는 제목으로 발표를 시작했다. 자신의 경험담이었다.

군 제대 후 등록금 마련을 위해 강남의 한 야간배달 음식점에서 배달 일을 시작했다. 하루 16시간 근무였는데, 배달이 많지 않은 날도 있었단다. 투잡이 가능하겠다는 생각이 들어 사장님께 양해를 구했다. 원룸이 밀집되어 있는 지역의 특성상 심부름대행을 하면 좋겠다는 판단이 섰다. 밤중에 물이나 김밥, 라면, 간식류, 술이나 담배 등을 사러나가기 귀찮아 하는 사람들을 대상으로 심부름 값 1천 원만 더 받고 대신 사다주는 사업모델이다.

6만 원을 투자해서 명함을 만들고 사탕을 붙여 지나가는 행인들에게 돌렸다. 자신의 브랜드를 '호루라기' 라고 지었다. 슬로건은 '불면 달려갑니다.' 오토바이에도 자신의 브랜드를 붙이고 홍보에 주력했다. 하나둘 주문이 들어오기 시작했다.

점차 고객이 많아지면서 휴대폰 문자를 통해 이벤트도 하고 고객관계 관리를 하면서 70% 정도가 단골이 되었단다. 수익모델이 심부름 값 1천 원만 있는 것이 아니었다. 생수 같은 것은 할인점에서 대량으로 사다놨다가 배달해 주면 편의점 가격과 차이가 있기 때문에 마진이 더 생기는 것이다. 특별 심부름을 필요로 하는 경우에는 대행료를 더 주는 고객들도 많았다. 복학도 해야 했고 체력의 한계로 오래 하진 못하지만 등록금뿐만 아니라 소형자동차도 살 수 있을 정도의 돈을 벌 수 있었단다. 발표할 당시 그 학생은 창업카페의 주인장도 하고 있었다.

이와 같이 실패를 하더라도 타격을 입지 않을 범위를 정해 놓고 작은 창업의 연습을 해보는 것이 필요하다. 연습을 하다 보면 자신의 업을 발견할 기회가 오는 것이다. 또 이 정도의 야생성은 있어야 창업에 성공할 수 있다.

아무것도 구하지 않는다

진정한 성공이란 일을 얼마나 많이 성취했는가(doing)에 있는 것이 아니라 자신의 업을 하고 있는가(being)에 있음을 잊어서는 안 된다. 실패에 대해서도 의연해져야 한다. 실패에 대해 미리 겁먹거나 쫄지 말라는 얘기다.

팔이 세 번은 부러져야 명의가 될 수 있는 법이다. 일을 하다 보면 실패할 수도 있다. 그러나 업은 절대 실패하지 않는다. 아니, 실패할 수가 없다. 세상의 이치가 그러하기 때문이다. 업은 나의 대에서 이루어지지 않으면 후대에서라도 반드시 이루어진다. "인생은 짧고 예술은 길다"는 말은 "일은 짧고 업은 길다"라고 바꿔볼 수 있다. 일은 실패할 수 있어도 업은 실패할 수 없다. 그렇기에 일을 해서는 안 되고 업을 해야 하는 것이다.

성공이니 실패니 하는 것은 거인환상 때문에 생기는 착시이고 허상이다. 그런 건 원래부터 없다. 아직도 실패를 두려워한다면 그건 속고 있다는 증거다. 일이 아니라 업에 집중하면 허상이 걷히고 두려움은 사라진다.

자신의 업을 발견하고 그 길을 걷는 사람의 머릿속에는 실패나 성공이라는 개념 자체가 없고, 그런 싸구려가치에 연연해하지도 두려워하지도 않는다. 당나라 선승 마조는 이런 말을 남겼다. "求法者無所求 진정으로 법을 구하는 사람은 아무것도 구하지 않는다." 그렇다. 진정으로 업을 구하는 사람은 눈앞에 보이는 헛된 것을 구하거나 흔들리지 않는다.

허상과 관념에 속지 않고 목표만을 응시하며 당당하게 자신의 길을 걷는 것, 그것이 철학이 있는 사업가의 품격이다.

네 운명을 시험하라

운의 경영학

인생을 살다보면 이 사회는 모순덩어리라는 회의에 빠지는 경우가 생긴다. 올바르고 능력 있는 사람이 잘돼야 맞는데 오히려 비리를 저지르고 남을 속이고 짓밟는 사람들이 출세하는 경우를 보게 된다. 조직 내에서도 실력과 재능이 있는 사람이라고 해서 꼭 잘 풀리고 성공하는 것은 아니다. "저런 사람이 어떻게?" 수긍하기 어려운 상황들이 많이 생긴다.

'딜버트의 법칙'이 그런 것이다. 딜버트(Dilbert)는 1990년대 스콧 애덤스의 만화 주인공 이름인데, 기업이라는 조직의 모순을 해학적으로 보여줘 샐러리맨들에게 폭발적인 인기를 끌었다. 가장 무능한 직원이 회사에 가장 적은 타격을 입히고 가장 먼저 승진하게 되는 아이러니를 딜버트의 법칙이라 부른다.

또 "사업에서 성공하려면 정석대로 해서는 안 되고 양아치 짓을 해야 한다"고 한탄조로 말하는 사람들도 있다. 요즘 갑질하는 기업인들을 보면 그 말이 아주 틀린 것은 아니라는 생각이 들기도 한다.

창업을 해서 성공할 수도 있고 실패할 수도 있다. "이렇게 하면 창업의 성공률을 높일 수 있고 성공의 법칙은 이런 거야" 하고 단정짓는 것은 우문우답(愚問愚答)이다. 능력이나 노력과 사업성공 간의 상관관계는 크지 않고, 어떤 사람은 이런 식으로 해서 성공했는데, 또 다른 사람은 그런 식으로 해서 실패한 경우도 있다. 사람마다 적용되는 삶의 공식이 다른 것이다. 인생에는 정답이 없다.

성공의 조건? 자신이 밤새서 할 만큼 즐길 수 있고, 남들에 비해 경쟁우위를 갖는 핵심역량을 갖고 있다는 것이 성공의 필요충분조건일까? 다른 말로 자신의 업을 발견하고 그에 맞는 사업을 시작한다면 성공할 수 있을까?

답은 "그때그때 달라요"다. 사업에는 운이 작용한다. 과학이 이렇게 발달한 21세기에 무슨 운(運) 타령을 하는가 생각할지 모르겠지만 그것은 현실이다. 밤새면서 즐길 수 있을 만큼 좋아하고 또 자신이 남들보다 잘하는 분야의 사업을 하는데도 실패하는 경우를 종종 볼 수 있다. 실력이 있다고 해서, 또 자신의 업이라고 해서 반드시 사회적으로 성공하는 게 아니라는 생각을 갖게 만드는 대목이다. 운칠기삼(運七技三)이니 운구기일이니 하는 말이 괜히 나온 게 아니다.

　요즘은 '운의 경영학'이라는 용어가 경영학계에서 공공연하게 쓰인다. 미국 스탠포드 대학의 존 크럼볼츠 교수가 성공한 기업인 1,000명을 대상으로 성공 원인을 분석했는데 4명 중 1명은 '계획적으로 노력해 성공을 거뒀다'고 주장했고, 나머지 3명은 '우연한 기회에 성공의 길로 들어섰다'고 응답했다.

　일본인 사이에서 가장 위대한 경제인으로 추앙받는 마쓰시타 고노스케(松下幸之助)는 부친의 사업 실패로 9세 때 초등학교를 중퇴한 후 수습사원 생활을 전전하다가 1918년 24세의 나이에 자본금 100엔으로 쌍소켓을 제조하는 마쓰시타 전기를 창업한 인물이다. 1년에 절반은 누워 있을 정도로 몸이 약했지만 1989년 94세로 운명할 때는 내셔널(National)과 파나소닉(Panasonic) 브랜드를 보유한 세계 20위 다국적 기업으로 성장시켰다.

　그의 이름 고노스케(幸之助)는 '행운의 도움'이라는 뜻이다. 이름처럼 그는 운의 중요성을 평생 신봉했다고 한다. 그가 이런 말을 했다. "내가 거둔 성공에서 노력에 의한 것은 1%에 지나지 않는다. 나머지 99%는 운이 좋아서 능력 있는 사원을 만났고 멋진 아이디어를 얻을 수 있었기 때문이다." 그는 신입사원 채용 시 스스로 운이 좋다고 생각하는 사람을 뽑았다고 한다. 경영의 신의 성공비결치고는 참으로 허무한 대답이다.

미국의 경제학자 피터 번스타인은 포브스 선정 대부호 1,302명을 대상으로 성공요인을 4가지로 압축했다. 승부욕, 경쟁심, 행운, 타이밍. 그만큼 운과 사업 성공은 밀접한 관계에 있음을 부인할 수 없다.

운명에 대처하는 지혜, 아모르 파티

인간은 운명의 지배를 받는 존재다. 어떤 사람은 금수저로 태어나고, 어떤 사람은 흙수저로 태어난다. 또 역사를 보면 왕자로 태어났지만 왕이 못되고 비참하게 죽는 경우가 있는가 하면, 거지로 태어나서 왕이 된 사람도 있다. 운명은 인간의 힘으로 해결할 수 없는 불가항력이다. 또 인간은 자신의 운명을 예측하기 어렵다.

그러나 운명에 어떻게 대처하는가에 따라 인생의 결말이 달라진다. 현명한 대처법은 세상의 모든 일은 가치중립적이라는 역설의 철학을 터득하는 것이다. 우리가 살다보면 여러 가지 일을 만나지만 사실은 좋은 일도 나쁜 일도 없다. 일류대에 합격한 것은 좋은 일일까? 또 남들이 부러워하는 직장에 취업됐다고 축하할 일일까? 당장 성공으로 보이는 것이 후일 실패로 이어질 수 있고, 지금의 고통이 미래의 영광으로 바뀔 수도 있는 것이다.

옛 사람들은 인생에서 가장 경계해야 할 것으로 '소년등과(少年登科)'를 꼽았다. 너무 이른 나이에 벼슬에 오르고 출세하는 것이 그 당시에는 성공한 것 같지만 대접받는 데에 익숙해지다 보면 다른 사람들을 업신여겨 교만해지기 쉽고 더 이상 노력하지 않고 철밥통에 안주하게 되기 때문이다. 결국 인생 후반전으로 가면서 역전되고 불우한 노년을 맞이할 수 있음을 경계한 것이다.

우리가 인생을 살면서 부딪치는 사건에 '좋다 나쁘다' 감정적 가치를 부여하는 것뿐이다. 마찬가지 원리로 좋은 운도 없고 나쁜 운도 없다. 신은 개개인의 업에 가장 적합한 운명을 부여한다. 그렇기 때문에 자신의 운명을 사랑할 수 있는 사람이 참 지혜자다.

니체는 그리스 철학을 한 마디로 "아모르 파티(Amor Fati)"라는 말로 요약했다. "Love your Fate", 즉 자신의 운명을 사랑하라는 말이다. 이 세상에 금수저도 없고 흙수저도 없다. 왕자와 거지의 운명은 호불호를 따질 수 없는 것이다. 이러한 역설의 진리를 깨닫는 사람은 자신의 운명을 탓하지 않고 어떠한 상황에 처하더라도 일희일비하지 않고 자신의 길을 걸어간다. 또 주위의 시선이나 유혹에도 흔들리지 않고, 또 눈앞의 실패나 성공에 연연해하지 않는다. 그렇게 되면 운명은 아무 힘도 쓰지 못한다. 이것이 운명에 대처하는 지혜다.

운명을 사랑하는 자가 대장부다

중국 춘추전국시대에 활동했던 맹자는 공자와 함께 유학의 대부로 추앙받는 인물이다. 우리는 맹자는 살아 있을 때부터 유명인이었고 제자들이 많았을 것이라고 생각하지만 그건 착시현상이다. 맹자의 사상이 주목받기 시작한 것은 그의 사후 1000년쯤 지난 당나라 한유(韓愈 768~824)에 의해서다. 그 이후 주자(朱子 1130~1200)가 논어, 대학, 중용과 더불어 사서(四書)의 하나로 편입시킨 뒤로 〈맹자〉는 유교의 주요한 경전이 되었다.

맹자가 활동하던 전국시대 중국은 중원을 차지하려는 제후국들의 전쟁이 그치지 않았고 부국강병을 기치로 내세우던 혼란의 시기였다. 그런 상황에서 인의예지를 강조하는 공자나 왕도정치와 도덕정치를 주장하는 맹자의 사상은 현실과 동떨어진 이상적인 관념으로 치부되었고, 당시 벼슬을 얻지 못한 맹자는 천하를 떠돌며 유세하는 이름 없는 몽상가였을 뿐이다.

이 점에서는 공자도 크게 다르지 않았다. 춘추시대 활동하였던 공자는 이 나라 저 나라를 떠돌며 유세하였지만 자신의 생각을 받아주는 제후가 없었다. 하루는 깊은 산길을 가다가 난초를 발견하고는 '공곡유란(空谷幽蘭)'이라 탄식했다고 한다. 깊은 골짜기 속에 홀로 피어 있는 이름 없는 난초가 흡사 자신과 비슷한 처지였기 때문이다. 세상이 알아주지 않는 고독함, 자신의 처량한 처지를 이름 없는 난초에 빗댄 것이다. 그러나 공자의 사상은 그의 사후 300~400년 지난 한나라 때에 와서 유학으로 숭앙받기 시작하고, 향후 2천 년 중국 사상의 주춧돌이 된다.

지금에 와서는 공자나 맹자가 유명한 인물로 알려졌고 사람들의 인정을 받게 되었지만 자신의 업을 이루려던 당시 그들의 인생은 가혹한 고난의 길이었고 고향에서 쓸쓸히 생을 마감했던 1인이었을 뿐이다. 그것이 맹자에게 주어진 운명이었다.

맹자는 자신의 운명을 사랑하며 업을 이루어가는 사람을 '대장부'라 표현했다. 〈맹자〉 등문공장(騰文公章) 하편에 대장부를 이렇게 정의하고 있다.

居天下之廣居 하늘 아래 넓은 곳에 거하면서

立天下之正位 하늘 아래 바른 곳에 서있고

行天下之大道 하늘 아래 큰 길로만 다니고

得志 與民由之 뜻을 얻으면 백성들과 함께 즐기고

不得志 獨行其道 뜻을 얻지 못하면 나 혼자라도 그 바른 길로 가며

富貴 不能淫 부귀를 얻는다고 음탕해지지 않고

貧賤 不能移 가난하고 천해진다고 함부로 움직이지 않으며

威武 不能屈 무력의 위압에도 함부로 무릎을 꿇지 않는다

此之謂大丈夫 이것을 일러 대장부라 한다

자신의 운명을 받아들이고 사랑하며 자신의 업을 성취해 가는 대장부는 이렇게 당당할 수 있다. 당당하게 정도를 걸으며 어떤 실패나 고통이 찾아와도 위축되거나 쫄지 않고 업의 본질을 잃지 않는 사람이 대장부인 것이다.

이러한 생각은 사서삼경의 하나인 〈중용〉의 철학과도 일맥상통

한다. 〈중용〉에 이런 글귀가 있다. "喜怒哀樂之未發, 謂之中 희로애락이 드러나지 않는 상태를 중(中)이라 한다." 중심이 확고한 사람은 주위의 시선이나 평가에 흔들리지 않고 자신의 업을 완성하기 위해 묵묵히 자신의 길을 걸어갈 수 있다. 그것이 중용(中庸)의 본뜻이다.

이것이 역설의 철학이다. 역설(paradox)이란 서로 반대되어 상충하는 개념이지만 실은 그것은 반대가 아니라 한몸이라는 정신이다. 흔히 사람들은 성공은 좋은 것, 실패는 피해야 할 것이라고 생각하지만, 성공과 실패는 사실은 동전의 앞뒷면과 같은 것일 뿐이다. 삶과 죽음도 마찬가지다. 삶과 죽음은 반대말이 아니라 다른 존재 양태일 뿐이다.

마윈의 업

나는 '아모르 파티'를 "네 운명을 시험해 보라"고 해석하고 싶다. 우리의 운명은 머릿속 계산으로 알 수 있는 3차 방정식이 아니다. 또 치밀한 계획이 최선도 아니다. 살수록 깨닫는 것은 결국 될 일은 어떻게 해도 되고, 안 될 일은 아무리 발버둥 쳐도 안 된다는 사실이다. 미래를 계산하고 오지도 않을 결과를 두려워하는 데에 삶의 에너지를 뺏기지 말고 그때그때 나의 업을 찾고 업을 이루는 데에 올인 하는 것이 현명한 일이다.

끊임없는 도전을 통해 자신의 운명을 시험해 본 인물이 앞에서 언급한 최고의 싸움꾼 마윈이다. 마윈의 첫 번째 도전은 하이보 번역회사였다. 마윈은 일관되게 자신의 소명의식을 중국의 소상공인들의 해외진출을 돕는 것이라고 생각한 사람이다. 그가 알리바바라는 B2B 전자상거래 사이트를 만든 것도 중국의 작은 기업들을 해외 바이어들과 연결시켜주기 위함이었는데, 1992년 번역회사를 창업했던 동기도 중국의 소상공인들의 통번역을 도와 그들이 해외로 진출할 수 있도록 돕겠다는 생각에서였고, 1995년 당시 인터넷 불모지였던 중국에서 차이나 페이지라는 웹 에이전시를 창업한 것도 인터넷을 활용한다면 중국의 기업들을 해외로 알릴 수 있겠다는 소명감의 발로였다. 즉, 그것이 자신의 업이라 생각한 것이다.

번역회사를 창업하던 당시 마윈은 항저우에서 영어 잘하기로 소문난 사람이었다. 그는 중학교 시절부터 항저우의 유명관광지인 시후(西湖)에 오는 외국인들을 대상으로 관광가이드 알바를 할 만큼 영어를 좋아하고 잘했었다. 또 영어강사 시절에도 중국 소상공인들의 통번역을 해주면서 인맥도 가지고 있었던 상황이었다.

그러니까 번역회사 창업은 성공의 모든 조건을 갖추고 있었던 셈이다. 즉 자신이 좋아하면서도 남들보다 잘 할 수 있는 경쟁우위력을 가지고 있는 데다가 잠재고객도 확보하고 있었고, 무엇보다도 통번역은 자신의 소명감, 즉 업이었다. 이것은 성공학 교과서에서 말하는 성공의 필요충분조건이 다 맞아떨어지는 것이다. 그런데, 결과는 실패였다.

138

번역회사의 매출만으로는 사무실 임대료도 내기 어려운 상황을 맞았고, 회사 운영을 위해 마윈은 이우(義烏)의 도매시장에 가서 생활소품들을 사다가 항저우에서 발품 팔며 판매하는 일도 병행해야 했다. 이런 걸 보면 마윈의 근성이 대단하다.

이때 마윈의 심정은 어땠을까? 어린 시절 그렇게 어렵게 자랐고, 없는 돈에 창업을 했는데 실패라니? 길거리를 돌아다니며 외판원 하는 162cm에 45kg밖에 안 되는 초라한 모습. 금수저 물고 태어나 좋은 스펙에 손대는 일마다 잘 풀리는 주위사람들을 보면서 자신의 흙수저 운명이 야속하다고 생각했을 것이다.

그러나 마윈은 주저앉아 있지 않았다. 1995년 차이나 페이지의 창업에 도전했다가 또 실패, 그리고 1997년 대외경제무역부와의 합작 등 삼절굉을 겪은 후 1999년 알리바바를 창업하고 2014년 뉴욕증시에 상장하면서 결국 자신의 꿈을 이루고 중국 최고의 부자가 된다.

마윈은 일관된 소명의식을 가지고 있었다. 하이보 번역회사뿐 아니라 1995년에 창업한 차이나 페이지도 그렇고 1999년에 시작한 알리바바도 일관된 컨셉트는 "어떻게 하면 중국 소상공인들의 해외진출을 돕고 희망을 줄 수 있을까" 하는 것이었다.

차이나 페이지는 중소기업들의 홈페이지를 만들어 주고 인터넷을 통해 홍보해 주는 대행업이었고, 알리바바는 중국 제조기업들을 외국 바이어와 연결시켜주는 B2B 전자상거래 사업이다. 업종은 달랐지만 모두 중국 기업의 해외진출을 돕겠다는 소명의식이 자신의 업이라 생각한 것이다. 자신의 장기인 영어를 무기로 삼아서.

마윈은 운이 좋은 사람인가 나쁜 사람인가? 운(運)은 이동하고 움직인다는 의미다. 좋은 운도 나쁜 운도 없다. 그냥 받아들이는 자세가 필요하다. 마윈은 자신의 운명에 순응했다. 실패나 성공에 흔들리지 않고 자신의 길을 걸은 것이다. 그것이 결국에는 알리바바의 성공으로 이어졌다.

사업보국의 초심으로 돌아가자

마윈의 사업철학은 '사업보국(事業報國)'이라는 단어를 연상시킨다. 우리나라 대기업 창업자들의 초창기 정신이 사업보국이었다. 즉, 사업을 일으키고 성장시켜서 국가에 보답하자는 생각이 그들을 창업으로 이끈 정신이었다.

일제강점기의 긴 터널을 지나고 한국전쟁이 휴전된 1953년 한국은 폐허 상태였다 해도 과언이 아니었다. 자원이나 전력은 북한에 몰려 있는 상황이었고, 전후 남한은 농업이 GDP의 70% 이상을 차지했던 농경 위주의 경제구조를 가지고 있었다. 그리고 당시 한국의 1인당 국민소득은 전 세계 국가 중 최빈국 인도에 이어 꼴찌에서 두 번째였다.

그러한 상황에서 산업화를 통해 한국경제의 구조를 근원적으로 바꾼 주역들이 현재 대기업으로 성장했다. 창업을 통해 산업을 일으켜서 한국경제를 살려보자는 야생성이 한국사회에 넘쳤었고, 그들의 도전과 모험정신이 기적적인 경제성장의 밑거름이 된 것은 부인할 수 없다.

그런데 요즘 우리나라 대기업들의 행태를 보면 '사업보국' 초심이 많이 사라진 것 같아 안타깝다. 산업문명이 저물고 스마트문명 시대로 이행하면서 한국경제의 체질과 구조를 또 한 번 근원적으로 바꾸어야 하는데, 가장 큰 걸림돌이 대기업이다. 우리나라에 창업 생태계가 조성되지 않는 원인도 대기업들과 기득권층들의 단단한 철밥통 굳히기 때문이다.

지금 미국이나 중국, 유럽 등은 스타트업들이 기존 산업의 가치사슬을 해체(unbundling)시키면서 자연스럽게 새로운 경제체제로 바뀌고 있는데, 우리나라 대기업들과 기득권층은 방어막을 치고 중소기업이나 벤처들을 방해하고 있다. 한국경제에 쓰나미가 몰려오고 있는데, 보국(報國)보다는 보신(保身)하고 있는 것이다.

한국경제는 과거 50~60년간 화려하게 성공했지만, 혁신되지 않는다면 실패를 향해 내리막길을 갈 것이다. 성공과 실패는 순환되고 운은 움직이는 것이다. 세상의 때를 분별할 수 있는 지혜가 필요하다. 초심으로 돌아가 자신들의 업을 새롭게 정립해야 할 때다.

그러나 과연 그들이 결단을 할 수 있을까 절망감을 느낄 때가 많다. 스스로 깨뜨리고 혁신하려는 조짐이 보이지 않기 때문이다. 우리나라에 혁명이 일어나지 않는다면 저물어가는 한국의 운은 절대 바뀌지 않는다. 창업이 혁명이다. 수많은 창업가들이 창업에 나서야 한다. 실패와 성공을 초월해서 자신의 운이 어떤가를 딴 데 가서 물어보지 말고 스스로 창업에 나서 보라. 돈만 생각하는 장사꾼이 아니라 사회를 생각하는 사업가들의 세상이 와야 한다.

창업은 내가 살아 있는 증거다

이제는 성공이니 실패니 하는 세속적 가치관을 던져버려야 할 때가 되었다. 성공이나 실패라는 단어는 사람들이 만들어 낸 허상이다. 아예 우리 머릿속에서 성공이나 실패라는 관념을 지워버려야 한다. 흔히 사업의 실패라는 표현을 쓰지만 그런 것은 일시적인 시련이라 부르는 것이지 실패라고 하는 것이 아니다. 요기 베라의 말처럼 끝날 때까지 끝난 게 아니고, 시작과 끝이라는 물리적 시간도 실은 존재하지 않는다.

영화 '헬프(The Help)'는 1963년 미국 남부의 미시시피 잭슨이라는 마을에서 백인 가정에서 일하던 흑인 가정부(help)의 이야기를 담은 흑인 인종차별문제를 다룬 작품이다. 차별받고 힘든 삶을 살아가는 에이블린과 미니의 스토리는 백인 여성 스키터에 의해 베스트셀러가 된다. 그러나 책이 성공했다고 흑인들의 불우한 삶이 하루아침에 달라지는 것도, 혁명이 일어나는 것도 아니었다. 이 영화의 마지막 장면, 일하던 백인 가정에서 쫓겨나는 에이블린의 뒷모습에 흐르는 음악 'the living proof'의 노래 글이 "창업이란 내가 살아 있는 증거"라는 생각을 갖게 해주었다.

아주 긴 여정이 될 거야

아주 높은 언덕을 오르는 것 같을 거야

아주 거친 싸움이 될 거야

외로운 밤들일 거야

그러나 나는 그것을 오를 준비가 되어 있어

많은 사람들이 살아남지 못했어

그들은 그것을 헤쳐 나가지 않았지

그러나 나를 봐

나는 살아 있는 증인이야

(I'm the living proof)

당신의 업을 시작해 보라. 긴 여정이 될 것이고 거친 싸움을 헤쳐가야 할 것이다. 그러나 업을 하는 그 시간만이 살아 있는 시간으로 카운트될 것이고, 훗날 생명이 꿈틀거리는 삶의 증거물로 채택된다. 자신의 업을 찾아가는 창업의 여정, 그 길에 뜻밖의 보물이 숨겨져 있다. 자신의 업을 사랑하고 주어진 운명을 누리는 것이 최고의 사업이다.

마윈(馬云)의
물구나무 창업학개론

물구나무서서 세상을 보라

중국 알리바바 그룹의 마윈(馬云) 회장은 중국 청년들이 가장 닮고 싶어 하는 CEO다. 중국 CCTV에서 2006년부터 방영했던 '중국에서 성공하기' 라는 창업 오디션 프로그램의 심사위원을 맡으면서 촌철살인의 심사평으로 큰 인기를 얻기도 했는데, 마윈의 어록은 재밌고 매력이 있다. 우리가 무심코 생각했던 것들을 통렬하게 뒤집기 때문이다.

초창기 알리바바 회사에는 재미있는 문화가 하나 있었다. 전 직원들이 물구나무서기를 하는 것인데, 물구나무는 건강상으로 이점이 많지만 생각의 순환에도 도움이 된다. 거꾸로 보고 반대로도 생각해 볼 수 있는 시간이 되기 때문이다. 즉 세상을 보는 각도와 시야를 바꿔준다.

마윈도 물구나무를 서서 세상을 바라보면 다르게 다가올 것이라는 얘기를 했는데, 그는 일반적인 통념에 반하는 생각을 잘한다. 예

144

를 들면, 마윈은 90%의 사람들이 찬성하는 아이디어는 채택하지 않는다. 왜냐? 90%가 찬성하는 아이디어는 이미 단물 다 빠진 것이고, 거기에는 기회가 별로 남아 있지 않다는 것이다. 그가 이런 얘기를 했다.

누군가가 당신의 말에 동의하면 일단 멈춰 서서 생각하세요. 2초도 걸리지 않습니다. 또 누군가가 반대해도 일단은 멈춰요. 역시 2초도 안 걸리죠. 자신의 머리로 생각하고 판단하는 훈련을 꾸준히 하세요. 매일매일 그렇게 해보세요. 어린아이처럼 호기심 가득한 눈으로 세상을 대하고 사람들을 바라봐야 합니다.
(마윈처럼 생각하라, 43쪽)

이러한 물구나무 정신이 흙수저 가정환경에 스펙도 별 볼 일 없는, 그리고 외국물도 먹어보지 않았고, 왜소한 외모의 마윈을 세계적인 거인으로 성공시킨 힘이다. 그의 조크처럼 "남자의 외모와 능력은 반비례" 하는지도 모르겠다.

호기심을 잃어버려서는 세상의 변화를 읽을 수 없다. 내 안에서 끊임없이 에너지가 세상으로 흘러나와야 그 에너지가 세상과 부딪히고, 안 보이던 세상이 나에게 말을 걸어오는 것이다. 거기서 살아 있는 지식을 얻을 수 있다. 마윈은 '중국에서 성공하기' 프로그램의 심사위원을 할 때 창업자들에게 이런 말들을 해주었다.

창업자의 가장 큰 즐거움은 그 과정 가운데 무엇인가를 배우고, 자신을 업그레이드 하는 것입니다. …창업자들은 책을 많이 읽지 않아도 상관없지만 사회를 읽지 않을까 걱정이 됩니다.

(양쯔강의 악어, 262쪽)

사고의 틀을 깨고 생각을 뒤집으면 아무도 생각하지 못한 새로운 분야를 개척할 수 있다. 나쁘다고만 생각했던 일 속에서 찾은 기회가 당신의 운명을 바꾸어 놓을지도 모른다.

(마윈처럼 생각하라, 182쪽)

대부분의 사람들이 옳다고 생각하는 통념을 물구나무서서 뒤집어보려는 마음의 태도가 필요하다. 역설 속에 진리가 숨어 있는 법이다. 모순되어 보이고 대립적인 관계에 있는 것 같은 속에서 남들이 보지 못하는 뜻밖의 보물을 발견할 수 있는 것이다.

실패가 쌓이면 실력이 된다

큰 성공을 거둔 마윈은, 그러나 혹독한 실패도 많이 경험한 사람이다. 그런데 그의 행보를 보면 실패를 전혀 개의치 않는다. 오히려 과감하게 실패하라고 권한다. 마윈은 한 강연에서 실패의 경험이 중요한 자산임을 강조했다.

젊었을 때 과감하게 실수를 저질러야 합니다. 날마다 겪게 되는 고난과 시련은 여러분의 가장 큰 자산이 될 겁니다. 저는 매일같이 온갖 재수 없는 일을 당해 왔고 좌절에 몸부림쳤습니다. 그리고 지금도 그렇게 살고 있답니다. (양쯔강의 악어, 56쪽)

언제나 성공하는 사람을 가장 중요한 위치에 두지 마십시오. 여기 계신 사장님들 모두 이 점을 기억하셔야 합니다. 실패를 해본 사람을 중요한 위치에 두고 판단을 내리게 하십시오. 왜냐 하면 실패해 본 적이 있는 사람이야말로 성공이 무엇인지 알기 때문입니다. 전쟁에서 한 번도 져보지 않은 장수는 나중에 더 비참한 결말을 맺습니다. 사람은 역시 잘못을 저질러 봐야 성공하는 것 같습니다. (양쯔강의 악어, 161쪽)

마윈의 말이 옳기는 한 데 현실은 냉혹하다. 창업의 가장 큰 걸림돌은 실패의 결과다. 자칫 신용불량자로 전락할 수도 있고 주위사람을 잃을 수도 있다. 그러한 공포심은 결코 극복하기 쉽지 않은 감정이다. 실패의 공포심을 이겨내지 못하고는 창업에 나설 수 없다.

그러나 거인환상을 버리고 물구나무서서 실패와 성공이 반대가 아니라 한몸이고 순환되는 것이라는 역설의 철학으로 관점을 바꾼다면 실패의 공포심을 극복할 수 있다. 실패는 당연한 일상이고 자연스러운 현상일 뿐이다. 그리고 실패가 쌓여 실력이 된다는 점에서 실패는 성공의 어머니다.

이것은 모든 인생에 적용되는 법칙이다. 마윈의 인생은 고해가 아닌가? 이 세상에 그런 사람은 없다. 마윈은 실패를 날마다 일상에서 일어나는 당연한 현상으로 받아들이고 덤덤하게 부딪치라고 조언한다.

모든 창업자에게 들려 드리고 싶은 말이 있습니다. 창업하는 순간부터 날마다 성공이 아닌 시련과 실패를 마주해야 한다고 말입니다. 시련은 피할 수 있는 것이 아닙니다. 다른 사람이 대신 짊어질 수 있는 것도 아니죠. 9년 동안의 창업 경험을 통해 한 가지 사실을 깨달았습니다. 시련은 반드시 창업자 본인이 마주해야 합니다. (양쯔강의 악어, 73쪽)

반대로 실패에 대한 생각이 바뀌면 성공의 정의도 달라진다. 실패가 일상이듯 성공도 일상이다. 매일의 삶을 나의 업에 충실하게 살다보면 실패와 성공은 반복되고 순환된다. 마윈의 "성공은 당신이 얼마나 이루었느냐에 있지 않습니다. 성공은 당신이 무엇을 했고, 그것을 통해 얼마만큼의 경험을 쌓았느냐에 있지요."라는 말 속에는 그런 철학이 담겨 있다. 성공이란 돈 벌고 출세하는 것이 아니다.

마윈이 창업하던 1990년대 중국 사회에는 역동적이고 야성적인 에너지가 넘쳤고, 실패의 역설적 철학이 결국 20여 년이 지난 지금 중국을 다시 일으키는 힘의 원천이 된 것이다. 지금 우리나라는 어떤가? 정반대 아닌가? 우리의 미래가 위태로운 것은 '야생의 철학' '실패의 역설' 정신이 사라지기 때문이다.

비결은 없다

사람들은 누구누구가 성공했다고 하면 그 비결이 무엇일까를 궁금해 한다. 그러다 보니 싸구려 성공학 강의들이 범람하고 있다. "누가 이렇게 해서 성공했대" 소문이 나면 "성공비결이 뭐야?" 하면서 쫓아다니는 군상이다. 남에게서 배우려는 겸손한 자세는 옳은 것이지만 문제는 센세이셔널리즘에 빠진다는 점이다. 예를 들어, "그 회사가 성공할 수 있었던 것은 바로 이 전략 때문이야"라고 흔히들 말하지만, 그것은 겨우 표피구조만 보는 우를 범하는 일이다. 그들이 했던 전략이나 방식은 나에게 맞지 않을 수 있다. 아니, 맞지 않는 것이 정상이다. 왜냐 하면, DNA가 다르기 때문이다.

핵심은 심층구조에 숨어 있다. 우리가 초점을 맞춰야 할 포인트는 겉으로 드러난 전략이 아니라 그 아래 숨어 있는 원리다. 그게 핵심이다. 그 보물을 발견하고 캐내야 나에게 적용될 수 있고 실제적인 교훈을 얻을 수 있는 것이다. '방법'을 배우지 말고 '정신'을 배워야 한다. 다른 말로 하면, 기법(technic)이 아니라 철학(philosophy)이 중요한 것이다.

2014년 뉴욕 증시 상장에 성공하면서 알리바바가 세계적인 기업으로 등극하고 마윈은 중국 제일의 부자가 된다. 마윈은 자신의 성공비결을 묻는 우문에 현답을 했다.

비즈니스에 비결이란 건 없습니다. 그렇기에 그 비결이라는 것에 의지하는 것은 정말 바보 같은 짓이죠. 비결은 우리의 핵심경쟁력이 아닙니다. (양쯔강의 악어, 263쪽)

사람들은 누가 성공했다 하면 우르르 몰려다니면서 영웅신화 듣기를 좋아한다. 과학이 발달한 21세기를 살아가는 현대인들이 역설적이게도 대부분 아직도 신화적 세계관에서 벗어나지 못하고 있다. 신화적 세계관에 빠져 나도 그 주인공이 될 수 있을 것이라는 환상을 좇으면서 모방하려 하는 것이다. 거인환상에서 벗어나지 않고서는 창업에 성공할 수 없다. 왜냐 하면, 그런 인식으로는 문제의 본질에 접근할 수 없고 착시현상을 일으켜 현실감각이 떨어지게 되기 때문이다. 창업이란 홀로서기다. 마윈은 마윈이고 나는 나다. 마윈은 자신에게 배우겠다는 사람들에게 이런 경고를 했다.

나의 시스템은 모방할 수 있습니다. 그러나 내가 겪은 고생과 나를 끊임없이 앞으로 나아가게 하는 열정은 아무도 따라할 수 없습니다. 반드시 기억하세요. 이것이 당신이 가져야 할 경

쟁력의 핵심입니다. (마원처럼 생각하라, 123쪽)

창업에 성공하려면 자신만의 핵심역량이 있어야 한다. 남의 것을 표피적으로 따라해서는 경쟁력을 가질 수 없고, 오래가지도 못한다. 핵심역량이란 자신만의 업, 철학, 스타일 등을 의미한다. 그것은 자신이 살아온 삶에서 나올 수 있다. 그것을 마윈은 '내가 겪은 고생과 열정'이라고 표현한 것이다.

마윈의 여정은 결핍의 스토리다. 사회시대적 환경이나 개인적 환경이 결코 마윈에게 우호적이지 않았다. 부족했고 열등했다. 그러나 마윈은 그것을 불평하거나 낙심하지 않고 담담하게 받아들이고 당당하게 맞서면서 자신만의 길을 찾은 것이다.

나의 핵심역량은 남에게 물어서 찾을 수 있는 것이 아니라 '나'와의 대면을 통해서 발견할 수 있는 것이다. 마윈은 자신 속에 잠재해 있는 '부자의 지혜'를 끄집어내라는 얘기를 한다. 그래야 창업에 성공할 수 있다.

다른 사람의 성공 경험을 배울 수는 있지만 그의 성공을 복제할 수는 없습니다. 남들이 가진 인맥과 자본이 당신에게는 없을 수도 있습니다. 그러나 부자가 되는 가장 강력한 무기인 지혜는 반드시 있을 겁니다. (마윈처럼 생각하라, 246쪽)

또 마윈은 성공학 강의를 쫓아다니지 말고 실패학을 공부하라고 권한다. 그리고 성공으로 가는 길을 스스로의 노력으로 발견하라는 말을 덧붙인다.

창업가라면 다른 사람의 실패를 공부하는데 많은 시간을 투자해야 합니다. 성공 요인은 수도 없이 많지만 실패하는 이유는 비슷비슷하거든요. 그래서 저는 성공학 강의를 너무 많이 듣지 말라고 조언하고 싶습니다. 진정한 성공학은 노력을 통해 체득하는 것입니다. (마윈처럼 생각하라, 54쪽)

호랑이 등도 두려워하지 않는다

결과적으로는 성공했지만 마윈도 남들이 보기에는 무모해 보이는 도전을 계속했던 사람이다. 중국에 인터넷 인프라가 구축되어 있지 않았던 1995년 미국 시애틀에 갔을 때 인터넷이라는 것을 처음 보고 와서 '차이나 페이지'라는 웹 에이전시를 창업했던 것도 그랬다.

당시 하이보 번역회사를 운영하고 있던 마윈은 항저우(杭州) 정부가 미국의 한 투자회사와 맺은 계약의 채권 추심 업무를 의뢰해서 미국으로 출장을 간다. 그런데 미국에 도착해서 보니 투자회사가 페이퍼 컴퍼니였다. 사기를 당했던 것이다.

중국까지 돌아가는 비행기 표 살 돈이 부족했던 마윈은 회사 동

152

료의 친척이 시애틀에서 인터넷 회사라는 걸 한다는 말이 생각났다. 샘(Sam)을 소개받은 마윈은 시애틀로 날아간다. 시애틀 회사에 가서 인터넷이라는 걸 처음 접하고는 신기한 느낌과 동시에 충격을 받는다.

맥주를 검색해 보니 미국 맥주, 독일 맥주, 일본 맥주들은 죽 나오는데, 중국 맥주는 하나도 없었다. 마윈은 중국의 회사들도 외국처럼 홈페이지를 만들어서 인터넷에 올려놓으면 중국 회사들이 해외로 진출하는 데 큰 도움이 될 수 있겠다는 확신을 얻게 된다.

그때 마윈에게 한 가지 재밌는 아이디어가 떠올랐다. 자신이 운영하는 하이보 번역회사를 소개하는 홈페이지를 올려보면 어떨까 생각한 것이었다. 샘에게 간단히 만들 수 있느냐고 물었더니 샘이 흔쾌히 몇 시간 만에 뚝딱 만들어서 인터넷에 올려 줬다. 간단한 업무 소개와 가격, 전화번호 정보를 써서 올렸는데 놀라운 일이 벌어진다. 오전 9시 30분에 올려놓고 나갔다가 오후에 다시 샘의 사무실에 돌아왔는데, 문의 메일이 5통이나 와 있었던 것이다. 그것도 미국, 독일, 일본 등 외국에서.

불과 몇 시간 만에 벌어진 일이었다. 마윈은 흥분을 감추지 못했고 중국으로 돌아가서 인터넷 사업을 해야겠다는 결심을 한다. 그리고는 샘에게 합작하자고 제안을 한다. 미국에서 기술과 서버를 제공하고 자신은 중국 영업을 담당하겠다는 것이었다.

중국에 돌아온 마윈은 가깝게 지내던 동료들과 학교 제자 24명을 모아놓고 인터넷이라는 것에 대해 열변을 토한다. 마치 아메리카 대륙을 발견하고 온 콜럼버스처럼. 당시 중국은 인터넷은 별로 깔려 있지도 않았다. 당연히 사람들이 본 적도 없는 인터넷이라는 것을 이해할 수 없었을 것이다. 24명 중 23명이 인터넷 사업하는 것을 반대했고 1명만 찬성했다.

그러나 포기할 마윈이 아니었다. 하이보 번역회사는 동료에게 맡기고 인터넷회사를 창업한다. 컴맹 마윈이 겁 없이 호랑이 등에 올라탄 것이었다. 차이나 페이지의 사업모델은 기업들의 홈페이지를 만들어서 올려주고 인터넷을 통해 홍보를 도와주는 웹 에이전시였다.

그러나 이 당시 중국의 인터넷 환경이란 열악한 수준이었고, 차이나 페이지도 순항하기 쉽지 않은 상황이었다. 마윈이 영업하러 다니면서 사기꾼 소리도 많이 들었다고 한다. 기업들이 인터넷이란 걸 보지도 못했고, 인터넷 망이 깔려 있지 않으니 홈페이지를 만들어도 볼 수가 없는데, 거기다 대고 홈페이지 만들어라 얘기하니 그게 먹혔겠는가? 마치 저기 산속에 가면 40인의 도적들이 숨겨놓은 보물이 있다고 뻥치는 알리바바 같았을 것이다. 초창기의 심정을 마윈이 이렇게 얘기한다.

사실 우리는 줄곧 놀림의 대상이었습니다. 1995년 창업에 뛰어들었을 때, 전 사람들로부터 사기꾼이라고 손가락질 당했습니다. 1995년 CCTV의 '동방시공(東方時空)'이라는 전문 프로그램에서 인터넷에 관한 내용을 처음 보도한 뒤로, 만나는 사람마다 제게 사기꾼이라고 욕했었죠. 그러다가 끝내 저를 정신병자 취급하더군요. 2년 뒤에 제게는 '미친 놈'이라는 꼬리표가 달려 있었습니다. 다른 사람이 저더러 정신병자라든지 미친놈이라고 욕해도 상관없습니다. 왜냐면 제가 뭘 하고 있는지 제 스스로 분명히 알고 있기 때문이죠. (양쯔강의 악어, 91쪽)

마윈은 일관된 소명의식을 가지고 있었다. "중국의 소상공인들이 해외로 수출하고 진출할 수 있도록 도움을 줄 수 있는 일을 했으면 좋겠다"는 꿈이었다. 1990년대 중국에는 수많은 소상공인들이 있었고 개혁개방의 물결을 타고 해외로 수출하려던 분위기였기 때문이다. 번역회사를 창업했던 이유도, '차이나 페이지'의 무모한 도전을 했던 것도 작은 사업체들의 해외홍보와 진출을 돕는 것이 자신의 업이라고 확신했기 때문이다.

사랑하니까 창업한다

1999년 알리바바를 창업할 때 기업 대 기업, 즉 B2B 전자상거래 모델을 택한 것도 같은 맥락이다. 수익모델이 마땅치 않은 B2B 전자상거래 사이트는 전 세계적으로 선례가 없는 모델이었다. 당시 전자상거래의 주류는 이베이로 대표되는 C2C와 아마존과 같은

B2C 사이트가 대세였다. 1990년대 후반 우리나라에서도 인터파크 (B2C), 옥션(C2C) 등이 온라인 쇼핑의 강자였던 상황이었다.

B2B는 수익모델이 마땅치 않은 전자상거래 형태다. 기업 간에는 온라인을 통해 거래를 하지 않기 때문이다. 상식적으로 생각해 보라. 기업들이 서로 정보를 주고받는다, 그래서 거래가 성사되었다고 해서 계약이 되었다는 사실을 파악할 방법도 없고, 거래금액이 얼마나 되는지 알 수도 없다. 웹사이트에서 정보만 주고받고 실제 거래는 전화로 상담하든지 직접 만나서 할 테니 B2B 전자게시판 기능을 하는 전자상거래 웹사이트는 정보 게시판 기능만 제공하는 것이지 거기에서는 실제 거래가 일어나지 않는다. 어느 기업이 수백만 불의 거래를 온라인 쇼핑하듯 하겠는가? 거기서는 알만 빼먹고 껍데기만 남는 셈이니까 엄밀하게 말하자면 전자상거래 사이트라고 볼 수 없는 것이다. 미국이나 다른 나라에 B2B 전자상거래 모델의 선례가 없었던 이유가 다 있는 것이다.

기업들을 연결시켜주는 알리바바 사이트는 수익이래 봐야 고작 입점비나 등록비를 받을 수 있는 정도다. – 그것도 초기 3년간은 무료였다 – 물론 그것을 수익모델로 생각했지만 그것은 무한정 커질 수 있는 모델은 아니었다. 성장의 한계가 있는 것이다. 전자상거래 모델 자체가 당시 중국은 전자결제나 물류 등의 인프라가 갖춰져 있지 않아 어려운 여건인 데다가 B2B라는 모델은 더더구나 큰 수익을 창출할 수 있는 게 아니었다.

그렇다면 마윈은 어떻게 돈 벌겠다고 생각한 것일까? 훗날 알리바바가 성공했을 때 경영분석가들은 알리바바가 당시 다른 회사들이 손대지 않았던 B2B 시장에 차별화전략으로 들어가 블루오션을 발견한 것이라 하지만 나는 그런 의견에 동의하지 않는다. 그 당시 마케팅 리서치를 했었다면 부정적인 결과가 나왔을 것이고, 컨설팅회사에 사업성 분석을 의뢰했다면 백이면 백 부정적인 의견을 내놓았을 것이다. 수익이 계속 커갈 수 있는 비즈모델이 아니기 때문이다.

그럼에도 불구하고 알리바바가 성공했다는 것은 기존 경영학의 통념을 뒤집는 것이라 할 수 있다. 대개는 창업을 할 때 어떤 사업 아이디어가 좋을까, 어느 비즈모델이 유리할까 분석하지만 절대적으로 "이것은 좋은 비즈모델이다, 이것은 나쁜 비즈모델이다" 객관화할 수 없는 것이다. 가장 좋은 사업모델은 자신의 업이라는 것을 마윈이 증명해 준 셈이다.

"자신이 하는 일을 사랑하는 것이 무엇보다 중요합니다. 남의 말 한마디에 '영감'을 받아 충동적으로 시작하는 것이 아니라 그 일을 너무도 사랑하기 때문에 창업을 해야 합니다."

(마윈처럼 생각하라, 394쪽)

중국의 소상공인들을 외국 바이어들과 연결시켜 해외진출을 돕겠다는 마윈의 소명의식이 B2B 전자상거래 플랫폼인 알리바바의 창업을 이끈 원동력이었다. 마윈은 일반적인 방식과는 다른 길을 걸어왔다. 그 과정에서 많은 실패와 시련을 겪었고 위기도 만났지만 일관된 업을 무기로 정면 돌파해 온 것이다. 창업자는 위대한 꿈이 아니라 독특한 꿈을 가져야 한다. 그리고 포기되지 않는 꿈은 실패도, 타이밍도, 비즈모델도 무력화시킨다.

타오바오(淘寶) 상륙작전

마윈의 무한 도전은 거기서 끝이 아니었다. 2003년 타오바오(淘寶) 사이트를 오픈하면서 중국에 진출해 있던 이베이와 한판승부를 벌인다. 당시 이베이는 전 세계로 영역을 넓힌 글로벌 전자상거래 공룡이었다.

1995년 미국에서 시작된 이베이의 창업자는 한 소프트웨어 회사에서 프로그래머로 일하던 피에르 오미디아르(Pierre Omidyare)라는 프랑스 태생의 이란계 사람이다. 오미디아르는 캔디케이스 수집광인 자신의 애인을 도와주려고 인터넷을 뒤지면서 온라인 벼룩시장을 만들어서 서로 사고팔고 교환도 할 수 있도록 하면 좋겠다는 생각을 갖게 되었다. 그래서 프로그래머였던 오미디아르는 직접 '옥션 웹'을 만들었는데 폭발적인 인기를 끌게 된다. 처음에는 단지 캔디케이스 수집이 취미인 애인을 도와주려고 만들어 본 것뿐인데, 다른 품목들도 올라오고 사람들이 몰려들기 시작하는 걸 보면서 오미디아르는 뜻밖의 신대륙을 발견한다. 마치 마윈이 인터넷이란 걸 처음 보고 "유레카" 외쳤던 것처럼.

아예 직장을 그만 두고 창업에 전념한다. 판매하려는 사람과 구매하려는 사람 간에 경매로 상품을 사고팔 수 있도록 하고, 자신은 일정 비율의 거래수수료를 받는 중개자 역할만 하는 방식을 택했는데, 그래야 결제나 배송 등 운영 위험을 최소화할 수 있었기 때문이다. 1997년 회사명을 '이베이'로 바꾸고 여성 CEO 멕 휘트만(Meg Whitman)을 영입하면서 본격적인 사업 확장에 나서고 이베이는 글로벌기업으로 성장한다.

2000년대 초반 인터넷 인프라와 온라인쇼핑 문화가 미비했던 중국은 전자상거래가 활성화되어 있지는 않았지만 개인 대 개인, 즉 C2C 부문에서는 이취(易趣)라는 회사가 독보적이던 상황이었다. 이취는 한국의 옥션 같은 회사였다(이베이는 한국 옥션을 2001년 인수했다).

이취의 창업자는 사오이보(邵亦波)와 탄하이인(潭海音)이었는데, 둘 다 하버드 MBA 출신으로 어릴 적부터 신동으로 불려 미국으로 유학 가서 영어와 서구문화에 정통한 사람이었다. 사오이보는 1999년 미국 직장과 영주권을 포기하고 중국으로 돌아와서 이취를 창업한다. 90년대 말 중국 사회가 안정된 직장보다는 창업을 선호하는 기업가정신이 충만했었음을 짐작할 수 있는 대목이다.

오랜 미국생활을 했던 사오이보는 일찍부터 인터넷을 접했고 이베이에서 중고TV를 경매 방식으로 판매해 보면서 깊은 인상을 받았다고 하는데 이걸 중국 가서 해야겠다 생각해서 99년 시작된 회사가 이취(易趣)였다. 이취는 이베이를 벤치마킹해서 거의 똑같은 방식으로 모방한 것이었고, 2002년 들어서 이취의 C2C 부문에서의 중국 내 시장점유율은 90%에 육박하게 된다.

이때 이베이가 이취의 지분을 인수하면서 중국 시장을 적극적으로 공략하기 시작한다. 중국도 WTO 회원국이 되었고, 또 인터넷 인프라나 온라인쇼핑 문화가 어느 정도 발아하면서 때가 됐다고 판단했던 것이다.

한편 알리바바를 어느 정도 안착시킨 마윈은 2003년 또 한 번의 도전에 나서는데, 극비리에 타오바오라는 C2C 사이트를 개설하는 '타오바오 상륙작전'을 펴면서 이베이와 진검승부를 벌인다. 타오바오를 만든 것은 B2B사이트인 알리바바만으로는 수익에 한계가 있기 때문이기도 하지만 경계의 틀을 깬 것이었다. 마윈이 이런 말을 했다.

전자상거래라는 것은 사실 일정한 틀이 없다. B2B, B2C, C2C라는 게 전부 인위적인 구분일 뿐이다. 개인과 개인의 거래가 확대되면 기업과 기업의 거래가 되는 것이다. 앞으로 5년에서 10년 후에는 이런 구분이 분명 사라질 것이다.

(마윈 웨이, 35쪽)

양쯔강의 악어

마원은 눈이 좋은 사람이다. 넓은 시야를 가지고 있었던 것이 그의 성공요인이었다고 말할 수 있다. 경쟁을 좁은 개념으로 인식하는 것은 매우 위험한 일이다. 마원이 '타오바오 상륙작전'을 생각할 수 있었던 것은 B2B라는 좁은 틀에서 벗어났기 때문이다. C2C건 B2C건 모두 한몸이라는 생각을 했던 것이다.

산업 영역의 경계를 나누는 것은 관념적인 것이다. 코카콜라의 경쟁은 펩시콜라가 아니다. 나이키의 상대는 닌텐도가 될 수도 있는 것이다. 시야가 고정되어 있어서는 안 된다. 업종 구분이 사라지고 경계선이 무너지는 상황에서 좁은 근시안으로는 창업에 성공할 수 없다.

타오바오는 이베이에게 한판승을 거두고 2006년 이베이는 결국 중국시장에서 철수하게 된다. 〈포브스〉지는 '이베이에 대한 타오바오의 대대적인 반격'이라는 헤드라인으로 이런 기사를 썼다.

> 이베이는 중국의 C2C시장 점령을 목표로 했으나 마원이 이끄는 타오바오의 영웅들은 '거꾸로 물구나무를 서서' 이베이의 침공에 대대적인 반격을 가했다. (마윈 웨이, 100쪽)

마원은 이베이와의 한판승을 회상하면서 이런 비유를 들었다.

이베이는 바다에 사는 상어였고, 타오바오는 강에 사는 악어였습니다. 상어와 악어가 바다에서 싸우면 결과가 뻔할 것이기 때문에 우리는 상어를 강으로 끌고 오기로 했죠. 악어가 바다에서 상어와 싸운다면 어떻게 되겠습니까? 틀림없이 물려죽습니다. 그러나 강에서 싸운다면 상황은 달라질 수 있어요.

(마윈처럼 생각하라, 311쪽)

이 말에서 '양쯔강의 악어'라는 별명이 붙여졌다. 마윈은 항상 물구나무서서 생각한다. 경쟁도 두려워하지 않는다. 마윈은 경쟁이 고통스럽다면 당신의 전략이 틀렸다고 말한다. 어쩌면 그의 머릿속에는 실패나 경쟁과 같은 단어 자체가 없는지도 모른다. 마윈은 경쟁에 대해 이렇게 얘기했다.

일단 신호음이 울리면 상대 선수가 어떻게 뛰고 있는지 볼 시간이 없습니다. 제가 간절히 찾는 것은 배움의 대상이지 경쟁 상대가 아닙니다. 전 세계에는 보고 배울 상대가 너무도 많은데 어째서 경쟁할 상대만 찾아다니겠습니까? 당신의 시간과 노력을 고객과 서비스에 쏟아야지 경쟁업체에 쏟아서는 안 됩니다. 진정한 경쟁은 자기 자신과 하는 것이라고 생각하기 때문에 경쟁업체를 연구하지 않는 것입니다.

(마윈처럼 생각하라, 334쪽)

사실 경쟁이 심해서 망하는 회사는 없다. 스스로 무너지는 경우가 훨씬 많은 것이다. 넓은 시야, 유연한 사고를 할 수 있어야 창업에 성공할 수 있다. 우리 사회에 그런 사업가가 많아져야 한다.

세상이 달라지고 있다. 중국과 새로운 경제권들이 부상하면서 경제지각판들 간의 충돌이 갈수록 거세지는 가운데에 한국호가 끼여 있다. 패러다임이 이동하면서 바다 색깔이 붉어지는 징조는 쓰나미의 도래를 예고한다. 이대로 머물러 있다가는 큰 재앙을 당할수밖에 없다. 시간은 얼마 남지 않았고 마음은 다급하다.

영화 〈해운대〉에서는 사람들이 메가쓰나미가 오고 있다는 지질학자의 경고를 믿어주지 않았다. 그럴 가능성이 몇 퍼센트나 있겠는가, 바쁘게 사는 사람들의 민심만 흉흉해지게 그것을 이슈화할 필요가 있겠는가 하면서 대비하지 않았던 것이 결국 대참사로 이어진다는 내용이었다. 그게 그냥 영화 스토리로 끝났으면 좋겠다.

지금 우리나라는 그런 형국에 놓여 있다. 창업혁명이 일어나지 않는다면 대한민국은 위험하다. 미래를 생각하는 철학을 가진 사업가들이 많아져야 한다. 틀을 깨고 나오라. 저물어가는 산업문명의 고정관념에 함몰되어서는 안 된다. 실패와 경쟁에 대한 두려움과 완벽주의의 허상을 깨고 밖으로 나오라. 넓은 시야로 새롭게 변해가는 세상을 바라보라. 자신의 업을 세우고 창업혁명에 동참하라. 그것이 뜻밖의 인생을 즐길 수 있는 최고의 방법이다.

제 3부

큰 도둑이 되라

돈 조금 들이고
창업하는 방법

사물의 경제논리에서 정보의 경제논리로

창업을 해보지 않겠냐고 말하면 사람들은 대개 두 가지 어려움을 호소한다. 자본과 좋은 사업 아이템이다. 창업을 하고 싶어도 돈이 부족하고 마땅한 사업 아이템을 못 찾겠다는 것이 주저하는 이유다. 그렇다면 이 두 가지만 해결된다면 누구나 창업에 나설 수 있다. 어떻게 해결할 수 있을까? 훔치면 된다. 훔쳐? 도둑질? 그렇다.

첫째, 자본은 생각보다 많이 들지 않는다. 산업시대 자본주의 시스템에서는 사업을 하려면 큰 자본이 투자되어야 했다. 제품을 생산하려면 공장과 기계가 필요하고, 회사 조직도 갖추어야 하기 때문이다. 산업시대의 주요 사업이 무엇이었는가? 제조업, 유통업, 기계, 건설, 철강, 중공업, 조선, 화학, 자동차, 전자 등이 산업시대에 성공하는 업종들이었다.

그러한 업종들은 먼저 자본을 투입해서 생산하고 팔아서 마진을 남기는 방식이다. 산업시대에는 자본이 경제의 중심축이었고, 그래서 자본주의가 득세했다. 자본주의 시대의 경제논리는 사물의 경제논리다. 그러나 점차 큰 자본이 투입되는 사물의 경제논리가 안 먹히는 세상으로 변하고 있다는 사실은 21세기 창업자들에게 희소식이다. 이제 정보의 경제논리를 이해한다면 인터넷과 SNS, 모바일 등 정보 인프라가 구축되어 있는 정보시대에서는 큰 자본이 없이도 1인 기업으로도 시작할 수 있다. 필요한 핵심역량은 창의성이다.

그럼 정보의 경제논리란 무엇인지, 그리고 변화된 문법을 이해하고 적용함으로써 적은 돈으로 창업에 성공한 사례들을 생각해보자.

우버와 에어비앤비 창업이야기

세계에서 가장 큰 택시회사가 어딘지 아는가? 우버(Uber)다. 우버의 창업 동기는 단순했다. 트래비스 칼라닉은 택시 잡는 일이 늘 짜증스러웠다. 30분 이상 허비한 적도 있고 승차거부까지 당하면서 '버튼 하나만 눌러 편하게 택시를 부를 수 없을까' 하는 생각이 머리를 스쳤고, 친구와 함께 스마트폰 앱(application)을 만든 것이 우버의 시작이었다.

우버는 자체적으로 보유하고 있는 자동차는 한 대도 없다. 남들이 돈 들여서 산 차들을 훔쳐다(?) 세계에서 가장 큰 차량회사가 되었고, 이제 라이드 쉐어링(ride sharing) 분야를 넘어 다른 운송수단과 물류의 영역까지 넘보고 있다.

또 세계에서 가장 큰 숙박업체는 어느 회사일까? 에어비앤비(Airbnb)다. 2008년 숙박 공간을 공유하는 서비스로 시작한 에어비앤비의 창업 계기 역시 창업자들의 생활 속에서 나왔다. 브라이언 체스키(Brian Chesky)와 죠 게비아(Joe Gebbia)는 샌프란시스코에서 아파트를 임대하고 있었는데, 비싼 월세에 허덕이는 실정이었다. 그런데 실리콘밸리와 가까운 샌프란시스코에서 열리는 컨퍼런스 참석 차 여행 온 사람들은 호텔방을 구하지 못해 난리라는 사실을 알게 되었다.

'오케이! 그러면 우리가 임대하고 있는 이 아파트에는 공간의 여유가 있으니 월세라도 충당할 겸 공간 일부를 그들에게 빌려주자'고 생각한다. 그래서 에어 매트리스를 세 개 비치하고, 아침식사까지 제공하는 조건을 내걸고 웹사이트를 만들어 인터넷에 올린 것이 에어비앤비의 시작이었다.

에어비앤비는 'Air Bed and Breakfast'를 줄여서 만든 이름인데, 에어베드란 평소에는 접어두었다가 필요할 때 바람을 넣어서 쓰는 간이침대고, 여기에 아침식사까지 제공해 준다는 의미다.

에어비앤비는 자체적으로는 호텔 방 하나도 재고자산으로 갖고 있지 않다. 그러나 지금은 어떤 호텔 체인보다 규모나 기업가치 측면에서 월등한 지위에 올라 있다. 남의 집이나 별장을 자신의 사업장으로 쓰고 있는 셈이다. 이 얼마나 창의적인 도둑질인가?

우버나 에어비앤비는 사물의 경제논리로 성공한 기업이 아니다. 사물인 자동차를 구매하고, 호텔이라는 사물을 건설하려면 큰 자본이 필요하지만 사고의 틀을 비틀어서 정보의 경제논리로 생각하니까 쉽게 풀린 것이다.

에어비앤비와 우버는 공유경제의 대표모델인데, 공유경제란 생산자와 소비자의 경계를 없애고 협업을 통해 가치를 창출하는 방식을 의미한다. 인터넷 인프라가 갖춰진 21세기 들어 본격적으로 집단지성이 출현했다. 돈 탭스콧은 위키피디아가 새로운 경제문법을 만드는 과정을 보면서 '위키노믹스(Wikinomics : Wiki + economics)'라는 신조어를 만들어 냈는데, 스마트몹들이 인터넷을 통해 참여하고 협업하면서 가치를 만들어 내는 새로운 비즈니스 패러다임이 앞으로의 핵심 경제논리가 될 것이라는 얘기다. 그것을 여실히 보여준 사례가 이 두 회사였다.

또 이들은 오프라인과 온라인의 경계를 융합하는 O2O, 즉 '오프라인 투 온라인'에서 창업의 기회를 찾았다. 우리나라의 '배달의민족'이나 '요기요' 등과 같은 회사들도 O2O라는 새로운 사업 문법을 이해하고 적용했던 것이 성공요인이 된 것이다. 음식배달뿐 아니라 택배, 대리운전, 핀테크 등의 O2O 사업에 뛰어드는 창업자들이 늘어나고 있는 추세다.

이제는 사물의 경제논리로는 성공하지 못하는 시대로 변했다. 공유경제, O2O 등 정보의 경제논리로 갈아타야 한다. 정보의 경제 논리란 남들이 만들어 놓은 사물을 훔쳐다 정보적 요소를 입히는 작업을 의미한다.

위키노믹스의 등장

새로운 경제논리 위키노믹스의 원조는 집단지성 백과사전인 '위키피디아'다. 백과사전의 지존이었던 브리태니커는 1995년 개인 투자자에게 헐값에 매각되었다. 250년 전통의 뿌리 깊은 나무가 인터넷이 일으킨 지진에 의해 순식간에 뿌리 뽑혀 버린 셈이다.

1990년대 중반 인터넷이 확산되는 것을 보면서 새로운 기회를 감지하고는 금융선물거래 전문가의 직업을 버리고 창업의 길에 들어섰던 지미 웨일스(Jimmy Wales)는 2001년 위키미디어 재단을 설립하면서, 전 세계 모든 사람들이 자유롭게 글을 올릴 수 있는 위키피디아(Wikipedia)라는 새로운 개념의 온라인 백과사전을 시작했다. 전문가들만이 필자가 될 수 있었던 과거의 백과사전과는 달리 전 세계 사람들을 집필자로 끌어들여 일반인들도 자신이 알고 있는 지식을 업로드 할 수 있는 참여형 집단지식 데이터베이스를 만든 것이다.

지미 웨일스는 위키피디아 이전에는 여러 차례의 실패를 경험했던 사람이다. 2012년 내한한 지미 웨일스는 국내 언론과의 인터뷰에서 "Jimmy is good at failure(나는 실패를 잘한다)"라는 말을 했는데, 온라인으로 음식을 주문하는 사이트를 연 적도 있었고 3APS라는 검색사이트도 창업했지만 시기상조였다. 1998년에는 누피디아(nupedia)라는 온라인 백과사전 사업에 도전했는데, 역시 실패였다. 누피디아는 브리태니커처럼 종이에 인쇄하는 백과사전이 아니라 웹백과사전을 생각했던 것인데, 종이 대신 웹을 활용하는 차이가 있을 뿐 정보의 생산자와 소비자가 분리되어 있는 점은 브리태니커와 크게 다를 바가 없었다. 무늬만 온라인이었던 셈이다.

과감히 누피디아 사업을 정리하고 관점을 전환한다. 그것이 위키피디아였다. 학자나 전문가들이 콘텐츠를 생산하고 일반인들은 그것을 소비만 하는 기존의 관념을 깨고, 누구나 백과사전 콘텐츠 생산에 참여할 수 있는 오픈 시스템을 구축한 것이었다. 뜻밖에도 이게 빵 터졌다.

사람들의 참여가 이어졌고, 잘못된 정보는 자체적으로 걸러지고 수정될 수 있는 자정 능력도 갖추게 되었다. 위키피디아 재단의 직원은 몇 명 되지도 않는다. 수익모델은 없이 재단 기부금만으로 운영되는데 현재 위키피디아의 브랜드 가치는 엄청나다.

지미 웨일스는 다른 사람들의 머릿속에 있는 지식을 훔쳐다가 세계적인 유명인사가 된 '큰 도둑'이다. 브리태니커나 누피디아는 백과사전을 집필하는 교수나 전문가들에게 원고료도 줘야 하고, 제작비도 들지만, 위키피디아는 그 모든 게 공짜다. 공짜인 인터넷 인프라를 활용해서 공공연하게 전 세계인들을 공짜로 고용하고 있는 셈이다.

위키(wiki)는 하와이어로 '빨리'라는 뜻인데, 이제는 위키가 협업(協業)의 대명사로 통한다. '위키'가 붙으면 여러 사람들이 공동으로 무언가를 창출해 낸다는 의미가 되었다. 유명 인사나 조직의 비리를 추적해서 폭로하는 국제조직 위키리크스(WikiLeaks)의 명칭도 여기서 파생되었다.

함께 만들라, 퀄키와 로컬 모터스

그런데 이 대목에서 의문이 생길 수 있다. 그럼 제조업은 하지 말고 위키피디아, 우버, 에어비앤비나 배달 앱 서비스들처럼 소프트웨어 업종만 하는 것이 정보의 경제논리란 말인가? 아니다. 새로운 상품에 대한 좋은 아이디어가 있어서 제조를 하고 싶다고 해도 자본 없이 하는 방법들이 등장하고 있다.

미국의 퀄키(Quirky)의 사업모델이 그런 니즈를 노린 것이었다. 크라우드 소싱 플랫폼인 퀄키에는 회원들의 신제품 아이디어가 넘쳐 났다. 일반인들은 아이디어만 있으면 자신이 구상했던 제품을 생산할 수 있다. 회원들의 투표로 채택된 아이디어는 퀄키가 생산 공장을 연결해 주어 상품화된다. 유통과 판매도 퀄키가 담당해 주고, 판매수익을 아이디어 제공자와 퀄키가 배분하는 방식이다. 휘어지는 멀티탭인 피봇 파워(Pivot Power), 스마트기기를 충전하는 도킹 스테이션 컨버지(Converge), 모니터 스탠드 스페이스바(Space Bar) 등의 상품들은 호평을 얻으며 성공사례를 만들었다.

이제는 대중으로부터 아이디어와 전문기술을 공급받는 크라우드 소싱(crowd sourcing)이 트렌드가 되어 가고 있다. 그러면서 비록 퀄키의 실험은 미완으로 끝났지만 이와 같은 제조 플랫폼들은 갈수록 늘어나고 있다. 이런 일들이 가능해진 것은 대중들이 인터넷과 모바일을 통해 네트워크로 연결되고, 또 SNS 등 소셜 플랫폼으로 모여들면서 소비자가 생산 과정에 참여할 수 있는 인프라스트럭처가 형성되어 있기 때문이다.

미국의 로컬 모터스(Local Motors)도 재미있는 사례다. 로컬 모터스(Local Motors)는 자동차 회사인데, 차를 만들어 팔지 않는다. 일반 대중들이 디자인과 설계 과정에 참여하고 최종 단계에서는 로컬 모터스의 공장에 가서 자신이 탈 자동차를 직접 조립한 후 가져간다.

디자인은 디자이너 회원들의 크라우드 소싱 방식으로 이뤄지고, 투표를 거쳐 결정된다. 디자인이 결정되면 엔지니어 회원들이 컴포넌트 부품들을 추천하며, 마지막 조립은 고객들이 직접 가까운 지역에 위치한 로컬 공장(micro factory)에 들러서 조립을 도와주는 기술자들과 함께 며칠 동안 자신의 차를 직접 조립한 후 운전해서 몰고 가는 방식이다. 또한 고객들은 마음껏 디자인을 바꾸거나 자신만의 컴포넌트를 생산하거나 추가해서 다른 사람에게 재판매도 할 수 있는 크리에이티브 커먼스(Creative Commons) 라이센스로 배포된다. 로컬 모터스의 첫 작품이었던 오프로드 레이싱 자동차 랠리 파이터(Rally Fighter)는 이미 2011년에 출시되어 화제가 되었었다.

자동차를 일반인들이 만든다는 것은 얼마 전까지만 해도 상상 속의 일이었다. 그러나 대중들이 네트워크로 연결되면서 똑똑해진 프로슈머들이 일을 저지르고 있는 것이다. 또 인터넷 덕분에 제품에 대한 지식이 많아지고 부품들이 모듈화되면서 내가 쓸 물건을 직접 만들어 쓰는 DIY 족들이 늘어나고 있다.

지금까지 자동차 제조업이라 하면 연구개발부서에서 신차를 개발하고, 공장에서 대량으로 생산해서 딜러를 통해 판매하는 것이 일반적인 프로세스였지만, 자동차 제조업체라기보다는 크라우드소싱 커뮤니티라는 표현이 더 어울리는 로컬 모터스는 온라인 사이트를 통해 디자이너, 엔지니어, 그리고 고객들의 협업에 의해 고객 자신의 유전자가 담겨 있는 자동차를 만드는 사업모델이다. 이것이 사물의 경제논리와 정보의 경제논리의 차이다.

〈컨버전스 마케팅〉의 저자 요람 제리윈드는 "이전까지 꿈의 구장 아이디어는 '만들라, 그러면 그들이 올 것이다' 였다. 그러나 지금은 다음의 개념으로 대체되었다. '함께 만들라. 그러면 그들이 머물 것이다.'"라는 말로 바뀐 게임의 룰을 설명했다. 로컬 모터스가 그 문법으로 성공할 수 있음을 보여준 사례였다.

또 로컬 모터스는 규모나 역사 측면에서 기존 완성차 메이커들과 비교가 되지 않는 작은 회사지만 오바마 대통령이 혁신기업으로 수차례 엄지척 했었고, 발 빠르게 3D 프린터를 활용해서 제조업에 혁신을 일으키고 있다. 3D 프린터로 전기자동차 '스트라티(Strati)'를 협업 방식으로 만들어 공개한 것이다. 산업화의 꽃이라 불리는 자동차를 '컨베이어 방식'이 아닌 '프린터 방식'으로 만들었다는 것은 분명 의미심장한 사건이다.

중국에서는 6층짜리 빌라를 3D 프린터로 건축했다고 해서 화제가 되었었는데, 지금의 진화속도라면 3D 프린터가 생산기계를 대체할 날이 얼마 남지 않은 것 같다. 산업혁명이 단순제조(procure)를 생산(produce)으로 바꾼 사건이었다면 스마트혁명은 생산에서 인쇄(print)로의 패러다임 이동을 일으키는 것이다. 제조업도 과거 사물의 경제논리 방식으로는 성공할 수 없음을 간파해야 한다.

대륙의 실력자, 샤오미의 노림수

제조를 자신의 업이라 여겨 제조 분야로 창업을 생각한다면 눈여겨보고 배워야 할 큰 도둑이 또 하나 있다. 중국의 샤오미(小米)다. '대륙의 실수'라는 애칭을 얻은 샤오미는 2010년 레이쥔과 동료들이 창업한 회사다. 창업 초기에는 아예 대놓고 애플의 짝퉁을 만들겠다고 공언하면서 디자인이나 기능, 마케팅 전략 등을 똑같이 따라하며 스마트폰을 만들기 시작했는데, 중국 시장에서 순식간에 애플을 제치고 스마트폰의 강자 자리에 올랐다. 샤오미는 사물을 제조하는 회사지만 초기에는 큰 자본을 들이지 않는 독특한 전략으로 창업에 성공했다.

첫째, 오프라인 매장에서는 판매하지 않고 온라인으로만 유통하는 방식이었다. 온라인으로 주문받고, 주문받은 만큼(on demand) 외주공장에서 생산해서 배송해 준다. 그러다 보니 당연히 중간 유통 마진을 줄여서 경쟁 제품의 1/3의 가격으로도 팔 수 있는 것이다.

둘째, 광고를 하지 않았다. 레이쥔의 SNS 팔로어가 수천만 명에 이른다고 하는데, '미펀(米粉)'이라고 불리는 샤오미 팬들은 제품에 대한 평가 피드백을 해주고 적극적으로 홍보해 주는 전도사 역할을 한다. 샤오미는 이들과 끊임없이 대화하고 관시(關係)를 유지하고 있다. 그런데, 이 힘이 매스미디어보다 무섭다. 광고를 하지 않고 소셜미디어를 활용하는 것 역시 가격을 낮추는 요인이 되는 것이다.

셋째, 이것이 샤오미의 진짜 핵심역량인데, 샤오미는 하드웨어 제조업이라기보다는 소프트웨어 회사다. 샤오미의 기업 DNA는 소프트웨어에 있고, 샤오미는 자체적으로 스마트폰 운영체제도 개발했다.

안드로이드 운영체제에 기반을 둔 MIUI가 그것이다. 구글의 안드로이드를 살짝 비틀어놓은 것이 MIUI인데, 샤오미에서 만드는 모든 제품들에 MIUI를 적용하면 샤오미폰과 연동된다. 이들이 궁극적으로 노리는 것은 스마트폰 메이커가 아니라 사물인터넷, 즉

IoT 회사가 되겠다는 것이다.

그래서 샤오미는 자체 공장도 없다. 신제품을 개발할 때도 광둥성(廣東省) 선전(深圳)에 있는 제작 스튜디오에 의뢰해서 시제품을 만들어 오는데, 중국에는 원하는 스펙을 메일로 보내면 제품을 만들어 보내주는 창업생태계가 잘 조성되어 있다.

레이쥔도 절도의 달인이다. 레이쥔이 새로 낸 아이디어는 아무것도 없다. 상품도 전략도 그렇다. 모두 남들이 만들어 놓은 것들을 처음에는 슬쩍 가져다가 샤오미의 스타일로 재조합해 비튼 것이다. 중국은 바뀐 사업문법을 잘 이해하고 있으며, 사물의 경제논리에서 정보의 경제논리로 이행해 가고 있는 중이다. '대륙의 실수'인 척 하지만 그들은 '대륙의 실력자'로 부상하고 있다.

샤오미의 계산법은 '마진 곱하기 판매수량'이 아니다. 그건 사물의 경제논리다. 스마트폰이나 다른 용품들은 실수인 척 마진 없이 원가에 주자, 그리고 다른 걸로 수익을 만들자는 생각이다. 즉, 더 큰 판을 보고 있는 것인데, 샤오미는 사물인터넷을 통한 플랫폼 맹주 자리를 노리고 있다. 이것이 정보의 경제논리다.

샤오미(小米)는 작은 쌀, 즉 좁쌀을 의미한다. 그런데 좁쌀 샤오미가 새로운 비즈니스 패러다임에 잘 올라타면서 대륙풍을 일으키고 있다. "돼지도 태풍을 만나면 날 수 있다"는 샤오미 창업자 레이쥔의 말처럼 변화의 트렌드를 이해하고 정보의 경제논리를 익힌다면 큰 자본 없이도 멋지게 성공할 수 있는 세상이 된 것이다.

돼지도 태풍을 만나면 날 수 있다

이제 기존 산업들은 쇠퇴의 길을 걷고 있다. 산업시대 성장 동력이었던 기계, 철강, 중공업, 조선, 건설, 화학, 전자 등의 업종은 레드오션으로 침몰하고 있고 구조조정은 불가피해졌다. 세상의 패러다임을 이길 자는 아무도 없기 때문이다.

위키노믹스, 공유경제, 블록체인, 온라인과 오프라인의 융합을 의미하는 O2O, 크라우드 소싱, 3D 프린팅, 사물인터넷 등 정보의 경제논리를 이해하고 바뀐 게임의 법칙을 적용해야지 기존의 방식으로 창업하는 것은 기름을 들고 불에 뛰어드는 것과 같다.

1990년대부터 하이퍼텍스트를 전송규약으로 한 인터넷의 확산, 그리고 21세기 들어 블로그와 SNS 등 소셜미디어의 발달과 모바일 혁명이 비즈니스 생태계를 근원적으로 뒤집어 놓고 있음을 통찰해야 한다. 프라할라드 교수는 이와 같은 전환을 〈경쟁의 미래〉에서 "현재의 산업시스템에 대한 근본적인 가정을 뒤흔들고 있다"고 표현하고 있다. 이 말은 '사업은 이렇게 해야 성공할 수 있다' 는 기존 통념을 근본적으로 뒤집어야 하고, 가치와 가치창출에 대한 전통적인 의미에 얽매이지 말라는 얘기다. 우리의 생각을 통렬히 깨뜨리지 않고서는 창업에 성공할 수 없는 생태계로 변했다.

앨빈 토플러는 〈권력이동〉에서 "생산이라는 개념은 저(低)지식 경제학자나 이론가들이 상상했던 것보다 훨씬 더 포괄적인 개념으로 재정의 되고 있다"고 하면서 지구상에 혁명적인 부 창출체제가 출현할 것이라 예측했었다. '부 창출체제'는 비즈니스 모델을 의미한다.

지금은 생산자에서 소비자로의 권력 이동, 하드웨어에서 소프트웨어로의 가치 이동이 일어나고 있는 대전환의 시기이고 이와 같은 트렌드에 편승한다면 적은 자본으로도 큰 사업을 일으킬 수 있는 뜻밖의 기회를 잡을 수 있다. 실패했을 때의 기회비용이 큰 것이지 실제로 창업에 드는 돈은 그리 크지 않다.

자본이 부족하다고 핑계만 댈 것이 아니라 시야를 넓히고 관점을 전환해서 새로운 세상을 바라보라. 큰 돈 없이도 창업할 수 있고, 불어오는 태풍의 새 기류에 올라탄다면 당신도 하늘로 날아오를 수 있다.

창업 아이템을
발견하는 방법

위대한 예술가는 훔친다

창업을 하고 싶어도 주저하게 만드는 두 번째 걸림돌은 '내가 무슨 사업을 할 수 있지?' 라는 생각이다. 즉, 성공할 만한 대박 아이템을 찾기 쉽지 않다는 점이다. 당연하다. 사람의 머릿속에서 생각할 수 있는 아이디어는 크게 다르지 않고, 이미 많은 사업들이 존재하기 때문이다. 기존의 판을 뚫고 들어가기 겁나는 것이다.

해 아래 새로운 것은 없다. 자신의 업을 찾지 못한 것이 문제지 일은 세상에 널려 있다. 자신의 업을 세웠으면 창업 아이템은 훔쳐오면 된다. 또 도둑질? 그렇다. 훔치지 못하는 원인은 무언가 기발하고 차별화되는 아이템을 만들어야 성공할 수 있다는 강박관념 때문이다. 이것은 산업문명의 잔재다. 산업시대에는 예전엔 보지 못했던 새로운 물건의 발명이 성공으로 이어져 왔다. 기계, 자동차, 비행기, 전화와 전기, 라디오와 TV 등의 미디어 등은 산업혁명 이전에는 존재하지 않았던 20세기의 발명품들이다.

소비자들은 새로운 상품들에 환호했고 신기해 했다. 그러나 21세기의 신인류들은 웬만한 사물에는 감흥조차 느끼지 못한다. 이미 제품 경험이 많아졌고 정보도 공유하면서 스마트해졌기 때문이다. 산업시대의 경제논리였던 사물의 경제학은 유효기간이 끝나가고 있는 것이다. 산업문명이 쇠락하면서 제품(사물)을 잘 만들어 잘 팔면 돈을 벌 수 있었던 기존의 비즈니스 게임의 법칙이 달라지고 있다는 말이다. 이제는 정보의 경제논리를 익히지 않고서는 창업의 성공률을 높일 수 없다.

정보의 경제논리란 무엇인가? 한 마디로 말하자면 절도(竊盜)다. 애플이 세계 1위의 기업으로 등극할 수 있었던 것은 절도의 기술이 뛰어났기 때문이다. 스티브 잡스가 이런 말을 했다.

인류가 지금까지 만들어 놓은 것들 중에서 최고의 것을 발견해 내고, 그것을 자신이 하고 있는 일에 접목시킬 줄 아는 지혜가 필요하다. 피카소는 '유능한 예술가는 모방하고 위대한 예술가는 훔친다'라고 말했다. 우리는 훌륭한 아이디어를 훔치는 일에 더욱 과감해져야 한다.

(스티브 잡스 무한혁신의 비밀, 150쪽)

애플의 창업 스토리

이 말의 배경을 이해하기 위해서는 애플의 역사를 좀 살펴볼 필요가 있다. 스티브 잡스는 1976년 스티브 워즈니악과 함께 애플을 창업한다. 잡스가 애플을 창업한 이유는 컴퓨터 시장의 변화, 즉 이전의 대형 서버 위주의 컴퓨터에서 개인 컴퓨터 시대로 변하는 트렌드를 감지했기 때문이다.

컴퓨터는 제2차 세계대전이 끝나고 본격적인 연구가 시작됐다. 그런데 컴퓨터의 발전 속도는 놀라웠다. 50년대 진공관 타입에서 60년대 트랜지스터, 그리고 70년대 들어 반도체 기술의 발달로 컴퓨터는 갈수록 부피는 작아지면서 성능은 좋아진다. 결국 80년대 들어 컴퓨터가 개인화되기 시작한 것이다. 즉, 전에는 대형컴퓨터 위주로 기관이나 기업들의 전산실에서 전문가들만 조작할 수 있었던 컴퓨터가 가정에서 일반인들도 쓸 수 있도록 진화된 것이 지금 우리가 쓰고 있는 PC, 퍼스널 컴퓨터다.

결국 80년대 들어 PC가 개인들에게 보급되기 시작하면서 컴퓨터업계에 지각변동이 일어난다. PC로의 대응을 등한시했던 IBM과 같은 회사는 침체의 늪에 빠지고 마이크로소프트나 인텔과 같은 회사가 성장기를 맞이하면서 역전되기 시작했다.

이 흐름을 애플도 탔다. 애플컴퓨터, 애플II를 연달아 성공시키면서 애플은 상장하게 되었고 커다란 조직체로 성장해 갔다. 이때 창업자인 스티브 잡스와 스티브 워즈니악은 조직력을 키워가고 대기업으로 성장세를 이어가기 위해서는 전문경영인이 필요하다는 생각을 갖게 되는데, 그래서 영입한 인물이 존 스컬리다. 존 스컬리는 펩시콜라의 CEO였는데, 지나가는 행인에게 눈을 가리고 콜라 두 잔 마셔보고 어느 게 맛있나 손 들어보라고 블라인드 테스트한 장면을 찍어서 CF로 만든 '펩시 챌린지'라는 광고마케팅 캠페인을 통해 1위 코카콜라의 시장점유율을 바싹 따라잡으면서 성공신화를 쓴 인물이었다.

당시 30살밖에 안 되었던 스티브 잡스가 존 스컬리를 찾아가서 "당신 나와 함께 세상 바꾸는 일을 할래요, 아니면 평생 설탕물만 팔고 있을래요?"라고 협박해서 영입에 성공했다는 재미있는 일화도 전해진다.

그러나 존 스컬리와 잡스는 서로 안 맞았다. 자기 맘대로 하는 천방지축 잡스를 전통적인 조직생활이 몸에 밴 존 스컬리가 좋아했을 리 없었고, 잡스의 주도로 개발한 맥킨토시의 판매는 예상외로 부진했다. 결국 1985년 이사회의 결의에 따라 잡스는 해고되고, 잡스는 애플 주식을 매도한 돈을 가지고 넥스트(Next)라는 컴퓨터회사를 창업하고, 애니메이션 스튜디오인 픽사의 지분을 인수한다.

그러나 10년 간 지속되었던 스티브 잡스의 사업은 그리 성공적이지 못했다. 우리는 스티브 잡스하면 창의성의 아이콘이고, 유능한 능력을 보유한 경영자로만 생각하지만, 그건 단편적인 생각이다. 애플을 떠나 새로운 창업에 도전한 잡스는 '집 나가서 개고

생' 한다. 만일 디즈니가 픽사 스튜디오가 만든 토이 스토리를 사주지 않았다면, 그리고 경영난에 빠진 애플이 잡스를 다시 불러주지 않았다면 스티브 잡스는 실패한 사업가로 묻혀버렸을지도 모를 일이다.

신의 한 수

결국 1996년 스티브 잡스는 애플로 복귀하고 몇 년의 준비기간을 거쳐 2001년 뜬금없이 아이팟(iPod)을 출시한다. 아이팟은 향후 애플을 세계 1위 기업으로 점프하는 데에 디딤돌이 된 결정적인 신의 한 수였다.

그런데 좀 이상하다. 아이팟은 mp3 플레이어인데 아이팟이 mp3의 원조인가? 전혀 아니다. 당시 mp3 플레이어의 선두주자는 우리나라의 레인콤이었다. 1990년대 말부터 2000년대 초까지 아이리버는 세계 mp3 플레이어 시장을 석권하던 브랜드였다. 한때 세계시장의 25%까지 점유했을 정도였다. 아이팟은 아이리버의 미투(me too) 제품이었던 셈이다. 많은 사람들은 차별화전략이 마케팅 불변의 법칙이라 여기는데 그게 아니다.

또 이상한 점이 있다. 컴퓨터회사가 갑자기 조그마한 mp3 플레이어를 들고 나오다니? PC 만드는 핵심역량에 주력하지 않고 스티브 잡스는 왜 아이팟을 만들었을까? 나는 크게 두 가지 이유가 있다고 생각한다. 하나는 애플 창업 초기 대형컴퓨터가 PC화되는 추세를 감지했었듯이 21세기 들어 PC가 점점 소형화, 모바일화되는 트렌드를 놓쳐서는 안 된다고 느꼈고, 또 한 가지는 스티브 잡스의 다른 노림수가 있었기 때문이다.

결과적으로 몇 년 후 아이팟이 mp3 플레이어 시장을 석권하게 되는데, 아이팟의 성공비결은 무엇이었을까? 품질이나 성능, 디자인, 애프터서비스 등이 아이리버보다 뛰어나서였을까? 아니다. 아이팟의 성공요인은 하드웨어 기기(device)에서 나온 것이 아니라 아이튠즈 뮤직스토어를 만든 데에 있었다. 이것이 스티브 잡스의 노림수였다. 즉, 음원유통을 mp3 기기와 융합시킨 것이다.

아이튠즈는 클라우드(cloud) 서비스의 원조라 할 수 있는데, 아이튠즈가 어떻게 위닝샷이 되었는지를 이해하기 위해 소비자 입장에서 생각해 보자. 당시 소비자들은 아이리버와 같은 mp3 플레이어에 음원을 다운로드 받아서 듣는 것이 일반적인 행태였다. 그런데, 음원을 다운받으려면 이 사이트 저 사이트 어둠의 경로를 돌아다니면서 오랜 시간을 들여야 했다. 또 다른 기기로 바꾸게 되면 이전 기기에 있던 음원을 일일이 옮기는 불편을 감수해야 했던 것이다.

그러나 아이튠즈 계정을 가지고 있으면 그런 일이 필요 없어진다. 아이튠즈에서 쉽고 빠르게 음원을 구입할 수 있고 한번 만들어진 음악 리스트는 자신의 계정 라이브러리에 영구 보관된다. 아이팟을 통해 언제 어디서나 아이튠즈와 동기화할 수 있고, 다른 아이팟 기기로 교체하더라도 일일이 음원을 옮길 필요가 없는 것이다.

자, 이제 상황을 정리해 보자. 다른 mp3 플레이어 제조회사들은 어떻게 하면 품질 좋게 개선할까, 기능이나 성능을 차별화할 수 있을까 하면서 하드웨어 '제품'의 틀 안에서만 생각하고 있는 – 다른 말로 해서, 사물의 경제논리에 갇혀 있는 – 동안 애플은 음원회사들을 좇아다니며 제휴와 네트워킹을 통해 음악콘텐츠와의 융합을 시도한 것이다. 이것이 사물의 경제논리와 정보의 경제논리의 차이점이다.

이와 같은 애플의 행보는 보스턴 컨설팅그룹의 에반스(Phillip Evans)와 워스터(Thomas S. Wurster)가 〈기업해체와 인터넷 혁명〉에서 예측한 "모든 사업은 정보의 경제논리와 사물의 경제논리 간의 타협이 와해되고, 그러는 과정에서 엄청난 경제적 가치가 창출된다"는 말의 의미가 무엇인지를 실제 행동으로 보여준 사례였다.

누구나 정보에 접속할 수 있게 되는 이러한 커다란 변화의 물결은 각종 물리적 경제활동들을 묶어주는 고리를 해체시키고 있다. 또한 이러한 변화의 물결로 인해 정보의 흐름과 사물의 흐름이 구분되어 각각의 흐름이 독립적인 경제논리를 따르게 되었다. (기업해체와 인터넷 혁명, 28쪽)

지금까지는 정보의 경제논리와 사물의 경제논리가 근본적으로 다른데도 불구하고 마치 2인3각 경주 선수의 다리처럼 함께 묶여 있어 함께 움직여야 했고 따라서 서로 타협할 수밖에 없었지만, 이제 각각의 논리를 따를 수 있게 됨에 따라 억압된 경제적 가치를 창출할 수 있게 되었다. 이처럼 새롭게 창출되는 가치는 엄청날 것이다. (기업해체와 인터넷 혁명, 34쪽)

경쟁 mp3 플레이어들은 기기 안에 음악을 다운로드시켰던 반면 애플은 mp3 기기(아이팟)라는 '사물'과 음악콘텐츠(아이튠즈)라는 '정보'를 분리시켰고, 각각의 경제논리를 따르게 하는 방식으로 엄청난 가치를 창출해 냈다. 시야의 차이가 사업의 성패를 갈라놓았다. 다른 말로 하면, 다른 경쟁사들은 땅만을 보고 있을 때, 애플은 구름(cloud) 위 천상계를 바라보는 눈(vision)을 가지고 있었던 것이다.

애플은 남들이 이미 발명해 놓은 mp3 기기들을 훔쳐다가 창의적으로 음악콘텐츠와의 교묘한 조합을 시도함으로써 자신의 스타일로 둔갑시키는 절도의 기술이 뛰어났다. 그 절도의 기술이 아이팟이 아이리버를 누를 수 있었던 신의 한 수가 된 셈이다.

창의성이란 무엇인가?

이것이 인류가 만들어 놓은 것을 '발견'해 내고 그것을 자신의 일에 '접목'시키라는 스티브 잡스 절도학의 핵심이고, "유능한 예술가는 모방하고 위대한 예술가는 훔친다"는 피카소 말의 진의다.

'모방한다'와 '훔친다'는 어떤 의미 차이가 있는가? 모방은 그냥 남의 것이고, 훔치면 내 것이다. 즉, 소유권이 바뀌는 것이다. 모방은 겉모양만 조금 다르게, 즉 표피구조만 조금 변형시키는 '차별화'를 의미한다. 그러나 절도는 심층구조가 달라지고 기존과는 다른 차원으로 들어가는 '차등화'가 가능해지는 것이다.

'유능한 예술가', 즉 그림 실력이 좋아서 잘 그리는 예술가는 그저 모방하는 수준에 머문다. 그러나 '위대한 예술가'는 모방하는 수준에 머물지 않고 남들이 해놓은 좋은 것들을 가져다 그걸 토대로 한 차원 뛰어넘어서 창의적으로 재조합해서 내 것으로 화학적 변화를 일으키는 것이다. 마치 트랜스포머처럼.

창의성이라는 개념에 대해 많은 사람들이 오해하는 것이 있다. 지금까지 보지 못했던, 즉 이 세상에 존재하지 않았던 물건을 새로 만들어 내는 것이라고 생각하는 것이다. 그러나 창의성이란 그런 것이 아니다. 하버드의 한 연구 프로젝트에서는 창의성의 개념을 이렇게 정의 내렸다.

자유로운 상상력을 통해 외형 상 서로 관련이 없어 보이는 사물을 연관 짓는(associating) 능력 … 경험과 지식이 풍부할수록 우리의 두뇌는 더 많은 조합을 만들어 낼 수 있다. 새로운 경험은 새로운 조합을 자극하고 그 과정에서 새로운 아이디어가

188

탄생한다. (스티브잡스 무한혁신의 비밀, 145쪽)

이 세상에 어느 날 갑자기 하늘에서 뚝 떨어지는 것은 있을 수 없다. 남들이 만들어 놓아서 이미 존재하고 있던 것들을 연관 짓는 능력이 창의성이라는 얘기다. 즉, 고정관념이나 편견에 싸여 있는 사람들은 시도해 보지 못했던 것을 자유롭고 엉뚱한 상상력을 발휘해서 다른 조합으로 만들어 보는 데서 뜻밖의 창의적인 결과물이 나올 수 있는 것이다. 기존 기술들의 재조합 능력이라고 표현할 수도 있다. 창업의 개념도 새로운 일을 하는 것이 아니라 기존의 일들을 재조합하는 것이다. 애플의 아이팟이 성공할 수 있었던 것은 다른 컴퓨터회사들은 기기를 잘 만들어 잘 파는데 열중하고 있을 때 컴퓨터와 음악의 재조합을 시도했던 데에 있었다.

아이폰 역시 마찬가지다. 아이폰이 나오면서 오랫동안 열리지 않았던 스마트폰 시장이 봇물 터지듯 터졌는데, 애플이 스마트폰을 세계최초로 만든 회사였던가? 전혀 아니다. 블랙베리도 있었고 노키아 스마트폰도 이미 팔리고 있는 상황이었다. 아이폰은 한참 늦은 후발주자였고, 카피 캣(copy cat) 제품이었다.

그렇다면 아이폰이 나오기 전까지 왜 스마트폰 시장은 열리지 않았는가? 블랙베리나 노키아 폰으로 할 수 있는 일은 제한적이었다. 기껏 이동 중에 메일 체크하고 보내는 일을 더 할 수 있는 정도였다. 이유는 어플(application)이 별로 없었기 때문이다. 비싼 스마트폰을 사봐야 그런 정도라면 누가 사용하려 했겠는가?

그런데 아이폰을 사면 무료로 활용할 수 있는 어플들이 많았다. 애플 앱 스토어(App Store)에 수십 만 개의 어플들이 있었기 때문이다. 아이폰의 성공도 앱 스토어에서 연유한다. 아이튠즈 스토어가 진화된 앱 스토어가 없었더라면 지금의 애플은 존재하지 않았을 것이다. 태블릿의 시장을 연 아이패드 역시 마찬가지다.

이렇게 21세기 창의성의 아이콘이라 불리는 스티브 잡스는 절도범이었다. 남들이 만들어 놓은 것을 가져다가 'think different' 해서 새로운 조합을 만들어 낸 것이다. 창의성이란 이 세상에 존재하지 않던 물건을 새로 만들어 내는 능력이 아니라 있던 것들을 훔쳐다가 멜팅팟에 녹여 물리화학적 전환을 일으키는 능력이라는 말이다.

애플이 아이팟, 아이폰, 아이패드 3연속 홈런을 치면서 10년도 안 되는 짧은 사이에 세계 1, 2위 기업으로 치고 올라갈 수 있었던 비결은 사물의 경제논리와 정보의 경제논리의 차이점을 이해하고 적용한 데에 있었다. 애플은 신제품을 만들 때 '어떤 제품을 만들까를 고민하지 않고 사람들이 이걸 갖고 무엇을 할 수 있을까'를 생각한다. 애플의 초창기 광고를 보면 애플의 철학을 알 수 있다. 아이폰이 어떤 기능이 뛰어나고 뭐가 차별화되는지 말하지 않는다. 아이폰을 갖고 즐길 수 있는 새로운 라이프스타일을 제시하는 내용이다. 반면 다른 스마트폰 광고는 어떠한가? 하드웨어 성능이 좋아졌다고 소구하는 광고들이 대부분이다. '어떤 제품을 만들까'는 사물의 경제논리이고, '무엇을 할 수 있을까'는 정보의 경제논리다.

장자의 큰 도둑 정신

나는 애플의 융합마케팅 전략을 보면서 스티브 잡스는 좀도둑이 아니라 대도구나 하는 생각이 들었다. 〈장자〉 거협편에 이런 문구가 있다.

상자를 열고, 부대 주머니를 뒤지고, 궤짝을 여는 도둑을 막기 위해서는 반드시 노끈으로 잡아매거나 빗장이나 자물쇠를 단단히 채우면 된다. 이것은 이른바 세상의 지혜라는 것이다. 그러나 '큰 도적'은 훔칠 때 통째로 둘러매고 가거나 주머니째 들고 가면서 오히려 노끈이나 자물쇠가 튼튼하지 않을까 걱정한다.

그렇다면 앞에서 말한 바 지혜 있는 사람이란 차라리 큰 도둑을 위하여 재물을 쌓아둔 사람이 아닌가?

좀도둑과 대도의 차이가 느껴지는가? 좁은 시야와 근시안, 즉 마이오피아에 빠져서 '제품'이라는 경계선 내에서 조물락조물락하는 사람은 좀도둑이고, 좀도둑들이 잘 만들어 놓은 걸 태연하게 들고 나가는 사람이 대도다.

바로 이것이 사물의 경제논리와 정보의 경제논리의 차이다. 사물의 경제논리에서 벗어나지 못하는 좀도둑들은 시야가 하드웨어의 품질, 성능과 기능, 차별화, 이런 데에 한정되어 있다. 경계선 안에 머물러 있는 것이다. 그러나 큰 도둑들이 생각하는 정보의 경제논리는 내 경계선 밖과의 연결과 융합에 초점이 맞춰져 있다.

그래서 좀도둑들은 '기술'이라는 말을 들으면 먼저 하드웨어 기술을 떠올린다. 그런데 생각해 보라. 하드웨어 기술의 격차는 점점 좁혀지고, 고객들도 거기에서는 가치의 차이를 느끼지 못하는 시대로 변해 가고 있다. 이제 더 중요한 것은 소프트웨어다.

'소프트웨어' 하면 대개 프로그램, 코딩 등이 연상된다면 아직 사물의 경제논리에서 벗어나지 못하고 있다는 방증이다. 한국기업들이 가장 취약한 부문이 소프트웨어다. 소프트웨어를 하드웨어를 구동시키는 한 요소 정도, 즉 전체 기기에 들어가는 부품의 하나 정도로 인식하는 것이 한국기업들의 현주소다. 이래서는 미래에 대처할 수 없다. 소프트웨어는 연결과 융합의 알고리즘이라는 큰 도둑 정신이 필요하다.

사람들이 스티브 잡스에 열광했던 이유는 그가 대도였기 때문이다. 스티브 잡스가 이런 말을 한 적이 있다. "사람들은 개인용 컴퓨터 그 자체보다 그걸 가지고 무엇을 할 수 있는지 알고 싶어 한다. 이제 애플이 그 해답을 보여줄 것이다."

이 말의 의미는 애플은 컴퓨터를 하드웨어 자체로 보지 않는다는 뜻이다. 이제 컴퓨터는 일반인들도 만들 수 있는 시대가 되었다. 그럼 뭐냐? 애플은 컴퓨터나 스마트폰을 잘 만드는 하드웨어 기술을 가진 회사가 아니라 소비자들이 그걸 가지고 뭔가 재미있고 또 가치 있는 일을 할 수 있도록 소프트웨어 기술에 투자하겠다는 것이다. 여기서 얘기하는 소프트웨어란 컴퓨터나 스마트폰을 구동시키는 부품의 한 요소의 의미가 아니라 콘텐츠를 포함하는 전반적인 스마트폰 생태계, 그리고 플랫폼까지도 포괄하는 개념이다. 이것이 애플이 생각하고 있는 소프트웨어의 개념이다.

2008년 애플은 회사 이름에서 아예 '컴퓨터'라는 글자도 떼어 냈다. 이제 애플은 컴퓨터 만드는 회사가 아니라고 자신들의 정체성을 재천명한 건데, 애플은 디바이스를 만드는 회사가 아니라 미디어 회사고, 제조업이 아니라 플랫폼 비즈니스를 하는 회사라고 업을 재정의한 것이다.

시애틀의 작은 커피숍이 세계적인 커피회사가 된 비결

창업도 이런 인식에서 출발해야 한다. 이젠 사물의 경제논리로는 창업에 성공할 수 없다. 스타벅스는 커피를 발명한 회사가 아니다. 커피를 단순히 사물이 아니라 문화코드로 인식해서 커피에 대한 경험을 바꾼 것이 시애틀에서 시작된 한 작은 커피숍을 세계적인 커피회사로 바꿔놓은 비결이다. 스타벅스는 자신들은 커피를 팔지 않는다고 말한다. 아니 치킨 집에서는 치킨을 팔고 칼국수집의 메뉴는 당연히 칼국수인데, 커피 집에서 커피를 팔지 않으면 뭘 판다는 말인가? 하워드 슐츠 회장은 이렇게 대답했다.

단순히 커피를 팔았다면 오늘의 스타벅스는 탄생하지 않았을 것이다. 우리는 커피 장사를 하면서 커피의 무한한 가능성을 발견했다. 커피는 사람과 사람, 또 사람과 사회를 연결해 주는 매개체이며 가정이나 직장에서 느끼지 못하는 평온한 공간을 제공해 준다. 그것을 나는 '스타벅스 경험(Starbucks experience)' 이라고 부른다. 우리 제품은 바로 스타벅스 경험이다.

(매경 2003. 3. 26.)

스타벅스의 메뉴는 카페라떼나 카푸치노가 아니라는 말이다. 고객이 스타벅스 매장에 들어서는 순간부터 숨 쉬는 공간 구석구석까지 인테리어, 소품, 음악, 종업원의 의상과 응대 매너, 스토리 등을 통해 고객들이 새로운 라이프스타일을 경험할 수 있도록 정보적 요소들을 융합한 것이다. 그래서 스타벅스 상품 연구개발부서에는 커피를 연구하는 인력보다 디자인이나 라이프스타일을 연구하는 인력이 더 많다. 왜냐 하면 경험이 상품이기 때문이다. 최근 들어서는 디지털 마케팅을 적극적으로 펼치면서 가상현실, 증강현실 등 체험의 폭도 넓혀가고 있다.

커피를 남들보다 맛있게 만들고 더 친절하고 색다르게 서비스해서 돈을 벌겠다는 것은 좀도둑의 생각이고, 커피를 매개체로 새로운 문화의 아이콘이 되겠다는 것은 큰 도둑의 포부다. 함께 묶여 있던 커피라는 '사물'과 경험이라는 '정보'의 고리를 해체하고 단순한 사물의 경제논리에서 벗어나서 정보의 경제논리로 갈아탄 것이 작은 커피가게를 글로벌 커피기업으로 성장케 한 원동력이 된 것이다. 음식점이나 치킨 집을 창업하려는 계획을 가지고 있다면 스타벅스의 사례에서 교훈을 되새길 필요가 있다.

우리는 정보의 경제논리에서 창업의 기회를 찾아야 한다. 창업 성공률이 낮은 원인은 많은 사람들이 사물의 경제논리에 젖어 있기 때문이다. 예를 들어, 제품력만 뛰어나면 성공할 수 있다고 믿는 사람들이 의외로 많다. 이들에게는 공통점이 있다. 자신의 기술력과 제품력은 획기적이라고 맹신에 가까울 정도로 확신한다. 눈에 콩깍지가 씌워져 있어 주위의 말은 들리지 않고 불을 향해 달려드는 불나방처럼 자기 집도 집어넣고 올인하는 경우들을 어렵지 않게 볼 수 있다. 그렇게 창업했다가 예상치 못한 변수를 만나 수렁 속으로 빨려 들어가면 헤어 나오지 못하게 된다.

이제 사물을 잘 만드는 기술력만으로는 창업 성공률이 1%밖에 안 된다. 상품이란 공장 안에서 만드는 하드웨어 사물이 아니다. 그건 '공장 안 시야'이고, 사물의 경제논리다. 상품은 고객에게 제공되는 가치의 총체라는 인식의 전환과 '광장(platform) 시야' 로의 확대가 필요하다. 가치는 '사물' 에서 나오는 것이 아니라 경험, 콘텐츠, 커뮤니티, 스토리 등과 같은 '정보' 에서 나오는 경험경제 시대가 도래했음을 깨달아야 한다.

사물의 경제논리는 창업자들에게 독이다. 그런 방식으로는 기존 대기업의 자본력과 조직력을 절대 당할 수 없다. 자본이 들어가는 사물은 대기업이 만들라고 하고 소자본 창업자들은 대기업이 만들어 놓은 사물을 훔쳐다가 정보적 요소를 융합하는 정보의 경제논리로 대항해야 이길 수 있다.

기성 대기업들은 융합에 취약하다. 부서 간의 벽이 높고 조직의 생리상 창의성을 발휘하기 어려운 구조이기 때문이다. 훔쳐다가 엉뚱한 조합을 만드는 것은 소규모 창업자들이 더 기민하게 잘할 수 있다.

좀도둑이 되지 말고 큰 도둑이 되라. 사물의 경제논리를 머리에서 지우고 정보의 경제논리로 갈아 채워야 한다. 정보의 경제논리를 익힌다면 돈이 없어도 시작할 수 있고, 뜻밖의 사업 아이템도 발견할 수 있다. 기존에 남들이 만들어 놓은 제품에 어떤 정보적 요소들을 융합할 수 있을까를 생각해 보라. 고객들을 좀 더 낫고 편하고 지혜롭게 해주고 시간을 절약해 줄 수 있는 방법은 무엇일까, 사람들이 새로운 라이프스타일을 즐길 수 있게 하는 아이디어를 융합해 보라.

우리는 훔치는 일에 더욱 과감해져야 한다. 큰 도둑이 되려면 정보에 밝아야 한다. 안테나를 높이 세우고 변화의 트렌드를 놓치지 말라. 좀도둑은 책만 읽지만 큰 도둑은 세상을 읽는다.

단무지 창업론

사업계획서가 두껍고 완벽할수록 회사는 더 빨리 망한다

창업에 필요한 돈과 사업아이템 문제를 해결했다 하더라도 또 하나의 걸림돌을 만나게 된다. 사업플랜이다. 계획 없이 실행에 옮길 수는 없기 때문이다. 그런데 사전에 완벽하고 정교한 사업계획을 수립해야 한다고 생각하는 것이 함정이 될 수 있다. 사업계획은 당연한 것 아닌가? 의구심이 들 것이다.

지금까지 우리는 그것을 비즈니스 불변의 법칙이라 신봉해 왔다. 회사에서도 신제품 출시 전이나 신규 사업을 런칭할 때는 사전조사도 철저히 하고 예기치 못한 미래상황변수에 대응하기 위한 플랜B, C 등이 담긴 두툼한 사업계획서를 작성해야 한다. 그러나 지금까지 너무도 당연하다고 여겼던 생각이 고정관념이 될 수 있으며, 오히려 사업을 미궁에 빠뜨리는 함정이 될 수도 있다.

이건 경영학 원론 교과서에도 나오는 기초 지식인데, 고정관념이나 함정이 될 수 있다는 것에 수긍이 안 갈 것이다. 그런데 창업의 고수들은 좀 다른 얘기들을 한다. 알리바바의 창업자 마윈은 "사업계획서가 두껍고 완벽할수록 회사는 더 빨리 망한다"는 말을 했다. 기존의 통념을 깨뜨리는 뜻밖의 얘기다. 대개는 비즈모델을 정교하게 계획하고 일을 시작하기 전에 완벽하게 조사하고 준비해야 한다고 생각하지만, 마윈은 완벽한 계획이란 건 있을 수 없고, 성공하는 비즈모델과 실패하는 비즈모델이 따로 있는 게 아니라는 생각을 갖고 있었던 것이다.

마윈이 1995년 인터넷 불모지였던 중국에서 웹 에이전시인 차이나 페이지를 창업했을 당시의 마음가짐을 이렇게 설명한다.

사실 이런 사업을 하기로 결심하게 된 가장 큰 이유는 인터넷에 대해 확신했다기보다는 어떤 일을 한다는 것, 경험이 곧 하나의 성공이라고 생각했기 때문이었습니다. 일단 부딪혀 보고 잘 안 되면 방향을 바꾸면 되지요. 하지만 아무것도 하지 않으면 낡은 것이 그 자리에 그대로 머물 뿐 영원히 새로운 발전을 이룰 토대는 없는 거죠.　　　　　(운동화를 신은 마윈, 34~35쪽)

1990년대 당시 인터넷 망도 깔려 있지 않은 중국에서 인터넷사업을 시작한다는 것은 상식적으로 이해되지 않는 일이었다. 그러나 마윈은 미국에 출장 갔다가 인터넷이란 것을 처음 보고 흥분한 나머지 중국에 돌아와서 차이나 페이지를 창업했는데, 그 당시 SWOT 분석을 해봤다면 어떤 결과가 나왔을까? 사업성 제로였을 것이다. 물론 차이나 페이지 사업은 성공적이지 못했다. 그러나 큰 자본 들이지 않고 미국회사와의 협업으로 시작한 이 사업이 선행되지 않았더라면 훗날 알리바바의 창업은 불가능했다.

알리바바는 B2B, 즉 기업 대 기업 간의 전자상거래 사이트로 시작됐다. 현재 알리바바 그룹의 주수익은 C2C 쇼핑몰인 타오바오(淘寶)와 B2C 쇼핑몰 티몰(天猫)에서 나온다. B2B 알리바바 자체의 비중은 그리 크지 않다. 타오바오는 2003년 창업되었고, 티몰은 2008년에 오픈했다. 그러나 알리바바는 타오바오와 티몰의 디딤돌이 되었고, B2B와 C2C, B2C를 통합한 B2B2C가 현 알리바바 그룹의 비즈모델이다.

다른 대부분의 기업들이 그렇듯이 알리바바의 성공은 하루아침에 이루어진 게 아니다. 1992년 하이보 번역회사, 1995년 차이나 페이지라는 웹 에이전시, 1999년 B2B 전자상거래 사이트인 알리바바, 2003년 창업해서 C2C 분야 세계최강자인 이베이를 중국에서 몰아낸 타오바오, 2008년 B2C 티몰 등 지속적으로 도전하고 방향을 수정해 온 결과가 2014년 뉴욕 증시 상장으로 이어진 것이었다.

마윈의 스토리는 창업가들에게 큰 교훈을 준다. 우리 주위에 보면 이게 돈 되겠다 싶어 손댔다가 또 저게 돈 된다 하면 옮겨가는 사람들이 있다. 자신의 업이 확고하지 않기 때문에 심지 굳게 업을 좇지 못하고 이익에 따라 돈을 좇아다니는 것이다. 그것이 이(利)를 좇는 장사꾼과 업(業)을 추구하는 사업가의 차이점이고, 다른 표현으로 하면 좀도둑과 큰 도둑의 다른 점이다. 무모한 도전을 계속했던 마윈은 일을 한 사람이 아니라 업을 한 사람이다.

꿈은 내가 이루는 것이 아니라 이루어지는 것이다. 업을 확고히 세우고 정도를 걸으면서 때를 기다리면 어느 날 꿈이 다가온다 (Dreams come true). 이것이 일은 실패할 수 있어도 업은 결코 실패할 수 없는 원리다.

현실감 필터가 없는 스티브 잡스

스티브 잡스도 경영학 원론을 무시하는 사람이다. 스티브 잡스는 "우리는 시장조사를 하지 않는다. 10년 동안 딱 한 번 컨설턴트의 도움을 받았다"고 말했다. 이 말은 소비자의 욕구(needs)와 필요(wants)를 파악해서 충족시켜주는 경영행위가 마케팅이라는 마케팅학회(AMA)의 정의를 뒤집는 얘기다.

잡스는 소비자 리서치를 하지 않는 이유를 소비자들의 욕구가 자신과 크게 다르지 않기 때문이라고 얘기했다. 자신도 소비자니까 내가 진정 무엇을 원하는지 이해하기 위해 노력하면 되지 굳이 밖으로 나가 사람들에게 무엇을 원하느냐고 물어볼 필요가 없다는 논리다. 마티 뉴마이어도 〈브랜드 갭〉에서 비슷한 비유를 들었다.

소니의 창업주인 아키오 모리타 회장은 새로운 아이디어를 조사하는 것은 어리석은 짓이라고 믿었다. 그는 "우리의 목표는 일반인들을 이끄는 것이다. 그들은 무엇이 가능한지 모른다." 라고 말했다.
과거 단순한 생산라인 시대에서도 헨리 포드사의 결정은 시장 조사를 통해서가 아니라 직관에 의한 것이었다. 그들은 "우리가 만일 일반인들에게 무엇을 원하냐고 물었다면 그들은 아마도 '더 빠른 말'이라고 대답했을 것이다."라고 설명했다.

(브랜드 갭, 122~123쪽)

스티브 잡스, 아키오 모리타, 헨리 포드의 공통점은 해답을 밖에서가 아니라 자신의 내부에서 찾았다는 점이다. 방 안에서 잃어버린 열쇠를 내부가 어둡다고 밖에서 찾고 있는 우스꽝스러운 우리의 자화상을 돌아볼 필요가 있다.

스티브 잡스에게서는 'reality filter'를 발견할 수 없다고 평가하는 사람들도 있다. 현실감각이 없다는 얘기다. 애플은 어떤 시스템을 통해 혁신을 이루어내느냐는 질문에 잡스는 "시스템이 없는 것이 애플의 시스템이다"라는 대답을 했다. 시스템, 업무 매뉴얼, 전략 프로세스 등 산업시대 경영학 교과서에 나오는 구시대 유물에 얽매어 있어서는 혁신을 만들어 내지 못한다는 뜻이다. 신제품 하나가 나오려면 제품기획팀에서 개발 엔지니어팀에게 또 생산팀으로, 이런 식으로 조직 내에서 시간을 끌다가 타이밍을 놓쳐버린다고 지적한다.

스티브 잡스는 단무지 정신을 가지고 있는 사람이었다. 그러나 그의 머릿속에는 세상을 바꿔나가고자 하는 꿈이 들어 있었다. 그것이 그의 업이었다. 그는 자신의 업을 초지일관 추구해 온 것이다. 스티브 잡스 역시 애플에서 쫓겨나가 10년 간 아픔을 겪었지만 고통의 시간이 없었더라면 잡스는 콘텐츠와 소프트웨어의 중요성을 통찰하지 못했을 것이고 애플에 복귀해서 아이튠즈와 앱 스토어를 통해 애플의 르네상스를 이끌지도 못했을 것이다.

겁 없는 단무지 청년들

21세기 뉴 밀레니엄에 접어들면서 경제 중심세력의 역전이 일어났다. 전통산업들은 러스트벨트로 녹슬어가는 반면 ICT 기업들이 급부상하기 시작한 것이다. 1998년 창업한 구글은 웹2.0 기류를 타며 날아오르기 시작했고, SNS가 확산되면서 트위터, 페이스북 등의 기업가치가 순식간에 올라갔다.

이들의 성장속도는 과거 어느 기업보다 가팔랐고, 창업한 지 몇 년 안 되었음에도 기업가치는 순식간에 수백조 원을 넘어섰다. 어떻게 이런 뜻밖의 성공을 거둘 수 있었을까? 그들은 도대체 어떤 식으로 마케팅을 해 왔던 것일까?

그 비결을 추적하다가 흥미로운 사실을 발견했다. 이들의 공통점 중 하나가 이들은 하나같이 비(非)마케팅적인 '단무지'(단순 무식 지랄) 회사들이라는 점이었다. 즉, 전통적인 마케팅 이론에 비추어 보면 마케팅의 '마' 자도 모르는 회사다. 아니 오히려 마케팅을 혐오하고 마케팅 활동을 하지 않는다는 표현이 더 적절했다.

구글의 한 간부는 이런 얘기를 했다. "구글은 엔지니어링 기반, 엔지니어링 집중 문화죠. 창립자들은 마케팅을 중시하지 않습니다." 즉, 마케팅의 관점에서 보면 구글은 기술지향적인 회사지, 결코 시장지향적인 회사가 아니다. 구글의 창업자 래리 페이지와 세르게이 브린은 광고를 혐오했다. 그래서 다른 검색엔진들의 옆에는 배너광고들이 붙어 있었던데 반해 그들이 만든 구글 사이트에는 광고를 찾아볼 수 없다. 즉, 그들은 상업적이고 광고에 치우친 검색엔진을 조소하고, 광고 중심의 비즈니스 모델이 결코 사용자의 검색 품질을 높여주지 못한다고 생각했던 것이다.

페이스북을 만든 마크 주커버그 역시 만만치 않다. 하버드생이라는 우월감에 빠져 있던 그는 우리말로 표현하면 왕재수다. 그냥 자신이 골몰하는 취미생활로 시작한 것이 페이스북이라는 대박을 낳아버렸다. 2004년 페이스북이 창업할 당시에는 '마이 스페이스 (My Space)'가 대세였다. 마크 주커버그는 유명한 해커답게 마이 스페이스의 카피캣으로 출발한 페이스북을 만들어 역전시킨 것이다.

트위터 역시 시장분석을 하고 STP 모델을 적용하고 4P전략을 세웠던 것이 아니다. 젊은 벤처인들이 기존의 문자메세지를 대체할 수 있는 소통 모델을 한번 만들어 보자는 식으로 시작했고, 수익모델에 대한 사업계획도 없었다.

마케팅 상식으로 보면 이건 말도 되지 않는 얘기다. 어느 회사건 신제품을 내거나 신규 사업을 하기 전에는 사업계획, 마케팅 전략을 세우는 것이 상식 아닌가? 창업하겠다는 사람들이 이렇게 무모하게 뛰어들었다는 사실이 믿기지 않을 정도다.

전혀 마케팅을 하지 않았던 회사가 오히려 가장 사람들이 열광하는 마케팅 컴퍼니가 되었다는 사실은 참으로 아이러니가 아닐 수 없다. 그런데 이게 현실이 되었다. 단무지 정신으로 충만한 스타트업들의 상식 밖의 행보는 계속 이어졌다. 유튜브, 에어비앤비, 우버, 인스타그램 등의 성공은 기존 경영학 책으로는 설명할 논리가 마땅치 않다. 현실이 이렇게 변했다면 내 생각이 틀린 것이고, 내가 변하는 수밖에 없다.

1페이지 사업계획서

사업계획서는 1페이지면 족하다. 아니 1페이지로 요약해야 한다. '1페이지 프로포절(One Page Proposal)'의 저자인 패트릭 라일리는 크게 성공한 사업가인데, '강력하고 간결한 한 장의 기획서'라는 부제가 암시하듯 자신이 사업에서 성공할 수 있었던 비결은 사업계획서를 1페이지로 압축하는 노하우를 배운 데에 있었다는 얘기를 적고 있다.

패트릭 라일리는 사업하던 중에 애드넌 카쇼기라는 세계 최고의 갑부 중 한 사람을 알게 되었는데, 하루는 그가 자신의 요트로 초대해 함께 저녁식사를 하면서 이런 조언을 했다.

one page proposal은 나의 성공비결 중 하나요. 당신에게도 매우 귀중한 성공비결이 될 수 있소. 거래 여부를 판단하는 결정을 내리는 자리에 있는 사람치고 한 쪽 이상의 분량을 읽을 만큼 시간이 있는 사람은 매우 드문 법이요. 문화와 언어가 달라도 그 사실은 변함이 없소. (1페이지 프로포절, 12~13쪽)

기획서를 써 본 경험이 있는 사람이라면 1페이지로 쓰는 것이 훨씬 더 어렵다는 사실을 잘 알고 있을 것이다. 오히려 여러 장 쓰는 것이 더 쉽다. 그에게서 배운 1페이지 프로포절의 노하우가 사업 성공의 원동력이 되었다는 얘기다.

한 경제주간지에 흥미로운 특집 기사가 실린 적이 있었다. 우리나라 IMF 사내 당시 도산했던 기업 중에서 외국회사로 인수 합병된 후 재기에 성공한 기업들의 비결이 무엇인가를 다루는 내용이었다. 여러 회사를 찾아다니면서 그 회사의 직원들을 대상으로 외국

경영진이 온 후에 어떤 변화가 있었으며, 무엇을 잘했기에 적자투성이의 회사가 우량회사로 거듭날 수 있었다고 생각하는가를 물었다. 인터뷰한 회사마다 여러 가지의 비결을 얘기했는데, 공통적인 것이 하나 있었다. 그것은 외국경영자들은 '단순함'을 요구한다는 것이었다.

이전에는 사업계획을 세운다든지, 리포트를 쓸 때 야근에 밤도 세가며 여러 가지를 짜깁기하고 온갖 미사여구를 동원해서 두툼하고 그럴듯한 보고서를 만들기에 바빴었는데, 새로 온 외국경영자들은 그런 보고서는 집어던진다는 것이었다. 대신 "당신이 무슨 일을 할 것인지를 한 마디로 요약하고, 수치로 표현해 오라"고 주문했다고 한다. 직원들의 일하는 방식이 바뀌었으며, 단순하게 정리하니까 무슨 일을 해야 할지도 구체적으로 알 수 있게 되어 집중력이 높아졌고, 그것이 도산했던 회사를 다시 회생시킨 비결이 되었다고 생각한다는 내용이었다.

이것이 단순화의 힘이다. 단순해지지 않은 것은 소통될 수 없고 실행에 옮겨질 수도 없다. 창업에 성공하기 위해서는 단순화 훈련을 하지 않으면 안 된다. 구글의 신입사원 면접 문제에 이런 것이 나왔던 적이 있다. "8살짜리 조카에게 데이터베이스(database)가 무엇인지 3문장 이내로 설명해 보세요."

정말 잘 알고 있는 사람은 말이 쉽고 단순하고 조리 있다. 반면 무언가를 설명할 때 횡설수설하는 사람은 그것을 잘 모르고 있다는 증거다. 자신이 알고 있는 것을 단순하게 요약하는 것은 결코 쉬운 일이 아니다. 무술의 고수들을 보면 몸동작이 매우 단순하다. 쓸데없는 군더더기가 없이 절도가 있으면서도 결정적인 순간 한방으로 끝낸다. 스포츠도 마찬가지다. 잘하는 선수들의 몸동작은 단순하고 가벼우면서도 빠르다. 훈련을 하는 이유는 단순해지기 위함이다. 이러한 원리는 모든 분야에 적용된다.

미국 캠코더시장에서 돌풍을 일으킨 플립(Flip)은 신제품을 개발할 때 반드시 고수하는 원칙이 하나 있다. 30초 룰(thirty second rule). 소비자가 처음 보고 30초 안에 작동할 수 있으면 개발을 진행하고, 그렇지 못하면 불합격이다. 그만큼 직관적이고 단순한 UI/UX를 중시하는 것이다.

애플의 마케터 출신으로 실리콘밸리의 벤처투자가로 활동하고 있는 가이 가와사키가 성공적인 프레젠테이션의 법칙으로 '10-20-30룰'을 주창했다. 요점은 이것이다. 프레젠테이션할 슬라이드를 10장이 넘지 않게 하고, 시간은 20분 안에 끝내고, 각 페이지 내의 글자의 크기가 30포인트보다 작아서는 안 된다는 것이다.

매력적인 프레젠테이션은 비즈니스의 핵심이다. 창업가가 투자를 유치하기 위해서, 또 영업하면서 고객을 만나 상품에 대해 설명하는 것, 그리고 회사 내부에서의 소통을 위해서도 단순하고 간결한 프레젠테이션은 사업의 성패를 좌우한다.

프레젠테이션을 잘하기 위해서는 자기의 관점이 아닌 상대방의 관점에서 사물을 보는 훈련이 필요하다. 내 앞에 있는 사람이 무엇에 관심이 있고 무슨 생각을 하고 있는지 파악해야 효과적인 프레젠테이션을 할 수 있다. 생각이 유연하지 못하고 고정관념에 사로잡혀 있는 사람이 성공적인 프레젠테이션을 할 수 없음은 당연한 귀결이다. 비즈니스에도 인문(人文)이 중요한 것은 인문이란 삶과 사람에 대한 이해와 사랑을 의미하기 때문이다. 그런데 모든 사람들의 공통점이 있다. 쉽고 단순하고 재미있는 것을 좋아하고 받아들인다는 점이다.

쉽고 단순하게(simple & easy), 이것은 마케팅 불변의 명제다. 브랜드의 주요 기능은 단순화(simplifier)다. 회사와 상품의 철학을 한마디로 정의한 것이 브랜드다. 또 고객의 머릿속에 한방에 자리 잡는 작업인 포지셔닝(positioning)의 원리 역시 단순화에 있다. 광고는 어떠한가? 15초 안에, 그리고 A4용지 한 장에 자신의 상품 메시지를 응축시키는 고난도의 작업이다. 쉽고 단순하고 재미있게, 이것이 마케팅의 3요소다.

완벽주의의 함정에 빠지지 말라

단순해지는 데에는 용기가 필요하다. 많은 것을 버려야 하기 때문이다. 애플의 핵심역량은 단순화에 있다. 〈옵저버〉지는 "애플은 모든 제품을 특정한 방식으로 생각하고 연구하고 개선하고 디자인한다. 여기서 특정한 방식이란 최대한 쉽고 단순하게 만드는 것이다."라며 칭찬했다. 또 아이팟과 아이폰의 디자인을 총괄했던 조너선 아이브(디자인팀 부사장)는 이런 말을 했다.

> 중요한 것은 얼마나 더 많은 것을 담느냐가 아니라 얼마나 더 많이 없앨 수 있느냐 하는 것입니다. 여기서 핵심은 단순함으로부터, 그리고 단순함을 당당하게 드러내는 용기로부터 차별화가 탄생한다는 사실입니다. (무한혁신의 비밀, 237쪽)

통념을 뒤집고 자신의 업에 미치지 않고서는 단순해지기 어렵다. 그렇기에 업을 생각하지 않고 일을 계획하는 사람은 완벽주의의 함정에 빠지기 쉽다. '완벽'과 '완벽주의'는 다르다. 대부분의 사람들은 완벽하다 하면 모자람이나 흠이 없어 전혀 고칠 것이 없는 온전한 상태를 연상하지만, 가만 생각해 보면 흠이 없는 옥구슬보다 더 완벽한 것은 자연의 생명체다. 건강한 생명체는 환경의 변화에 맞게 그때그때 자신을 바꿔가는 유연성을 겸비하고 있는 것이다. 만약 날씨가 더워지는데 땀이 나지 않으면 그 생명체는 죽을 것이다. 그러니까 완벽한 것은 전혀 변화할 게 없는 상태가 아니라 중심축은 흔들리지 않으면서 상황에 따라 유연하게 변화하는 것이다. 다시 말해, 환경에 최적화된 상태를 완벽이라 할 수 있다.

완벽주의의 함정에 빠져서는 안 된다. 창업하기 전에 너무 완벽한 사업기회를 찾다가 타이밍을 놓칠 수도 있고, 너무 복잡한 계획은 실행으로 옮겨지지 않기 때문이다. 마윈은 알리바바를 창업할 때 이런 출사의 변을 던졌다.

> 완전히 무르익은 기회는 절대로 우리 차지가 되지 않아요. 일
> 반적으로 모두가 좋은 기회이고 시기가 무르익었다고 생각할
> 때, 그 기회는 우리 것이 아닐 때가 많지요.
>
> (운동화를 신은 마윈, 46쪽)

완벽주의 성향이 있는 사람들은 자칫하면 생각이 딱딱해지고 독선과 자기중심적 사고에 빠지기 쉽지만, 완벽한 사람은 흔들림 없이 자신의 업을 추구하면서도 변화를 두려워하지 않고 즐길 수 있다. 완벽주의는 창업의 걸림돌이 될 수 있다. 창업을 단순하게 생각해 보라. 꼼꼼히 묻지도 따지지도 말고 무작정 서두르라는 말이 아니라 넘어질 것을 두려워해서는 창업을 할 수 없다는 말이다. 자신의 업을 곧게 세우고 한 발부터 내디뎌 보라. 그러면 뜻밖의 길이 열린다.

큰 도둑이 되려면 몸동작이 단순하고 손이 빨라야 한다. 그러려면 단순화의 훈련이 필요하다. 창업을 거창한 것으로 생각하지 말고 아주 작은 규모로 해볼 수 있다. 사업자등록을 내지 않아도 상관없다. 1인 사업으로 집에서 할 수도 있다. 온라인 쇼핑몰을 만들 수 있는 오픈 소스들을 쉽게 찾을 수 있고, 유튜브 크리에이터들이나

인스타그램 등 SNS에서 상품을 판매하는 1인 쇼 호스트도 늘어나고 있다. PC나 스마트폰만 있어도 1인 창업할 수 있는 인프라가 구축되어 있지 않은가?

창업에 주저하게 되는 이유는 자칫 실패하면 타격을 입을까 걱정하기 때문이다. 처음에는 창업 훈련을 한다는 마음가짐으로 작은 시도를 해보는 것이 좋다. 잽을 자꾸 뻗다보면 훅의 찬스가 온다. 지금은 성공한 사업체의 시작이 모두 그랬다. 단숨에 성공의 반열에 오른 기업은 없다. 처음부터 큰 창업을 생각하지 말고 잘게 나눈다고 생각하라.

일단 길을 나서 보라. 길을 가다보면 너무 지루해서 도중에 이 길이 맞나 회의에 빠지기도 하고, 길을 잃어버릴 수도 있다. 모든 사업가들이 겪는 과정이다. 계속 걸어가야 하나, 아니면 돌아가야 하나 혼란스러움은 매일 겪는 일상이다. 또 극단적인 빈곤과 고통 때문에 포기하고 싶을 때도 생기기 마련이다. 그러나 실패가 쌓여 실력이 되고, 자신의 업을 놓지 않는다면 때를 만나게 되고 꿈이 당신에게 다가온다.

완벽하게 준비해서 한 번에 성공해야 한다는 강박관념에서 벗어나 나의 인생길을 걷겠다는 가벼운 마음으로 떠나 보라. 어차피 인생은 집에서 살다 가는 것이 아니라 길을 걷는 여정이 아니던가?

21세기는 노마드(nomad)의 시대다. 유목민들은 만나는 사람에게 '집'이 어디냐고 묻지 않고 어느 '길'로 왔느냐를 묻는다고 한다.

그들에게는 길이 곧 삶이기 때문이다. 길을 걷는 사람은 짐이 가벼워야 한다. 용기 있게 '나'를 버리고 비우고 단순해지라. 버리는 지혜, 인생의 길을 즐길 줄 아는 철학, 이런 것이 작금의 우리사회 문제를 해결할 수 있는 노마드 정신이 아닐까?

에어비앤비 현상

무모한 여행을 떠나다

조 게비아 : "브라이언, 우리 창업하자."

브라이언 체스키 : "OK. 지금 샌프란시스코로 달려갈게."

이렇게 두 젊은이의 창업이 시작되었다. 두 사람은 로드아일랜드 디자인스쿨의 베프 동기동창인데, 인턴십 프로그램을 같이 할 때부터 기존의 상식을 뒤엎는 독창적인 아이디어를 실험하는 데 있어서도 둘은 코드가 아주 잘 맞았고, 훗날 함께 창업하자고 결의도 했었다고 한다. 졸업하면서 조가 브라이언에게 이렇게 말한다.

"네가 비행기에 오르기 전 너에게 해줄 말이 있어. 우리는 언젠가 회사를 창업할 것이고 사람들은 그 회사에 대해 책을 쓸 거야."

브라이언 체스키는 로스엔젤레스로 가서 3DID라는 산업디자인 회사에 입사했고, 조 게비아는 샌프란시스코의 방 3개짜리 아파트에 살면서 크로니클 북스의 디자이너가 되었다. 그러나 자신들이 진정으로 원하는 일이 아니라는 사실에 고민하면서 두 사람은 창업 아이디어를 주고받는다. 그렇지만 창업을 결심하는 것은 쉬운 일이 아니었다. 건강보험에 가입할 수 있는 직장에 다녔으면 하는 부모님의 바람을 뿌리치기 어려웠고, 딱히 이거다 싶은 창업 아이템도 없었기 때문이었다.

어릴 적부터 사업가 기질이 있었던 조 게비아는 회사에서 퇴사하고 대학졸업 전에 자신이 디자인했던 엉덩이 모양의 '크릿번스(CritBuns)'라는 쿠션 제조에 전념하고 있었는데, 2007년 9월 아파트 룸메이트 둘이 이사 가버리는 사태가 발생했다. 집주인이 월세를 갑자기 올렸기 때문이었는데, 브라이언 체스키는 친구의 전화를 받자마자 다니던 회사를 사직하고 밤에 차를 몰고 샌프란시스코 조의 아파트로 옮긴다. 이때 아파트 렌트비가 1,150불이었는데 브라이언의 계좌에는 1,000불밖에 없었다고 한다.

젊은 혈기에 의기투합해서 뭉쳤지만 사업보다도 당장의 월세가 문제였다. 이때 조 게비아가 아이디어를 하나 낸다. 10월말에 샌프란시스코에서 '미국 산업디자인협회 컨퍼런스'가 열리는데 수천 명의 참가자들이 묵을 호텔은 부족하고 숙박료 역시 천정부지로 오를 게 뻔하니 "우리 아파트의 거실에다 에어베드를 빌려주고 아침식사까지 제공하면 어떨까?" 하는 생각을 한 것. '에어베드앤브랙퍼스트'라는 브랜드가 이렇게 탄생했다.

　그러나 HTML을 다룰 줄 몰랐던 이들은 프리랜서에게 의뢰해서 웹사이트를 만들어 올리고 여러 디자인 블로거들과 컨퍼런스 운영자들에게 이메일을 보내 자신들의 웹사이트를 홍보해 달라고 부탁한다. 결과는 3명의 예약자를 받아 그달의 월세를 해결할 수 있었다.

　그러나 문제는 항상 컨퍼런스 행사가 열리는 것도 아니니 '에어베드앤브랙퍼스트'가 지속적인 사업모델이 될 수 있는가 하는 것이었다. 어쨌든 2007년 10월, 에어비앤비 사업의 프로토타입이 이렇게 시작되었다.

　지속가능한 사업모델을 만들기 위해 조 게비아와 브라이언 체스키는 머리를 맞대고 브레인스토밍에 집중한다. 그러나 두 사람 모두 디자이너인지라 한계가 있을 수밖에 없었고, 그래서 조 게비아의 옛 룸메이트였던 네이선 블레차르지크를 끌어들인다.

　네이선은 12살 때 아버지 서재에 있던 프로그래밍 책을 독학해서 익힌 지식으로 14살 때는 이미 프리랜서 일도 했었고, 고등학교 시절 마케팅 소프트웨어를 만들어 100만 달러를 벌어 그 돈으로 하버드에서 컴퓨터 사이언스를 전공할 정도로 천재성이 있는 프로그래머였다. 그런데 2007년 교육 관련 스타트업을 창업했다가 쫄딱 망한 네이선은 보스턴으로 돌아가서 여자 친구와 지내려는 생각을 가지고 있던 참에 조 게비아의 제안을 받은 것이다.

네이션은 조나 브라이언과는 기질이나 성향이 많아 달랐다. 돌다리도 두드려 보고 건너는 스타일이었고, 치밀하고 꼼꼼한 기질을 가지고 있었던 것. 두 사람의 비전과 열정에 매력을 느낀 네이션은 우여곡절 끝에 에어비앤비에 합류했고 이렇게 세 사람의 무모한 여행이 시작되었다.

구조적 문제에 봉착하다

이 당시 투자를 요청했다면 당신은 여기에 투자했겠는가? 세 청년들의 도전은 기존의 사회적 통념으로 보면 순진하고 무모하다. 첫째, 치밀한 사업계획서도 없었다. 즉흥적인 아이디어에서 시작된 것이고 지속가능성을 점친 사람들은 별로 없었다. 주위 친구들마저 "너희들 설마 그걸로 돈 벌려는 생각은 아니지?" 하면서 일회성 프로모션 정도로 생각했었다고 한다.

둘째, 숙소공유모델은 에어비앤비가 최초가 아니다. 공유경제 모델의 선두라 할 수 있는 집카가 2000년에 창업했고, 집을 공유하는 홈어웨이나 카우치서핑 등도 이미 사업화되어 있었다. 심지어 '베드앤브랙퍼스트'라는 사이트도 있는 상황이었다. 조 게비아와 브라이언 체스키도 "우리는 새로운 것을 발명한 것이 아니다. 손님을 친절하게 대접하는 것은 있어 왔다. 유사 웹사이트도 있었다."라고 말했다. 즉 특별히 차별화 포인트도 없었던 셈이다.

셋째, 세 청년 모두 사회초년병이었다. 직장생활 경험도 별로 없고 인맥도 자본도 없었다. 리더십이나 경영능력이 뛰어난 것도 아니었다. 브라이언 체스키가 CEO를 맡았는데 그는 갑작스레 맡겨진 경영을 "경험도 없는 내가 어떻게 해야 할지 모르겠다"고 고백하기도 했다. 그래서 그는 매일 멘토들을 찾아다니며 조언을 구했다.

이렇게 세 청년이 호기롭게 출발했지만 역시 예상대로 에어비앤비 호는 순항하지 못했다. 초기 2~3년간 매출은 바닥을 기었고 생계를 유지하기도 쉽지 않은 상황이었다. 창업자들이 우유 살 돈이 없어서 맨 시리얼을 먹어가며 고생을 했을 정도였다고 한다. 실리콘밸리의 전설적 엑셀러레이터인 Y콤비네이터가 이 청년들의 열정과 바퀴벌레 같은 생존력을 인정하고 투자해 주기 전까지는 톰소여 모험에 불과했다.

왜 그랬을까? 에어비앤비의 사업모델은 근본적으로 거대한 장벽에 부딪힐 수밖에 없다. 기존 숙박업계가 구축해 놓은 가치사슬 안으로 들어가는 것이 아니기 때문이다. 전통적 사업성공의 법칙은 일단 가치사슬 안으로 파고들어서, 다른 말로 시장(market)으로 들어가서 틈새를 발견하든지 차별화를 하든지 하는 것이었는데 에어비앤비의 선택은 가치사슬 밖에서 새로운 길을 닦으면서 대항하는 것이었다.

기존 상식에 도전장을 내민 에어비앤비는 호텔체인 등 기존 숙박산업과 충돌할 수밖에 없다. 산업시대의 숙박업이란 자본을 투자해서 호텔이나 숙박시설물을 건설하고 광고와 프로모션을 통해 고객을 유치하는 사업모델이었다. 호텔은 공급업자들로부터 원자재와 물품을 공급받고 여행사나 예약사이트들과 거래관계를 맺는 가치사슬을 형성하고 있는 거대한 항공모함 같은 것이다. 여기에 에어비앤비라는 돛단배가 부딪힌 것이라 비유할 수 있겠는데 벤처투자자들이 볼 때 이건 비상식적이고 사업의 '사' 자도 모르는 순진한 청년들의 보물찾기 놀이 같은 것이다.

또 이들이 선택한 플랫폼 모델은 구조적 문제를 안고 있다. 에어비앤비의 사업모델은 자신의 집을 공유하려는 호스트와 그것을 사용하려는 게스트를 연결시켜주는 것이다. 지금까지 산업시대의 일반적인 사업모델은 대개 일방통행이다. 즉, 상품이나 서비스를 만들어서 고객에게 일방향적으로 판매하는 방식이지만 에어비앤비는 양면적이다. 집을 빌려주려는 호스트도 발굴해야 하고 빌려 쓰려는 게스트도 모아야 한다.

이것이 시장 비즈니스와 플랫폼 비즈니스의 차이점이다. 시장 비즈니스는 시장을 향해서 유통과 영업채널을 관리하고 광고나 프로모션을 통해 고객마케팅을 잘하면 되지만 플랫폼 비즈니스는 전반적인 순환생태계를 만들어야 하는 것이다.

플랫폼 비즈니스를 해야 하는 에어비앤비는 이런 어려움에 봉착한다. 호스트가 많아져야 게스트도 늘어날 것이고, 반면 게스트가 많아야 자신의 집을 내놓으려는 사람들도 늘어날 테니 이건 닭이 먼저냐 달걀이 먼저냐의 문제다. 이 딜레마에서 고전하면서 초기 1

년간은 100명도 모으지 못한다.

　게다가 에어비앤비는 두 개의 거대한 벽에 부딪힌다. 하나는 자신의 방이라는 사적인 공간을 전혀 모르는 낯선 사람들에게 개방하고 공유하기를 꺼리는 사회적 문화이고, 또 하나의 벽은 법, 세금 등 사회적 제도다.

　특히 사회적 제도는 넘사벽이다. 법적인 문제나 세금 문제 등 정부 제도와 충돌할 수밖에 없기 때문이다. 숙박업을 하려면 건축법을 준수해야 하고 호스트들은 세금을 내야 한다. 그렇지 않으면 불법행위니까. 기존 호텔업계나 숙박사업체들이 가만있겠는가? 적극적으로 로비에 나설 것이고 각종 소송에 휘말리게 될 것이다. 실제 에어비앤비는 소송이 끊이지 않았다. 기득권층, 그리고 제도권과 싸운다는 것은 계란으로 바위치기다. 차량공유모델인 우버나 카카오 카풀이 우리나라에서 고전하는 이유도 여기에 있지 않은가?

문제의 솔루션이 사업이다

　그러나 우리는 에어비앤비 스토리의 결말을 알고 있다. 요즘 여행계획을 짤 때 '에어비앤비 한번 이용해 볼까?' 생각 안 해본 사람 별로 없을 정도로 일상생활에 들어와 있고 에어비앤비의 기업가치가 세계최내 호텔체인 힐튼을 넘어있다.

　세 명의 초짜 사업가가 항해하는 돛단배가 난파되지 않고 이런 성공을 거두었다는 것은 신기하고 기적 같은 일이다. '운이 좋았다' 라고 표현할 방법밖에 없다. 그러나 운은 업(業)에 대한 진정성 있는 자의 편이다. 그들은 문제점(pain point)을 정확히 파악했고 새로운 시류에 잘 올라탔다.

주위를 돌아보면 우리는 인류 역사상 가장 풍족한 시대를 살고 있다. 산업시대 대량생산된 상품들은 이젠 포화상태를 넘어 과잉상태가 되어 집이나 창고에는 쓰지 않는 물건들로 꽉 차 있고 쓰레기통은 버리는 물건들로 몸살을 앓는다. 에어비앤비 CEO 브라이언 체스키는 이런 말을 했다.

"미국 내에는 무려 8,000만 개의 전동드릴이 있다고 합니다. 그런데 연평균 전동드릴 사용시간은 불과 13분밖에 되지 않죠. 모든 사람이 굳이 전동드릴을 소유할 필요가 있을까요? 고작 13분밖에 쓰지 않는데 말이에요."

공유경제 사업모델들은 이런 데서 사업기회를 본 것이다. 잉여품은 집과 같은 부동산이나 자동차, 자전거 등 이동수단만 있는 게 아니다. 생활용품, 옷, 책, 애완견, 음식 등도 넘쳐난다. 또 유통기한이 좀 지났다고 뜯지도 않은 채 버려지는 식료품의 양도 엄청나다.

모든 것이 과잉상태인데 이 문제를 해결하는 솔루션에서 사업기회를 찾을 수 있다. 자본을 투입하여 더 많이 생산하고 영업하는 방식이 아니라 웹과 스마트폰을 매개로 연결하고 융합하는 비즈모델은 돈 없고 인맥 없는 개인들도 뛰어들 수 있는 분야다.

실제로 공유경제는 커다란 산업으로 성장하고 있다. 점차 공유의 대상은 자동차나 집의 영역을 넘어 입고 먹고 쓰는 우리생활 전체로 확산되었다. 자전거, 스쿠터, 배, 심지어 비행기를 공유하는 사업모델이 늘고 있고, 포시마크처럼 헌옷을 사고파는 커뮤니티들도 있다. "미국 여성 모두의 옷장에서 쇼핑하세요. 그리고 여러분 옷장에서 판매하세요"라는 슬로건을 내걸고 있는 포시마크의 창업자 매니시 찬드라는 이렇게 말한다.

사람들은 모두 구매하고 소비합니다. 아니, 그저 엄청난 속도로 자원을 사대기만 하고 소비는 하지 않습니다. 이제 이 자원을 살펴본 사람들은 그 안에 엄청난 가치가 존재하지만 그것만으로는 무엇도 더 만들어 내지 못한다는 사실을 깨닫습니다. 공유경제는 생산 과잉사회에서 분배의 방향을 다시 설정하려는 노력입니다. (공유경제는 어떻게 비즈니스가 되는가, 141쪽)

성장하는 아이들의 옷과 용품들을 거래하는 스레드업(ThredUP)은 엄마들의 여성복으로까지 확장했고, "공유할 수 있는 물건을 왜 사나요"라고 말하는 여들(Yerdle)은 나양한 물건들을 선물로 주고받을 수 있는 플랫폼이다. 또 학생들의 교과서를 빌려주는 체그, 하프닷컴 같은 사업모델도 있고, 집주인이 일정가격을 받고 외부인을 가정에 초청하여 음식을 함께 먹는 홈푸드나 이트위드(Eatwith) 등의 음식공유 모델도 늘어나고 있다. 또는 쿠키스토(Cookisto)를 이용하면 요리사가 자신의 집에서 만든 음식을 직접 가져오게 하거나 배달시킬 수도 있다.

이외에도 잉여노동력을 연결시켜주는 태스크래빗(TaskRabbit)이나 에어태스커(AirTasker), 프리랜서를 위한 이랜스(eLance) 등 기술과 서비스도 공유의 대상이고, 금융업도 P2P 간의 거래모델에 의해 위협받고 있고, 심지어 와이파이를 공유하는 폰이라는 회사도 있다.

발 빠르게 움직이는 글로벌기업들

중국도 공유경제에 발 빠르다. 디디추싱(滴滴出行)은 우버처럼 모바일 앱을 통해 가장 가까운 곳에 있는 택시나 개인 자가용 차량을 배차해 주는 차량공유서비스를 제공하는데, 2015년 2월 텐센트 그룹의 디디다처(滴滴打车)와 알리바바 그룹의 콰이디다처(快的打车)가 합병하여 탄생한 회사다. 정식 이름은 디디콰이디지만, 주로 디디추싱, 또는 약칭해서 디디라고 불린다.

중국의 택시예약 앱 시장은 콰이디다처와 디디다처의 점유율이 55% 대 45%로 양강체제를 유지해 왔었다. 다처(打车)는 중국어로 택시를 의미하는데, 우리로 치면 카카오택시와 같은 것이었다. 초기에는 단순히 택시를 앱으로 예약하는 O2O, 즉 오프라인과 온라인을 연결하는 개념이었지만, 우버X처럼 개인의 자가용을 영업용도로 활용할 수 있게 확장시킨 것이 디디추싱이다.

요즘 중국인들의 스마트폰에는 위챗페이나 알리페이는 기본이고 디디 앱도 거의 깔려 있다. 여행객들이 미국이나 유럽에 가면 우버 앱을 깔듯이 중국을 여행하는 외국인들은 주로 디디추싱을 이용하는 추세다. 디디추싱은 우버 중국법인도 인수했다.

이렇게 플랫폼 전쟁터가 공유경제모델로 이동하고 있다. 미국뿐 아니라 영국, 프랑스, 독일 등 유럽에서도 공유경제 스타트업들이 성공사례를 만들어가고 있고, 기존 산업경제를 주도하던 기업들은 위기감에 싸여간다.

일본 소프트뱅크 손정의 회장도 공유경제에 칼을 빼들었다. 디디추싱에도 투자했는데 대상은 중국뿐이 아니다. 인도에서 제2의 알리바바를 찾고 있는 손 회장은 인도의 차량공유 스타트업 올라(Ola)에도 투자했고, 동남아시아 시장 내에서 우버와 경쟁 구도를 갖고 있는 싱가포르 차량공유업체 그랩(Grab)에도 10억 달러를 투자했다. 아시아 차량공유시장을 저인망식 싹쓸이하는 것처럼 보일 정도다.

소프트뱅크는 차량공유뿐 아니라 부동산업계의 '우버'라고 불리는 사무실 공유 플랫폼 위워크(WeWork)에도 3조 원을 투자했다. 위워크는 한국에도 진출해 있는 공유사무실 임대업체로 2010년 뉴욕에서 2개의 사무실로 시작해 지금은 전 세계로 퍼져 있는 글로벌

기업으로 성장했는데, 벌써 기업가치가 에어비앤비에 육박한다.

위워크는 개인 스타트업뿐 아니라 포춘 500대 기업들도 사무실로 활용하는 사례가 많은데, 단지 사무공간을 임대해 주는 데서 그치지 않고 사업에 대한 정보공유 네트워크를 형성하고 있는 것이 성공비결이 되었다. 빌딩을 전체 임대해서 재임대하는 것은 사물의 경제논리다. 그런데 여기에 정보, 콘텐츠, 네트워크 등을 융합하는 정보의 경제논리가 위워크의 위닝샷이 되었고, 손 회장도 거기에 투자한 것이다.

공유경제와 4차산업혁명

이렇게 2008년경 움트기 시작한 공유경제는 대상영역을 넓혀가고 있을 뿐만 아니라 4차산업혁명의 기술들과 만나면서 기업가치도 기존의 빅 브라더들을 넘어서고 있다. 특히 블록체인은 공유경제의 완성체다. 지금까지 1%에게 권력을 주고 이익을 누리게 해주었던 대신 99%의 집단지성으로 문제들을 해결하는 것이 블록체인의 원리다. 코인이나 토큰으로 보상하는 디앱들이 출현하면서 네트워크로 연결된 피어들에게로 권력을 이동시키는 중이다.

이와 같은 트렌드에서 새로운 사업기회를 잡으려면 생산이나 상품이라는 용어의 정의부터 다시 내려야 한다. 우리 머릿속에는 산업문명의 관념이 가득 차 있다. 이제 새 시대에 맞게 생각을 좀 바꿔야 한다. 생산은 무에서 유를 만들어 내는 것이고, 상품은 공장에서 만들어지는 하드웨어 사물이라는 오래된 고정관념을 깨뜨려야 한다.

상품이란 고객에게 제공되는 가치의 총체물이다. 이 정의에서 키워드는 가치다. 고객들이 사는 것은 상품이 아니라 가치다. 내가 원하는 가치를 충족시켜 준다면 굳이 유형의 상품을 구매할 필요가 없다. 예를 들어, 오늘 지방에 갈 일이 생겼다. 그것을 위해 자동차를 꼭 소유해야 할까? 90% 이상은 주차장에 세워져 있는 자동차를 소유하느라 세금, 보험료, 감가상각비 등을 지출할 이유가 있을까? 장거리 자동차합승 모델인 독일의 카풀링닷컴이나 프랑스의 블라블라카를 활용하면 파리에서 브뤼셀까지 26달러면 갈 수 있다. 모스크바에서 키예프까지 760Km를 44달러에 간다. 내가 직접 운전하지 않고 편안하게.

공유도 생산 활동이고 상품이다. 공유경제란 연결과 융합을 통해 새로운 가치를 창출하는 것이고, 4차산업혁명의 본질이 여기에 있다. 산업문명의 생산경제는 레드오션으로 변하고 있다. 퀄리티 좋고 차별화된 상품을 만들어 영업 잘한다고 사업에 성공하는 시대가 아니라는 말이다. 공은 공유경제로 넘어갔다. 많은 스타트업들과 비즈니스 선구자들이 레드오션을 떠나 블루오션으로 이동하고 있다. 마치 콜럼부스의 아메리카 대륙 발견 이후 16세기부터 대항해 시대가 시작되었고 그것이 결국 산업혁명으로 이어졌던 역사를 회상시키는 느낌이다. 혁명의 기운이 감돌고 있다.

공유경제는 산업시대의 생산경제를 붕괴시키는 룰 파괴자다. 우버는 기존 자동차메이커들이 큰 자본을 들여 만들어 놓은 자동차를 활용해서 더 큰 돈을 벌고 있고, 에어비앤비 역시 아파트도 한 채 없이 건설 회사들이 지어놓은 남의 집으로 돈을 번다. 도둑도 이런 도둑이 없다.

이렇게 인터넷과 스마트폰이 구축해 놓은 인프라를 토대로 연결과 융합을 통해 가치를 창출하는 생산 활동이 공유경제이고, 기업은 생산/판매하고 소비자는 구매해서 소비만 하던 산업시대의 역할모델도 달라지고 있다. 에어비앤비를 통해 자신의 집을 빌려주는 호스트들이 늘어나고 있고, 직장을 퇴직하고 우버나 디디추싱의 기사로 나서는 사람들도 많아지고 있다. 기존의 비즈니스의 명제가 근원적으로 달라지고 있는 것이다.

기존 생산경제가 플러스 사업모델이라면 공유경제는 마이너스 사업모델이다. 그런데 이제 가치가 생산경제에서 공유경제로 이동하고 있다. 생각해 보라. 자동차회사나 호텔은 고객 명단 정도 갖고 있지만 우버나 에어비앤비는 사람들의 이동 정보, 여행 정보 등 빅 데이터를 모을 수 있는 플랫폼이다. 상품을 생산/유통하는 데에서 빅 데이터를 모으고 분석하는 플랫폼으로 가치가 이동하고 있는 것이 바로 4차산업혁명의 본질인 것이다.

거듭 강조하건데 공유경제는 아나바다 운동이 아니다. 공유라는 용어가 들어가니까 남아도는 물건들을 남들과 나누고 함께 쓰는 것으로 생각할 수 있지만 그건 표피적인 현상에 불과하다. 사람들이 소통하면서 집단지능을 만들어 내는 협업경제이고, 연결을 통해 새로운 것을 창출해 내는 융합경제다. 이것이 공유경제의 본질이고 블록체인의 정신이다.

흔히 비즈니스를 전쟁에 비유하는데, 요즘 전쟁터가 옮겨지고 있는 형국이다. 지금까지는 상품을 생산해서 시장에서 점유율을 다투는 경쟁의 게임이었다면 점점 생산되어져 있는 상품들을 연결하고 융합하는 공유의 게임으로 바뀌어가고 있다. 공유경제의 본질은 생산양식이 근본적으로 바뀌는 것이고, 경제의 작동원리도 달라지는 패러다임의 이동 현상이다.

대기업과 협업하는 창업방식

대기업들도 곧 공유경제로 뛰어들 것이다. 프랑스 거대 호텔체인 아코르 호텔스의 CEO는 인터뷰에서 이런 말을 했다.

공유경제에 대항하여 싸우는 것과 마찬가지로 새로운 콘셉트와 새로운 제안, 새로운 서비스에 대항하여 싸우는 것은 정말로 바보 같고 무책임한 일입니다. 이것이 우리가 가야 할 길입니다. 이 모든 새로운 서비스는 대단히 강력하고 잘 구현되어 실행되고 있습니다. 우리는 그것을 받아들여야 합니다.

(에어비앤비 스토리, 188쪽)

큰 흐름의 물결을 거스를 수 없고 대세를 인정하고 받아들여야 한다는 요지다. 아코르 호텔스와 하얏트는 상류층 타깃의 숙소공유 스타트업인 원파인스테이(OneFineStay)와 콜라보해서 런던에서 파일럿 프로그램을 실험한 적이 있다. 원파인스테이의 게스트들이 체크인 전에 도착하면 하얏트에 짐을 보관하고, 호텔의 샤워실을 이용할 수도 있게 해줄 뿐 아니라 운동을 하거나 식사도 제공한 것이다. 일종의 하이브리드 모델이다.

글로벌 자동차회사들도 발 빠르게 변신 중이다. BMW는 영국의 주차공간 공유모델 스타트업인 저스트파크(JustPark)에 투자해서 자사 네비게이션에 주차앱까지 탑재하는 공동프로젝트를 진행했다. 그렇게 되면 운전자는 내비게이션을 이용하여 주차장소를 예약/결제하고, 그 지점까지 안내받게 된다. 여기에 IoT가 접목되면 사물들끼리 결제를 끝낼 수 있다. 도시에서 주차공간 때문에 어려움을 겪는 드라이버들에게는 희소식이 될 것이다.

당신이 좋은 스타트 업 모델을 준비해 놓고 있으면 대기업이 제휴나 투자의 러브콜을 보낼 것이다. 왜냐 하면 대기업도 혁신해야 한다고 생각하지만 내부 자체의 역량만으로는 한계가 있기 때문이다. 오픈 이노베이션(open innovation)이나 크라우드 소싱(crowd sourcing) 등을 통해 대중의 지혜를 구하는 것은 필연이다. 요즘 우리나라 대기업들이 인큐베이팅과 엑셀러레이팅 프로그램을 운영한다. 좋은 아이디어를 공모해서 선정된 팀에게 사무공간과 네트워킹 프로그램을 제공하고 가능성 높은 프로젝트에는 투자도 하는 것이다. 그렇게 하는 이유는 외부의 힘을 활용하기 위함이다.

패러다임 이동을 이해하지 못하고 기존 방식으로 창업하려는 것은 불에 뛰어드는 무모한 나방 격이다. 산업시대 이미 대기업들과 1%가 돈 들여 만들어 놓은 것들을 훔쳐다 자신의 것으로 융합하는 지혜로운 방식으로 창업해야 성공률을 높일 수 있다. 신대륙에는 주인 없는 땅이 많다.

제 4 부

시장으로 들어가지 말고
플랫폼으로 나가라

이상하게 잘되는
사업의 원리

위태로운 레드오션

"요즘 어디 잘되는 사업이 있나요."

정말 그렇다. 잘되는 사업을 찾아보기 어렵다. 주위의 사업하는 사람들을 보면 그 말이 실감난다. 그들 대부분은 심한 속앓이를 하고 있고, 자전거를 세우면 옆으로 쓰러지듯이 사업을 멈출 수 없으니까 울며 겨자 먹기로 계속 페달을 밟는 경우가 많다. 사업가들의 고통은 경험해 보지 않은 사람은 가늠하지 못한다.

그러다 보니 창업의 열기도 식어져 있다. 창업성공의 기준을 어떻게 잡느냐에 따라 달라지겠지만 실질적인 창업성공률은 2~3%도 안 되는 것 같다. 특히 한국경제는 대기업 의존도가 높은 쏠림구조인데다 벤처 생태계가 조성되어 있지 않기 때문에 더더욱 그렇다.

그렇다면, 대기업들은 안녕한가? 속사정은 그렇지 않다. 지난 50~60년간 한강의 기적을 이루면서 우리경제는 비약적인 성장을 해 왔다. 경제성장의 견인차 역할을 했던 동력은 건설, 조선, 기계, 철강, 화학, 중공업, 전자, 자동차, 제조업, 금융 등의 업종이었고, 그들은 대기업이 되었다. 그런데 그들의 구조조정이 본격화되고 있다.

겉으로는 잘되는 것처럼 홍보해야 하지만 벙어리 냉가슴 속은 타들어간다. 법정관리에 들어갈 대기 명단은 넘쳐나고, 회사채 발행이 어려워진 그룹들도 일반인들이 알고 있는 것보다 훨씬 많다. 툭 치면 쓰러질 부도 직전 기업들이 갈수록 늘어나고 있다. 사업을 리모델링하고 새로운 성장 동력 발굴을 해야겠다고 말하지만 발등의 불끄기가 급한 그들에게 그것은 먼 나라 얘기일 뿐이다.

요즘 한국에는 삼성그룹과 현대자동차그룹만 살아남을 것 같다는 얘기를 하는 사람들도 있다. 그러나 전성기를 지나고 있는 삼성과 현대차가 성장세를 계속 이어갈 수 있을까? 삼성그룹사 중에서 이익을 내는 회사는 삼성전자와 몇 개 회사밖에는 없다. 실제로는 적자를 면치 못하는 회사가 더 많다. 삼성전자 내에서도 삼성전자와 후자로 나뉜다는 우스갯소리도 들린다. 스마트폰과 반도체 부문이 전자이고, 이익을 못 내는 나머지 부문은 후자라는 조크다.

스마트폰과 반도체는 영원할까? 벌써부터 영업이익의 큰 비중을 점하는 스마트폰의 이후(post smart phone)를 우려하는 목소리가

높아지고 그것이 현실로 변하고 있다. 5~10년 후 스마트폰이 사라
진다는 예측은 분명 설득력이 있다. 사물인터넷(IoT) 시대가 도래하
고 있기 때문이다.

반도체 역시 마찬가지다. 전(錢) 떼기인 메모리 반도체 부문에서
한국 업체들의 시장점유율은 50%를 넘어가지만, 부가가치가 큰 시
스템 반도체 부문에서는 다 합쳐봐야 5%도 차지하지 못한다. 중국
이나 동남아 국가들이 메모리 반도체를 본격 생산하기 시작한다면
한국의 반도체기업들은 샌드위치 상황에 처하게 될 것이다. 불과
20여 년 전만 하더라도 하늘에 나는 새도 떨어뜨릴 것 같은 기세였
던 일본의 소니와 토요타가 지금과 같이 위축되리라고 누가 예상할
수 있었겠는가? 화무십일홍(花無十日紅), 꽃은 계속 피어 있을 수 없
고 모든 것은 지나가는 법이다.

우리경제의 미래를 생각해 보면 우울하다. 잘되는 사업은 찾을
수 없고, 기업이나 정부나 우리사회 전반적으로 혼돈에 빠져 있다.
위험하다, 新성장동력을 찾아야 한다, 창조경제다, 혁신해야 한다
고 말들은 무성하지만 무엇을 어떻게 어디서부터 시작해야 할지 갈
피를 못 잡고 허둥대고 있다.

한국경제에서 대기업 그룹이 차지하고 있는 비중은 절대적이다.
지금까지 고용창출력, 수출기여도 등에서 한국을 먹여 살렸다 해도
과언이 아니다. 만일 대기업에 이상이 생긴다면 우리경제에는 심각
한 일들이 벌어진다. 퇴직자들은 거리로 쏟아져 나올 것이고, 소비

가 위축되면서 경기침체의 늪에 빠진다. 대기업에 납품하던 중소업체들의 경우는 피해가 승수효과로 증폭되어 상황은 걷잡을 수 없게 되어 버린다. 지진은 시작되었고 곧 도미노처럼 쓰러지면서 쓰나미로 변할 가능성이 매우 커지고 있다. 여기는 레드오션이다.

이상한 일이 벌어지는 블루오션

그런데, 지구 반대편에서는 이상한 일들이 벌어지고 있다. 세상에서는 가끔 이상한 일이 일어나는 법이다. 그게 한두 번이면 이상한 것이라 할 수 있지만 계속 반복되면 더 이상 이상한 일이 아니라 일상이 된다. 지난 20년 간 이상한 일들이 반복되어 왔다.

이상한 일은 90년대 중반, 미국에서 시작되었다. 백과사전의 대명사였던 250년 역사의 브리태니커가 1995년도 개인투자자에게 헐값에 매각되었고, 2000년도 미국의 인터넷기업 AOL은 미디어 제국이라 불렸던 타임워너와의 합병에서 메이저의 지위를 차지했다. 10년 남짓 했던 신생 AOL의 기업가치가 공룡이었던 타임워너보다 크다니? 기존의 비즈니스 상식으로는 도저히 이해할 수 없는 일들이 공공연하게 벌어졌던 것이다.

이상하게 잘되는 사업들이 속출하기 시작했다. 인터넷의 환경변화를 남들보다 재빨리 포착한 야후, 이베이, 아마존 등은 이해가 된다고 치더라도 구글은 뭐지? 1998년 검색서비스를 시작한 구글은 창업 10년 만에 세계최고의 기업 가치를 인정받는 거인으로 우뚝

섰다. 구글이 검색엔진을 발명한 최초의 회사도 아니고, 더구나 구글은 기존의 경영학이론으로 보면 사업의 '사' 자도 모르는 회사다.

검색이라는 상품을 판매하지도, 야후나 네이버처럼 포털화하여 배너광고를 붙이지도 않았다. www.google.com에는 검색창 하나 달랑 있을 뿐이다. 그렇다면 대학원생이었던 순진한 공학도 세르게이 브린과 래리 페이지가 학위논문 쓰다가 만든 구글은 도대체 어떤 방법으로 그리 큰돈을 벌고 세계적인 기업이 될 수 있었을까? 그것도 10년도 안돼서. 이상하지 않은가?

그 뿐 아니다. 수 천 억의 돈을 들인 모바일 운영체제 안드로이드는 오픈 소스다. 유료로 판매하지 않을 뿐 아니라 퀄컴처럼 사용에 대한 로열티를 받는 수익모델도 아니다. 지금까지는 상품 개발을 하고 그것을 대량으로 생산하고 판매함으로써 '마진 곱하기 판매수량'의 수익을 창출하는 것이 비즈니스의 공식이었는데, 구글은 땅 파서 장사하고 있는 셈이다. 그 비싼 인공위성 띄워서 개발한 구글맵은 왜 판매하지 않고 아무나 매시업(mash-up)해서 쓰라고 무상으로 뿌렸는가? 그런데도, 구글은 세계최고의 기업이 되어 있다. 뭔가 이상하지 않은가? 당신은 이 기상천외한 현상이 이해되는가?

이상한 현상은 구글에서만 감지되는 것이 아니었다. 2001년 옵션거래 전문가였던 지미 웨일스(Jimmy Wales)는 위키미디어 재단을 설립하면서, 전 세계 모든 사람들이 자유롭게 글을 올릴 수 있는 위키피디아(Wikipedia)라는 참여형 온라인 백과사전을 창시했다. 비영

리인 위키피디아 역시 광고도 붙이지 않고 수익모델이 없지만 '위키노믹스'라는 신조어를 만들어 내는 등 그 브랜드 가치는 엄청나다. 기존 경영이론으로 이런 현상을 어떻게 설명할 수 있겠는가?

트위터와 페이스북, 유튜브 등과 같은 SNS(Social Network Service)들은 더 기가 막힌다. 그들은 제품을 만들어 팔지 않는다. 사람들이 모여서 떠들면서 수다 떠는 플랫폼을 제공할 뿐이다. 사업 초기 서비스 이용료도 무료였고, 광고도 전혀 게재하지 않았다. 그렇다면 이들은 몇 년 동안 뭐 먹고 살았나? 아무리 미래 수익을 기대한다 하더라도 당신이라면 그런 회사에 투자했겠는가? 그런데도 미국 벤처캐피털들의 투자 제의가 끊이지 않았다. 그들은 바보인가?

기존의 비즈니스 상식으로는 이해되지 않는 일들이 지속적으로 일어났다. 미국에서는 전통적인 대기업들은 러스트 벨트(rust belt)로 몰락하고 신흥벤처들이 새로운 성장 동력으로 부상했다. 지진이 일어나고 지각판이 요동치면서 생태계가 변한 것이다.

휴대폰의 원조 모토롤라는 구글에, - 구글은 모토롤라를 2014년 다시 중국 레노버에 매각했다 - 세계1위의 휴대폰 회사였던 노키아는 마이크로소프트에 매각되었고, 뉴욕 타임즈와 함께 미국 언론의 양대 산맥을 형성했던 137년 역사의 워싱턴 포스트는 - 우리나라로 치면 조중동이라 할 수 있다 - 20년도 안 된 아마존에 인수합병되었다. 2억5천만 달러(약 2,700억 원)에. 이것은 일반인들은 잘 알지도 못했던 창업 2년 된 사진공유 SNS인 인스타그램을 페이스북이 인수한 10억 달러(1조 1,400억 원)의 1/4에 불과한 금액이다.

더구나 마크 주커버그가 인스타그램을 인수하기로 결정하고 케빈 스트롬과 통화한 지 48시간 만에 거래가 성사되어 세간의 화제가 되었었다. 이게 이해가 되는가? 전혀 돈벌이를 하지 못하고 있던 신생 회사를 이틀 만에 인수하다니! 그것도 전화통화만으로? 1조 원짜리 거래인데? 비즈니스가 무슨 어린애 장난인가?

신생 기업의 가치가 상상을 초월하는 이상한 일들은 계속되어 왔다. 마치 간 큰 도둑들이 작당해서 카지노 금고를 터는 '오션스 일레븐(Oceans Eleven)' 같은 통쾌한 영화를 보는 느낌이다. 이상한 일이 벌어지는 뜻밖의 공간, 여기는 블루오션이다.

수상한 이동

당신은 이러한 현상이 이상하지 않은가? 내 상식으로는 도저히 이해할 수 없었다. 90년대 중반부터 뭔가 이상하다는 느낌이 들기 시작했었다. 이전에는 이런 식으로 광고하고 기획하면 팡팡 먹히던 마케팅 전략이 점점 약발이 떨어지고, 기존의 경영학이론으로는 설명할 수 없는 현상들이 나타나기 시작한 것이다.

무언가 이상한 일이 벌어지고 있구나! 점점 이상한 정도를 넘어 수상한 무언가가 있다는 느낌까지 들었다. 그게 뭘까? 심층에 흐르는 변화의 원리와 축은 무엇일까? 그것이 이 책의 주제이면서 내가 지난 20여 년 간 추적해 왔던 생각이기도 하다.

결론부터 얘기하자면, 가치가 은밀하게 이동한 것이다. 땅속에서 끊임없이 융합이 일어나면서 비즈니스 생태계가 울타리 쳐진 정원 'walled garden'에서 열린 광장 즉, 'open platform'으로 다른 세상이 되어 버렸다. 요즘 잘되는 사업이 이상하게 보이는 이유도, 산업시대에는 먹혔던 방식이 점점 안 먹히고 사업의 초짜들이 취미삼아 만든, 상품 같아 보이지 않는 것들이 빵빵 터지는 이유도 가치이동(value migration) 때문이다. 그러면서 비즈니스 문법, 즉 가치방정식도 달라진 것이다.

개인들이 창업을 했다가 어려움을 겪는 이유가 바로 여기에 있다. 산업시대의 사업논리에 젖어 있는 머리로는 창업에서 성공하기 어려운 환경으로 변했음을 이해해야 한다.

울타리 정원에서 오픈 플랫폼으로

기막힌 제품 아이디어가 있다고 필이 꽂혀서 창업을 시도했다가 실패한 경우들을 주위에서 많이 볼 수 있다. 큰 기업과 거래할 수 있는 채널이 생겼다는 말만 믿고 창업을 했다가 큰 재산을 잃는 사람들도 있다. 이제 상품을 품질 좋고 차별화되게 잘 만들어 잘 팔면 성공하던 시대는 지나갔기 때문이다. 그러한 생각은 시장 경계를 설정해 놓고 그 안에서 경쟁을 벌이면서 시장점유율을 따지는 전형적인 'walled garden'식의 사고방식이다. 'walled garden' 안에서 대기업의 궤도를 잘못 맴돌다가는 대기업의 질량 때문에 형성된 블랙홀로 빠져들 수밖에 없다. 산업시대에는 성공하던 사업방식이 이제는 먹히지 않고 오히려 고정관념으로 변했다는 얘기다. 울타리 정원 안은 레드오션으로 변했기 때문에 경계를 깨고 오픈 플랫폼으로 나가야 한다. 그것이 융합(convergence)의 개념이다.

대기업이 쳐놓은 울타리 안으로 들어가서는 절대 안 된다. 처음에는 돈이 될 것 같고 편해 보이지만 갈수록 길이 좁아지고 결국에는 없어진다. 그 안은 레드오션이기 때문이다. 레드오션의 사업논리로는 개인 창업자들이 성공할 수 없다. 반면 오픈되어 있는 플랫폼은 황무지 같아 기댈 곳도 없고 무엇부터 어떻게 시작해야 할지 막막하겠지만 거기서 홀로 일어서고 살아가야 한다. 블루오션은 저절로 잘될 것이라는 막연한 환상도 깨뜨려야 한다. 그 정도 깡과 끼가 없다면 창업에 나서지 않는 편이 낫다.

창업을 하려면 블루오션, 다시 말해 오픈 플랫폼에서 해야 한다. 산업시대에 익숙했던 비즈니스 논리로 창업을 시도해서는 성공률이 낮지만 오픈 플랫폼의 새로운 게임의 법칙을 익히고 그에 걸맞는 비즈모델로 창업한다면 초기에는 황량했던 사막이 푸른 바다로 변한다. 새로운 문법은 링크와 융합이다. 산업시대 울타리정원의 문법이 경쟁, 차별화 등이었다면 이제는 링크와 융합에서 창업의 틈새를 발견해야 한다.

이상하게 잘되는 사업들의 공통점은 융합의 작은 틈새를 교묘하게 파고 든 것이다. 이것이 블루오션의 법칙이다. 변화된 사업의 문법을 모르고서는 창업에서 절대 성공할 수 없다. 반대로 그것을 찾아낸다면 저절로 토네이도와 같은 상승기류에 올라탈 수 있다. 그러면 돼지가 하늘로 날아오르는 신기한 일이 벌어진다.

미국경제가 어려움을 겪는 와중에도 다시 부흥하고 있는 것은 신흥벤처들 때문이다. 미국 전통기업들의 성장률은 둔화되고 성장동력이 꺼져 가고 있다. 그 빈 공간을 뉴 키즈들이 메워주면서 선순환이 일어나고 있는 것이다. 한국에 뉴 키즈들이 나오지 않는다면 한국경제의 미래는 위험하다. 이것이 위험을 무릅쓰고라도 창업해야 하는 당위성이다.

대기업도 재창업에 나서야 한다

이제는 링크와 융합이 새로운 가치방정식이 되었다. 융합은 오픈 플랫폼의 핵심원리다. 대기업들도 사업모델을 새로운 생태계에 적합성을 갖도록 리모델링하는 융합마케팅의 원리를 익히고 재창업에 나서야 한다.

한국경제는 바다 색깔이 붉은 빛으로 변하면서 쓰나미의 전조현상을 보이고 있다. 대기업으로의 쏠림구조가 심각한 구조에서 대기업이 무너지면서 쓰나미가 올 확률은 거의 100%다. 쓰나미를 돈으로 막을 수는 없다. 대기업 구조조정 한답시고 공적자금을 쏟아붓는 것은 언 발에 오줌 누기일 뿐이다. 근본적인 수술 없이 미봉책으로 해결될 문제가 아니라는 말이다. 기존 대기업 중심의 가치사슬이 해체되고 있고, 둑은 이미 터져 버린 상황인데 그걸 임시로 막아보겠다는 것은 시간 낭비, 돈 낭비일 뿐이다. 대기업이 선제적으로 파괴적 혁신을 통해 이 문제를 풀어야 대기업도 살고 스타트업도 살고 한국경제도 산다.

사실 대기업의 고민은 한국만의 일이 아니다. 그러나 미국이나 유럽 등에서는 전통 굴뚝산업과 새롭게 부상하는 스타트업들 간 자연스러운 교체의 선순환이 일어나고 있다. 예를 들어, 핀란드 경제의 30%를 차지하던 노키아(Nokia)가 몰락하면서 핀란드 경제는 한때 위기를 맞았었다. 그러나 핀란드 정부는 노키아를 살리는 데에 국민들의 세금을 붓지 않았다. 노키아는 스스로를 해체하면서 노키아 출신들이 창업에 나섰고 그 결과 핀란드 경제는 다시 일어서고 있는 중이다.

침체 속의 미국경제를 다시 부흥시킨 주역도 전통산업들이 아니다. 실리콘밸리에서 발원된 것이다. 중국은 어떠한가? 20세기 들어 세계최빈국으로 전락했던 중국의 굴기가 시작되고 있다. 그 에너지는 기업가정신에서 나왔다. 중국의 창업 열풍은 뜨겁고 창업천국이라 불릴 정도로 창업생태계가 잘 조성되어 있다.

이제라도 서둘러 한국경제도 구조와 체질을 바꿔가야 한다. 황무지에 가까운 창업생태계를 살려야 하고, 불을 지를 수 있는 진정성 있는 리더들이 나와야 한다. 가장 큰 문제는 기득권층의 생각이 바뀌지 않는다는 점이다.

10년 전 스마트폰 시장이 막 열리기 시작하던 때 스마트폰 회사의 신제품 발표회에 초대되어 다녀온 한 블로거의 한숨 섞인 이야기를 들은 적이 있다. 그가 회사 임원에게 이런 질문을 했다고 한다. "스마트폰의 스펙도 우수해야 하지만 애플의 앱 스토어와 같은 콘텐츠 생태계를 조성하는 것이 중요하지 않은가, 그에 대한 대비책이 있는가?" 돌아온 대답은 "그건 크게 문제되지 않는다. 수백억 쏟아 부으면 금방 만들어진다"였다고 한다.

이것이 천민자본주의에 젖어 있는 우리나라 대기업들의 의식 수준이다. 생각이 바뀌지 않으면 돈은 오히려 사람과 사회를 망가뜨린다. 이 세상에는 돈으로 할 수 없는 일이 훨씬 더 많다. 돈을 들인다고 해서 스티브 잡스나 빌 게이츠 같은 기업가를 양성할 수 없는 노릇이다. 우리나라에서도 빌 게이츠나 스티브 잡스 같은 기업가를 키우려면 어떻게 해야 하는가? 누군가가 재미있는 솔루션을 내놨다. "대학부터 중퇴시켜야 한다." 스펙을 중시하는 한국사회의 풍토에서 우스갯소리로 치부해 버리기에는 너무 답답한 현실이다.

세상은 무서운 속도로 플랫폼(open platform)화되어 가고 있는데, 한국은 울타리 쳐진 정원(walled garden) 안에서 안주하고 있다. 19세기 조선, 서구에서는 시민혁명과 산업혁명이 일어나면서 세계질서가 급변하고 있을 때 문을 걸어 잠그고 잠자고 있다가 결국 망국의 수치를 당했던 역사가 자꾸 오버랩 되는 게 안타까울 뿐이다. 사물의 경제논리로는 삽질 경제의 수준을 벗어나기 어렵고, 한국호를 블루오션으로 항해해 나가게 만들 수도 없다. 쓰나미는 몰려오고 있는데, 시간이 얼마 남지 않았는데, 초조하다.

기댈 곳은 창업밖에 없다. 창업은 독립운동이다. 그런 의미에서 나라를 구하는 애국이다. 플랫폼 제국들의 플랫폼 전쟁이 벌어지고 있는 상황에서 스카이캐슬 안에 도취해 있다가는 종속의 결말을 맞게 될 것이다. 칭기스칸이 후손들에게 남긴 "성을 쌓는 자 망하고 길을 닦는 자 흥한다"는 유언을 역사가 팩트로 증명해 주지 않았는가?

창업은 독립운동이다

유독 우리나라에서는 이상하게 잘되는 사업이 나타나지 않는 이유는 무엇일까? 우리는 과거 50~60년간의 경제성장에 도취되어 있다. 한국전쟁 이후 1950년대 세계최빈국이었다가 G20에 들어갈 정도로 급성장했고, 많은 글로벌 기업들이 세계를 누비고 있으며 한류의 흐름은 어깨를 으쓱하게 만든다.

그러나 빠른 성공이 꼭 좋은 것만은 아니다. 모든 일에는 부작용이 따르는 법이다. "이렇게 하니까 돈 벌고 잘 되더라" 하는 기존의 성공 공식에 집착하게 된다. 그걸 놓으면 큰일 나는 줄 알고, 대개의 졸부들이 그렇듯이 일단 손에 쥔 것은 절대 펴지 않는다. 그러고는 자신들만의 고치 안에 안주하면서 변화시키려 하지 않는다. 이것이 지금 대한민국 기득권층의 수준이다.

정치는 그들만의 잔치로 전락하고 있고, 공기업은 낙하산과 금수저로, 대기업의 금고에는 현금이 수백 조 원 쌓여 있다. 철밥통을 허물지 않으려는 그들에게 창업을 하려고 적은 돈이라도 투자받기 위해 콩당콩당 뛰어다니는 스타트업들은 관심사가 아니다. 겉으로만 창업생태계를 조성해야 한다고 외치는 것이지, 매달 통장에 월급 찍히고 노후 연금까지 보장되어 있는 그들에게는 진정성도 절박함도 없다.

벤처생태계가 조성되어 있지 않은 한국은 스타트업의 무덤이다. 스타트업의 잠재력을 간파하고 초기 스테이지에 투자해 주는 천사 같은 벤처투자자들은 한국에는 존재하지 않는다. 한국의 벤처투자자들은 오로지 3~5년 후에 상장할 수 있는 벤처에만 투자한다. 즉, 출구전략(exit plan)이 없는 스타트업은 거들떠도 보지 않는 것이다.

정부에서 창업 지원한다는 것도 속을 들여다보면 전시행정일 뿐이다. 일단 비즈니스를 이해할 수 있는 심사위원들이 없다. 그들은 창업을 해 본 경험도 없고, 또 산업시대가 저물고 정보시대로 이행하면서 비즈니스 패러다임이 어떻게 변하고 있는지를 통찰하지도 못한다. 만약 구글이 심사 대상이었다면 두툼한 사업계획서도 마땅한 수익모델도 없는 구글은 1차 서류심사에서 탈락했을 것이다. 스티브 잡스가 한국에서 창업했다면 노숙자 신세가 됐을지도 모를 일이다.

문제는 거기서 그치지 않는다. 1억 원짜리 창업지원 자금을 신청했다가 합격이 되고도 포기했던 한 예비청년창업가가 창업지원 정책의 정체(?)를 지적한 글을 읽어보면 '빛 좋은 개살구' 라는 말은 이런 때 쓰는 거구나 하는 탄식이 나온다.

1천만 원 이상의 아웃소싱 건이면 복잡한 절차를 거쳐야 한다. 정말 매우 복잡하다. 법인이어야 하고, 업력(사업경력)이 몇 년 이상이어야 하며, 무슨 절차가 엄청나게 복잡하고 증빙할 서류 또한 어마어마하다. - 팀을 꾸리고 그 팀이 제품을 만드는 데 전념할 수 있도록 하는 것이 창업지원 사업이 지향해야 할 미덕이라고 생각한다. 그런데 무슨 창업교육이니 마케팅지원 사업이니 이런 잡다한 일에 창업하는 사람들이 시간을 쏟게 한다. 출근하라고 한다거나, 무슨 서류를 만들라고 시키고, 심지어는 해병대 캠프까지 가라고 한다니 이게 도대체 뭔 소린가 싶을 정도다.
정부 사업에 헌터들이 들어오는 걸 막겠다고 무슨 규칙만 복잡해지는데, 그럴수록 지원금 헌터들은 환영하기 마련이다. 절차가 너무 복잡하니까 제대로 된 사람들은 지레 질려서 그만두고, 지원금 헌터 입장에선 규칙이 복잡하다 보니 그것만 잘 처리하면 우선 타깃에서는 벗어나니 얼마나 좋겠는가?
이해는 간다. 정부 입장에서 세금을 지원하는 것이다 보니 조

심스러워지는 건 어쩌면 당연하고 꼭 필요한 일로 보인다. 그런데 정말 그런 것들이 사업의 성공을 가져올까? – 정부지원 사업의 취지라는 것이 벤처 활성화라던가 기술 개발이라던가 하는 타이틀을 표면적이라도 들고 나오는 것이 사실인데 이것을 실현은커녕 사업 자체를 진행하는 난이도가 너무 높다 보니 결국 지원금 사냥꾼만 달려들고, 정말로 의지는 있으나 규모는 작은 바로 그 지원이 필요한 중소기업에서는 지원 자격도 안 되는 것들이 대부분이다.

정부지원 사업은 좋은 의도를 가진 스타트업 창업가들을 현상금 사냥꾼으로 만들고 있다. 기술도 없는 사람에게 덥석 돈을 던져주거나, 능력도 없는 사람에게 신용 보증이라는 수천만 원의 빚을 만들도록 유도하거나, 제품도 없는 회사에 마케팅비를 쓰게 하거나…

나는 세상을 조금 더 좋게 만들고 싶었지, 세금을 눈먼 돈이라고 생각하고 싶진 않았다. 나는 스타트업을 하고 싶었지, 사업꾼이 되고 싶지 않았다. 나는 정직하게 살고 싶었지, 결코 편법을 쓰고 싶지 않았다. 그래서 나는 1억짜리 창업지원 사업을 포기하고, 이제 진짜 하고 싶은 일을 하러 떠난다.

(김석준, https://seokjun.kim/leaving-government-paid-business-scene)

철학이 없이 제도나 돈만으로 창업생태계가 활성화될 수 있는 것이 아니다. 스타트업 지원뿐이 아니다. 중소벤처 대상 정부의 지원이라는 것도 알고 보면 투자가 아니라 대출인 경우가 훨씬 많다. 그나마 대출이라도 받으려면 재무제표를 제출하라고 한다. 매출이 없으면 지원이나 대출도 안 된다. 매출이 많다면 대출받을 필요가 뭐 있겠는가? 기술력이나 잠재력은 계량화가 되지 않으니 월급 받아가며 국민 세금을 잘 써야 하는 관료들을 탓할 수만도 없는 노릇이다.

대출 이자가 싸지도 않다. 신용보증료는 따로 내야 한다. 담보가 있다면 담보대출이 더 유리하다. 이건 사업가들에게 빚을 내라고 권하는 것이다. 만일 사업이 실패해서 갚지 못한다면? 연대보증을 선 회사 대표는 신용불량자가 된다.

은행이나 대기업 구조조정을 할 때마다 들어갔던 공적자금이 수십 조 원에 이른다. 세금이 몇 개 대기업을 도와주는데 쓰이고 있는 셈이다. 그 돈을 창업자나 중소벤처들에게 투자해 주었다면? 4대강에 삽질하는 데 들어갔던 자금을 창업생태계를 살리는 데에 썼더라면 한국경제의 미래가 이렇게까지 암울하진 않을 것이다.

비즈니스 생태계 자체가 갈수록 불확실성이 높아져서 어떤 사업이 성공할지 실패할지 복불복이 되어 가는 상황이고, 또 어차피 심사할 만한 능력도 부족하다는 것을 쿨하게 인정한다면 묻지도 따지지도 말고 청년창업자들에게 그냥 과감히 투자해 주는 편이 낫다. 그들이 성공하면 지분을 가지고 있는 정부도 투자수익을 볼 수 있지 않겠는가? 대기업들도 정치권에 헌금하는 대신 금고를 깨뜨리고 벤처에 투자해 주어야 한다. 그래서 우리나라에도 구글이나 애플, 알리바바 같은 성공기업이 나온다면 대기업들이 신규 사업 확장이나 기존 영업으로 내는 수익 이상의 큰돈을 벌어들일 수 있다.

무엇보다 황폐화되어 있는 한국의 창업생태계를 부흥시키려면 정치가 개혁되어야 한다. 정치인들은 지금 한국경제가 얼마나 심각한지를 모른다. 평균재산액이 수십 억 원인 국회의원들이 집 없고 시급 알바로 연명해야 하는 서민들의 삶을 어떻게 이해할 수 있겠는가? 또 취업이 안 돼서 집에서 놀고 있는 자녀가 없을 테니 그들에게 청년실업률은 숫자에 불과할 것이다. 또 금전적인 아쉬움이 없으니 절박함도 없다.

한국의 기득권층은 교만하고 무지하다. 그들 대부분은 자신이 창업을 해본 경험이 없다 보니 사업이 무엇인지 창업생태계가 얼마나 중요한지 실감하지 못한다. 자본주의 시대의 사물의 경제논리와 세속적 가치관으로 꽉 차 있는 그들에게 한국경제의 혁신을 기대하는 것은 불가능하다는 절망감이 들 때도 있다.

모든 기득권층들을 싸잡아 매도해서는 안 된다. 그러나 철밥통이 깨지지 않는다면 사회적 재앙이 들이닥칠 것이다. 더 무서운 것은 우리의 자녀들이 미래에 짊어져야 할 업보다. 우리 모두가 창업해야 하는 이유는 창업이 혁명(revolution)이기 때문이다. 고통 없이 성숙은 없고, 씨앗 없이 열매는 없다. 이제 창업혁명을 통해 우리사회를 혁신해야 할 때가 되었다.

창업가들은 정부나 정치권, 그리고 대기업들을 믿거나 기대려고도 하지 말고 홀로서기에 나서야 한다. 우리나라에 드러나지 않아서이지 곳곳에 숨어 있는 고수들이 잠복해 있다. 기득권층들이 움켜잡고 있는 철밥통만 깨진다면 우리나라에서도 세계적인 플랫폼 맹주가 만들어질 수 있고, 빌 게이츠나 스티브 잡스 같은 창의적인 기업가도 나올 수 있다. 자신감을 갖고 독립운동에 나서야 한다. 레드오션으로 침몰하는 대기업 근처에는 얼씬거리지 말고 블루오션에서 창업하라. 사물의 경제논리에서 벗어나 정보의 경제논리로 전환한다면, 그래서 링크와 융합이라는 새로운 문법을 체득한다면 당신도 이상하게 잘되는 뜻밖의 사업을 일으킬 수 있다.

플랫폼 경영학

플랫폼에 새 수요가 숨어 있다

어떻게 해야 블루오션으로 갈 수 있을까? 경계선을 넘어가야 하는데 그러려면 새로운 기운에 올라타야 한다.

예전에는 시장으로 들어가야 사업을 일으킬 수 있었다. 그러나 기존 개념의 시장(market)으로 들어가서는 성공하기 어려워지는 변화가 일어나고 있다. 시장이란 생산자와 소비자가 만나 가치가 교환되는 기제이고, 시장을 중심으로 경제활동이 이루어지는 시스템이 시장경제인데, 시장으로 가지 않고 어떻게 부를 창출할 수 있단 말인가?

그건 시장경제 시대의 논리였다. 인류의 오랜 역사 가운데 시장이라는 개념이 형성된 것은 불과 200~300년 전이다. 앨빈 토플러는 〈부의 미래〉에서 시장의 탄생에 대해 이렇게 적고 있다.

> 불과 몇 세기 전까지도 우리 조상들의 절대 다수는 시장이란
> 개념이 없는 세상에서 살았다. 물론 초보적인 개념의 상업 활
> 동이 이루어지긴 했지만 평생 어떤 물건을 사거나 팔지 않고
> 살아간 사람들이 대부분이었다.   (부의 미래, 381쪽)

시장이나 상품(商品)이라는 개념은 상업적인 거래, 즉 비즈니스
를 전제로 한다. 그러니까 시장이나 상품이란 개념과 용어는 본격
적으로 비즈니스가 생겨난 산업화 이후부터 사용되었다고 할 수 있
다. 산업혁명 이전에는 대부분이 집에서 물건을 만들어서 자급자족
하거나 물물교환하는 수준이었다.

시장경제의 초석이라 할 수 있는 〈국부론〉이 출판된 것은 1776
년이었다. 약 250년 전 영국의 철학자 애덤 스미스가 정립한 경
제학 이론들의 역사는 그리 오래된 것이 아니며 불변의 법칙도
아니다.

이제 산업문명이 저물고 스마트문명 시대가 되면서 시장경제시
스템의 작동에 이상이 발생하기 시작했다. 시장이 사라지고 있는
것이다. 전통산업들이 레드오션으로 침몰하는 원인도, 시장경제 논
리로는 국가경제 문제들을 해결하기 어려워진 까닭도, 경제학 교과
서를 다시 써야 한다는 목소리가 높아지고 있는 것도 이런 맥락이

다. 당연히 기업들의 사업방식이나 창업의 방식도 달라져야 한다.

지금까지 사업은 시장에서 하는 것이었다. 그런데 시장이 없어지고 플랫폼으로 변하면서 시장이라는 기존의 틀에 갇혀 있다가는 침몰한다. 플랫폼이 무엇인지, 또 플랫폼에서의 게임의 법칙은 어떻게 다른지를 이해하지 못하고서는 사업의 성공률을 높일 수 없는 환경의 변화가 일어난 것이다. 〈블루오션 전략〉의 저자 김위찬 교수가 한 신문과의 인터뷰에서 이런 말을 한 적이 있다.

> 전략을 짤 때 대개의 경우 경쟁과 기존 산업을 분석하고 전략 그룹을 살펴본 뒤 집중 공략할 고객을 정한다. 이런 과정을 무의식적으로 거친다면 당신은 레드오션에 빠져 있는 것이다.
>
> (한경 2005. 10. 11.)

이 말은 좀 이상하지 않은가? 이건 마케팅 전략 수립의 상식을 뒤집는 말이다. 경쟁사와 시장을 분석하고 고객의 욕구와 행동을 파악해서 타깃을 정하고 전략을 짜는 것은 너무나도 당연한 프로세스 아닌가? 그런데, STP전략모델이 레드오션의 논리라니? 아무리 저명한 경영학 교수요, 베스트셀러의 저자가 한 말이라 해도 쉽게 동의하기 어려운 말이다. 그런데 세계적인 컨설팅 회사 AT 커니의 부회장 앨드리치도 비슷한 말을 했다.

고객이 원하는 바를 제대로 예측한 회사가 가장 사업을 잘하였다. 어려운 결정을 해야 했던 사람들은 바로 제조업자들이었다. 그들이 만족시켜야 할 고객의 욕구는 무엇인가, 시장은 어떤 시장인가, 제공할 제품과 종류는 무엇인가, 가격은 얼마나 매겨야 하는가 등등. …그런데 이제 회사는 더 이상 단일제품 개발전략이나 시장점유율을 따라잡기 위하여 광범위한 조사에만 의지할 수 없게 되었다. (디지털시장의 지배, 32쪽)

앨드리치가 말하는 요지도 고객 리서치 하지 말라는 얘기가 아니라 지금까지 불변의 법칙으로 신봉 받아왔던 시장경영의 논리로는 레드오션에서 빠져나올 수 없는 세상으로 변했다는 것이다. 즉, 비즈니스 생태계가 이전과는 달라졌다는 것이고, 지금까지 마케팅 불변의 법칙이라고 믿어왔던 것을 부정하는 얘기다. 그럼 무엇을 어떻게 해야 한다는 말인가? 김위찬 교수는 이렇게 대답한다.

블루오션으로 가려면 시장 경계선 내에서만 보지 말고 경계선 너머에 있는 새 수요를 볼 수 있어야 한다. (한경 2005. 10. 11.)

경계선 내는 시장이고, 경계선 너머가 플랫폼이다. 이제 경계선 내의 시장은 레드오션으로 변했고, 블루오션으로 가려면 경계선을 넘어 가야 한다. 경계선 안에는 창업의 기회가 없어졌고 성공할 수 있는 기회는 플랫폼에 숨겨져 있다. 그것을 '새 수요'라 표현한 것이다. 플랫폼이 무엇인지를 이해하고 플랫폼으로 나가면 사업이 이상하게 잘된다. 그래서 경계선 너머를 블루오션이라고 부르는 것이다.

가치사슬이 해체되면서 시장이 사라진다

이제 플랫폼을 모르고서는 사업에 성공할 수 없는 시대가 되었다. 200여 년 전 산업시대로 이행될 때 '시장(market)'의 개념과 생리를 이해했던 사람들이 큰 기업을 이룰 수 있었듯이 정보시대에는 '플랫폼(platform)'의 원리를 통찰해야 한다. 시장의 울타리가 허물어지면서 플랫폼으로 진화하고 있고, 조만간 시장경제학은 플랫폼 경제학으로 대체될 것이다.

이 부분은 좀 이론적이고 어려운 개념이지만 플랫폼이 무엇인지 이해하려면 시장이 사라지는 원인부터 파악해야 한다. 시장을 사라지게 만든 주범은 인터넷이다. 1990년대 초 하이퍼텍스트를 전송 프로토콜(http : hyper text transfer protocol)로 채택하면서 인터넷은 전 세계 인류를 거미줄(world wide web)처럼 연결시켰고, 시공간의 경계를 허물면서 융합을 일으켰다.

연결과 융합, 이것이 시장의 울타리를 허문 알고리즘이다. 1990년대부터 비즈니스 생태계는 지각이 변하면서 요동치기 시작했고, 기존 사업들의 가치사슬(value chain)이 해체되고 구조도 달라졌다.

가치사슬의 해체, 이것이 다른 말로 표현하면 시장이 사라진다는 의미다.

가치사슬이란 가치를 창출하는 구조와 방식을 의미한다. 자동차 산업을 예로 들어보자. 자동차 메이커는 납품업체들로부터 원재료와 부품 등을 공급받아 자동차를 생산해서 딜러 유통망을 통해 고객에게 판매한다(마치 사슬처럼 묶여 있다 해서 가치사슬이라 부르는 것이다). 이 가치사슬에 속해 있는 업체와 개인들이 자동차산업을 이루는 것이고, 과거에는 자동차 관련 창업을 하려면 반드시 이 가치사슬 안으로, 다른 말로 자동차시장으로 들어가야 했다. 원재료나 부품을 납품하든지 신기술을 개발해서 서비스하는 사업을 하든지, 아니면 자동차 딜러나 보험영업을 하든지. 그러지 않고는 다른 길이 없었다.

그런데 이렇게 꽉 짜인 사슬을 뚫고 들어간다는 것은 낙타가 바늘구멍 들어가는 것만큼 어렵게 되었다. 아무리 획기적인 기술을 가지고 있다 하더라도 그것이 기존의 공급/납품업체를 젖힐 수 있는 위닝샷이 되지 못한다. 게임의 법칙이 단지 좋은 기술력만이 아니기 때문이다.

대기업을 믿고 창업했다가 낭패를 본 사례를 하나 들어보겠다. 휴대폰 제조 시간을 획기적으로 줄일 수 있는 기술력을 가진 스타트업을 만난 적이 있었다. 제조사의 고위 임원을 지인에게 소개받아 제안을 했고, 그 임원은 기술연구소에 검토해 보라고 지시했는데, 담당 팀의 의견은 부정적이었단다. 창업자는 억울하다고 했다. 정말 좋은 기술이고 원가를 줄일 수 있는데, 왜 채택하지 않는가 하소연을 했다. 창업자의 말로는 그 기술이 채택되면 "왜 너희는 이런 기술을 못 만드느냐"고 내부 팀이 힐책을 받을까 두려워서 부정적인 의견을 냈을 수도 있고, 또는 자기들 밥그릇 없어질까 봐 그랬을 것이라는 것이었다. 그의 말이 맞는지 아닌지는 판단할 수 없지만 자신의 기술에 대한 확신만으로 창업했다가 크게 낭패를 볼 수 있음을 경계해야 한다.

사례를 하나 더 생각해 보자. 신기술 개발에 성공한 A씨는 제품이 완성되면 대기업에서 납품받아 주겠다는 약속을 받았다. 그리고 MOU(Memo of Understanding, 양해각서)도 체결했다. 그런데 기술을 제품화해서 완성하려면 20억 원의 추가자금이 필요했다. 필요자금을 마련하기 위해 기술신용보증기금을 찾았지만 매출이 없는 상태에서 기술력만으로 받을 수 있는 지원은 2억 원밖에 안 됐다(엄밀하게 말하자면 그것도 지원이 아니라 대출이다). 나머지는 자신의 집을 담보로 은행 대출을 해서 충당했다.

그런데 문제가 생겼다. 납품받아 주겠다고 했던 대기업에 조직개편이 일어나면서 부서가 바뀌어 버린 것이다. 예전 직원들은 부서 이동을 했고, 새로 바뀐 직원들과 협의했지만 그들은 A씨의 신기술을 인정하지 않았고 그 사이 다른 기술이 도입됐다. MOU는 법적 효력도 없는, 말 그대로 메모일 뿐이다.

이와 비슷한 사례들은 너무 많다. 세부적인 내용만 조금씩 다를 뿐 전체 틀은 여기서 크게 벗어나지 않는다. 이게 전통적인 창업의 방식이었다. 직장생활 좀 하면서 인맥 쌓고 자본 모은 후 신기술/서비스를 개발하면 대기업이나 정부기관에 납품할 수 있을 것이라고 생각하는 것이 창업에 대한 통념이었다. A씨의 사례가 그런 것이다. 결론부터 말하자면, 성공률은 1%도 안 된다.

절대 누구 잘 안다고, 대기업이나 정부를 믿고 창업해서는 안 된다. 그들은 월급쟁이고 책임지지도, 질 수도 없다. 그들이 진정성 있고 순수한 마음에서 도와주려고 해도 조직 구조상 할 수 없는 일이 더 많고, 또 도와준다고 해서 사업이 잘 되는 것도 아니다.

기존 기업들이 만들어 놓은 판 근처에는 얼씬도 하지 않는 것이 좋다. 기존의 가치사슬이 꽉 짜져 있는 상황이기 때문에 그것을 뚫고 들어간다는 것은 매우 어려운 일이다. 물론 거기에서도 성공할 수도 있겠지만 확률은 로또 확률보다 낮다. 로또는 그래도 일주일에 한 명은 성공사례가 나오지 않는가? 설령 납품을 시작한다 해도 가격 덤핑에 휘말려서 얼마 못 가 레드오션으로 침몰하게 된다.

새로운 가치방정식, 융합과 연결

그렇다면 가치사슬 안에 있는 기존의 납품업체나 유통점들은 안녕할까? 납품업체들은 제조사들이 원가를 절감하기 위해 가격을 계속 후려치고 있다고 호소하고, 중국이나 동남아 경제권이 부상하면서 한국 부품/가공업체들의 경쟁력은 갈수록 떨어지고 있다. 또 유통점들은 온라인과 모바일 쇼핑 규모가 커지면서 폐업률이 늘고 있는 추세다. 제조업체, 납품업체, 유통업체 모두 가치창출력이 현격하게 떨어지면서 레드오션으로 침몰하고 있다. 어느 업종도 변화로부터 자유롭지 못하다.

모두가 레드오션에 빠지는 원인은 가치사슬이 해체(unbundling)되기 때문인데, 가치사슬을 해체시키는 근원적인 요인은 인터넷이 일으킨 링크와 융합이다. 메르세데스 벤츠의 디터 제체 회장이 2012년 CES 기조연설에서 "이제 자동차는 가솔린이 아니라 소프트웨어로 움직인다"는 화두를 던졌다. 지금까지 자동차회사는 엔진 잘 만들고 차체 튼튼하게 만들어 세일즈 잘하면 성공할 수 있었지만, 이제 자동차산업의 핵심역량은 사물인터넷(IoT) 등과 같은 정보적 요소들로 이동하고 있다는 얘기를 그렇게 표현한 것이다.

이것이 우리가 서둘러 사물의 경제논리를 벗어던지고 정보의 경제논리로 갈아타야 하는 이유다. 자동차라는 사물을 만드는 가치사슬은 해체되면서 레드오션으로 침몰하는 반면, 자동차를 인간과 또는 다른 정보들과 연결시키고 융합하는 사업이 블루오션으로 떠오르고 있다. 자동차 관련 창업을 하려면 기존 사물의 가치사슬(시장)로 들어가지 말고 경계선 너머(플랫폼)에 있는 새로운 수요를 탐색해야 한다. 자동차공유모델인 우버나 크라우드 소싱 커뮤니티인 로컬모터스가 그런 변화 기류에 잘 올라탄 회사다.

자동차산업만이 아니다. 산업시대 경제성장의 동력 역할을 했던 건설, 중화학, 조선 등등 산업들의 구조조정이 시작되었다. 그들은 서로 사슬처럼 얽혀 있어서 도미노처럼 무너질 공산이 크다. 이것이 쓰나미다. 근처를 맴돌다가 파편을 맞거나 자칫 블랙홀로 빨려 들어갈 수도 있다. 혹시나 하는 미련을 버리지 못해 시장 근처에서 서성이지 말고 플랫폼으로 나가 정보의 경제논리로 무장하고 연결과 융합이라는 새로운 가치방정식을 익혀야 한다.

이상했던 구글의 시작

시장으로 들어가지 않고 플랫폼으로 나가 플랫폼 전쟁을 벌였던 대표적인 회사가 구글이다. 1998년 창업한 구글은 10여 년 만에 플랫폼 제국의 맹주 자리를 노리고 있는 기업으로 급성장했다. 정말 이상하리만큼 잘됐다.

구글(Google)의 시작은 단순하고 무모했다. 어떤 식으로 돈을 벌겠다는 계획도 없이 자신들의 박사학위 논문을 사업모델화한 것이다. 창업 당시 래리 페이지와 세르게이 브린은 박사학위 논문을 쓰고 있던 스탠포드 대학원생들이었다.

그들의 논문 주제는 검색엔진의 알고리즘이었는데, '페이지랭크(Page Rank)'라는 아이디어를 생각한다. 페이지랭크란 간단히 말하면, 페이지에 랭킹을 매기는 방식이다. 예를 들어, '대학'이라는 검색어를 치면 당시 알타비스타나 인포시크 등과 같은 기존 검색엔진들은 중요도에 상관없이 그냥 대학사이트들을 죽 열거하는 반면, 페이지랭크는 각 페이지마다 중요도와 연관성(relevancy) 점수를 매겨서 높은 점수의 페이지를 상위에 노출시키는 방식을 채택한 것이다. 이것이 오늘날의 구글을 만들어준 '페이지랭크'라는 검색 알고리즘이다.

세르게이 브린과 래리 페이지는 페이지랭크 알고리즘을 적용한 검색엔진을 만들고 검색사이트를 열었다. 이게 구글의 시작이었다. 그런데 당시 그들에게 사업계획서가 있는 게 아니었다. 수익모델도 마땅치 않았다. 두 명의 순진한 연구자들은 상업적인 사업모델을 싫어해서 구글 홈페이지에 배너광고를 붙이는 것을 반대했다. 그래서 큰 화면에 검색창만 하나 달랑 있고 배너광고나 상업적인 메시지는 찾아볼 수 없다. 또 창업 초기 검색엔진을 다른 포털 사이트나 기업에 판매해서 수익을 창출하려는 시도도 하지 않았다.

계획만 없었던 게 아니라 자본도 없었다. 서버 유지비용을 감당하지 못해 스탠포드대의 서버를 몰래 썼다는 일화가 있을 정도다. 구글의 잠재력을 알아보고 투자를 해준 실리콘밸리의 천사들이 없었더라면 구글은 젊은 청년들의 취미활동으로 끝났을 수도 있다.

그 뿐 아니다. 구글은 검색엔진을 처음 만든 회사가 아니다. 이미 알타비스타나 인포시크와 같은 자본과 기술을 겸비한 막강한 경쟁사들이 존재하고 있던 상황이었다. 구글은 검색엔진 시장으로 들어가서 그들과 경쟁하겠다는 생각을 한 것이 아니다. 산업시대의 관념으로 보면 비즈니스 마인드도 마케팅 전략도 없는 두 순수청년은 그냥 그게 자신의 업이라고 생각하고 저지른 것이다.

그런데 이상하지 않은가? 배너광고 하나 없고, 검색이 끝났으면 다른 블로그나 사이트로 이동해 가라고 쫓아내는 구글은 20년도 안 돼 세계최고의 기업으로 성장했다. 네이버나 야후 등의 포털 사이트들은 예쁜 정원 꾸미듯 콘텐츠들을 디렉토리화해서 모아놓고 거기에 배너광고를 붙여 수익을 내는 구조다. 포털 사이트들은 가능하면 사람들을 오랫동안 자신의 울타리 안에 머물게 하면서 그 안에서 콘텐츠도 보고, 카페나 블로그 활동도 하고, 게임도 하게 하려 하지만 구글은 볼 일이 끝났으면 빨리 구글 사이트에서 벗어나라고 종용한다. 사람들이 오래 머물면 머물수록 배너광고로 돈을 벌 수 있는 포털 사이트들의 비즈니스 논리는 상식적인데, 내쫓아 버리는 구글의 생각은 알 수가 없다.

울타리도 없고 배너광고도 붙이지 않은 구글은 수익모델이 보이지 않았다. 그런데 울타리 정원(walled garden)인 네이버나 야후와 오픈 플랫폼(open platform)인 구글 중 누가 더 큰 회사로 성장했는가? 우리는 이 스토리의 결말도 잘 알고 있다. 이러한 역설을 어떻게 설명할 수 있을까?

웹2.0과 구글의 부상

1998년 검색서비스를 시작한 구글은 2000년대 들어 급부상하기 시작한다. 90년대의 웹 환경이 21세기 들면서 급격하게 변화되었는데, 그것은 웹1.0에서 웹2.0으로의 전환이다. 차이점은 한 마디로, 웹1.0을 울타리 정원(walled garden)이라 한다면 웹2.0은 오픈 플랫폼(open platform)이라 표현할 수 있다.

인터넷이 보급되기 시작한 90년대 웹상에서 했던 일이란 포털 사이트에 들어가서 필요한 정보를 찾는다든지, 이메일, 메신저, 게시판 등을 통한 대화가 대부분이었다. 이렇게 인터넷은 점(点)에 불과했던 각 개개인들을 선으로 연결시켜준 사건이다. 즉, 인터넷 선을 통해 메일도 보내고 서로 정보를 주고받는 형태였던 것이다. 그래서 1차원 선(線)에 비유해서 웹1.0이라 부른다.

이때에는 포털의 지위를 차지하는 것이 중요했다. 문(門)지방을 의미하는 포털(portal)은 고객들이 인터넷에 들어오는 관문이었기 때문이다. 이때에는 온라인 세계로 들어오는 길목을 잡고 있는 것이 비즈니스 성공의 요체였다. 명동에 들어가려면 명동입구를 거쳐서 들어가야 하기 때문에 명동입구의 점포비나 옥외광고비는 비쌀 수밖에 없는 것에 비유할 수 있다. 그래서 정보들을 디렉토리화해서 예쁘게 꾸며놓고 이메일 계정도 공짜로 주고, 메신저도 무료로 쓸 수 있게 해주고, 게시판이나 카페로 사람들을 끌어들이는 마케팅 노력들을 해온 것이다.

그런데 21세기 들면서 상황이 달라지기 시작했다. 90년대에는 정보의 생산자와 소비자가 따로 있었지만 블로그나 SNS 등의 소셜미디어가 활성화되면서 모든 개인들이 정보의 생산과 유통에 참여할 수 있게 된 것이다. 이제 더 이상 포털은 갈수록 양이 늘어나는 웹상의 정보들을 울타리 안에 쌓아놓기 불가능해졌다. 그러면서 사람들의 인터넷 사용행태가 포털에서 검색(search)으로 옮겨간다. 사람들이 필요로 하는 정보를 포털 안으로 들어가서 보는 것이 아니라 검색창에 검색어를 치는 변화가 일어난 것이다.

이것이 웹2.0이다. 웹1.0에서는 포털, 이메일, 게시판, 홈페이지 등 폐쇄적이고 선형적인 채널 위주로 정보의 생산자로부터 정보의 소비자에게로 일방향으로 흘러갔지만, 블로그나 소셜미디어 등은 쌍방향 소통을 가능하게 했고, 검색이 활성화되고, 블로그와 위키(wiki) 사이트들이 많아지고 또 결정적으로 SNS가 급속하게 퍼지면서 울타리가 무너진다. 오픈된 것이다. 사람들은 포털 안에서 시간을 보내는 것이 아니라 블로그 생태계, 또는 SNS라는 평면 플랫폼으로 나오기 시작했다. 인터넷 공간이 선에서 2차원 면(面)으로 확장된 형국이다. 그래서 웹2.0이라 부르는 것이다.

플랫폼의 진화와 애드센스

플랫폼(platform)이란 말 그대로 사람들이 차를 타고내리기 위해 모이는 승강장이다. 즉, 웹2.0은 하나의 거대한 광장이 되는 셈이다. 과거에는 007 요원들이나 소지할 수 있었던 첨단 스마트 기기로 무장한 스마트몹들은 정보를 찾기 위해 포털로 들어가는 것이 아니라 플랫폼으로 나가는 변화가 일어난 것이다. 정보를 찾기 위해 밤새 인터넷 서핑을 할 필요가 없어졌다. 검색어만 치면 검색로봇이 돌아다니면서 다 찾아서 내 눈앞에 갖다 바치기 때문이다. 즉, 포털에서 플랫폼으로, 서핑(surfing)에서 서치(search)로의 행태변화가 일어난 것인데, 선에서 면(面)으로의, 1차원에서 2차원으로의 진화를 의미한다.

구글의 방식은 웹2.0 트렌드와 기막히게 맞아떨어졌다. 구글의 수익구조를 획기적으로 높여준 광고모델은 애드센스(AdSense)였다. 애드센스는 검색키워드 광고기법인 애드워즈(AdWords)와는 달리 검색결과와 링크되는 외부 사이트나 블로그에 광고를 게재하는 방식이다. 예를 들어, '창업'을 검색하면 창업과 관련된 사이트들이 죽 나열된다. 검색자가 그 중 어느 개인의 블로그를 클릭해서 들어가면 그 블로그에 광고가 게재되어 있는데, 그것이 애드센스다. 즉, 남의 블로그에 광고를 붙이는 것이다. 광고는 구글이 유치해 주고 광고비는 블로거와 구글이 배분한다. 개인은 그냥 블로깅만 열심히 하면 매달 광고수익이 입금되는 구조다.

유튜브가 1인 미디어의 플랫폼 제국이 되면서 크리에이터들에게 돈 벌 수 있게 해준 것이 애드센스 광고프로그램이다. 2006년 구글은 창업한 지 1년밖에 안 되었던 신생 유튜브를 16.5억 달러(약 1.8조 원)에 인수했었는데 지금 유튜브는 구글의 주 수익원으로 부상하고 있고 수많은 크리에이터들의 놀이터이자 직장이 되어 있는 것이다.

포털 사이트들은 자신들의 울타리 안에 뉴스나 콘텐츠, 게임 등을 모아서 예쁜 정원처럼 꾸며놓고 그 안에서 고객들이 머물며 시간과 돈을 쓰도록 유도하면서 배너광고를 통해 수익을 챙기지만, 구글은 반대로 울타리 밖에서 돈을 번 것이다. 울타리 안과 울타리 밖, 즉 시장과 플랫폼 중 어디가 큰 수익원이겠는가?

미국 USA 투데이가 "애드센스는 기본적으로 웹을 거대한 구글 광고판으로 전환했다. 그것은 실질적으로 구글이 모든 사람의 콘텐츠를 구글의 광고영역으로 바꾸어 놓았다는 뜻이다"라고 한 것이 이런 의미다. 남의 담벼락에 광고를 붙인 구글 역시 큰 도둑 정신이 있는 회사다.

지렛대 원리를 활용하라

구글은 운도 따랐음을 부정할 수는 없다. 그러나 구글 말고도 이상하게 잘되는 사업들의 공통점은 시장경영논리가 아니라 플랫폼 경영논리를 따랐다는 점이다. 플랫폼 경영학, 다른 말로 정보의 경제논리로 무장한 뜻밖의 스타트업들이 기존의 가치사슬을 해체시키고 재구조화하면서 경제의 중심으로 부상하고 있는 중이다. 그러면서 사물의 경영학에 익숙한 전통 굴뚝산업 가치사슬의 해체에 가속도가 붙고 있다.

이제는 창업을 하려면 예전 판에 붙지 말고 새로운 판으로 나가야 하고 '이상하게' 해야 한다. 정상이라고 생각되는 방식은 산업문명에서 길들여진 것이기 때문이다. 비즈니스 게임의 법칙이 달라지고 있다. 상품을 품질 좋고 차별화되게 만들어 시장에 내다 팔아서 마진을 취하는 가치부가(value added) 방식으로는 이상하게 잘되는 사업들을 해석할 방법이 없다. 이제는 가치를 만드는 알고리즘이 가치융합(value converged) 방식으로 달라지고 있으며, 비즈니스라는 개념 자체에도 근원적인 변화가 일어나고 있는 것이다. 기존 방식의 창업성공 확률이 갈수록 떨어지는 원인이 바로 여기에 있다.

반면 변화되는 원리를 이해한다면 적은 자본으로도 뜻밖의 성공을 거둘 수 있다. 지렛대 원리를 활용한다면 큰 힘을 안 들이고도 큰 물건을 들어 올릴 수 있듯이. 큰 자본이 투자되는 사물의 생산은 대기업에게 하라고 하고 소자본 창업가들은 그것을 훔쳐다가 링크시키고 융합하는 약은 전략을 펴야 한다. 남들이 시도해 보지 않았던 새로운 조합을 만들어 보는 것이다. 오프라인과 온라인을 연결하는 O2O(Offline To Online), 옴니 채널, 브랜디드 콘텐츠, 사물인터넷, 공유경제, 블록체인 등 정보의 경제논리를 적용시킬 수 있는 분야는 널려 있다.

당신이 생각하는 업종이 제조업이건 서비스업이건, 또는 치킨집이나 음식점이건, 아니면 유통업이건 기존의 것들을 개선하거나 차별화하는 정도로는 기존 가치사슬의 중력을 절대 이겨낼 수 없다. 기존 시장에 있던 것들을 훔쳐다가 플랫폼에서 재조합하고 자신만의 스타일로 재창조해야 한다. 그것이 융합이다. 내부만 보지 말고 밖을 보고 자꾸 이상한 생각을 훈련해야 한다. "Think Different!"

향후 5~10년 새롭게 재편된 비즈니스 판의 모습이 드러날 것이다. 그것은 플랫폼 제국이다. 기존 사물의 시장은 사슬(chain)의 모양이었으나 플랫폼 제국은 루프(loop) 구조가 될 것이다. 즉, 연결과 융합이 새로운 비즈니스의 문법이다.

빵 없는 빵집 만들기

어느 남대문 상인의 성공신화

오래 전의 일이다. 남대문시장에서 큰 성공을 거둔 상인 한 분을 만난 적이 있었다. 이 분은 1평 점포에서 시작해서 엄청난 성공신화를 이룬 분이었는데, 커피숍에 앉자마자 다짜고짜 나에게 이런 질문을 던졌다.

"돈을 본 적이 있습니까?"

"…"

이게 무슨 말이지? 지갑 속에 있는 화폐를 의미하는 것 같지는 않은데, 무슨 뜻인지를 몰라서 우물쭈물 대답을 못하고 있던 내게 다시 이런 얘기를 했다.

"나는 돈을 봤습니다."

"…"

'돈을 본다?' 이게 무슨 선문답 같은 말인가? 마치 고수를 만난 것 같은 묘한 기분에 싸여 계속 대답을 못하고 어리벙벙하게 앉아서 그 분의 얘기를 들었다. 자신이 처음 남대문시장에 점포를 얻어 장사를 시작했는데, 돈이 어디에 있나 곰곰이 생각해 봤다는 것이다. 그때 눈에 들어온 것이 관광버스란다. 나는 말 한마디 못하고 계속 듣기만 했다.

"관광버스 한 대에 최소 1억에서 2억이 있더라구요. 지방에서 상인들이 관광버스를 대절해서 물건 떼러 오는데 한 사람당 최소 5백에서 1천만 원씩 가지고 오지요. 보통 한 대에 10~20명씩 오니까 버스 한 대만 잡아도 하루 매상이 1~2억이 됩디다. 다른 손님들은 신경 안 쓰고 관광버스를 어떻게 우리 가게로 유치할까에만 집중했지요."

이 분과 얘기를 나누면서 고수에게서 한 수 배웠다는 생각이 들었다. 부자가 된 사람들은 모두 돈을 한창 벌 때는 돈이 보이더라는 얘기들을 공통적으로 한다.

가만 생각해 보면 그 말이 맞다. 돈이 보이니까 돈을 벌 수 있는 것이다. 당시 월급쟁이였던 나는 돈을 본다든지 돈이 어디에 있을까 하는 생각을 한 번도 해 본 적이 없었는데, 이 분이 부자가 된 비결이 눈(eye)에 있구나 생각이 들었다.

그날 이후 나도 무언가를 봐야겠다는 생각을 갖게 되었다. 돈,

변화, 시장, 이런 것들은 막연하고 개념적인 것이어서 눈에 보이지 않지만 꿰뚫어 보는 통찰력이 얼마나 중요한가를 깨달을 수 있는 시간이었다. 일생에 한 번은 부자와 점심을 먹으라는 말이 괜히 나온 말이 아닌 것 같다.

부자에게는 뭔가 특별한 눈이 있다

또 하나의 이야기. 작지 않은 한 벤처회사를 경영하는 젊은 기업가의 일화를 들은 적이 있었다. 그의 이야기를 들으면서 부자들은 특별한 눈(eye)을 가지고 있구나 하는 생각을 했다. 그는 중3때부터 사업을 시작했는데, 아버지의 권유로 새벽에 헬스클럽을 등록하고 다녔다고 한다. 새벽에 일어나서 헬스 하러 가는데, 신문배달원이 뛰어가는 모습이 눈에 들어왔다. 그 순간 이런 생각이 들었단다.

'나는 런닝 머신에서 뛰고, 저 사람은 길에서 뛴다. 나는 아령을 들고 운동하고, 저 사람은 신문을 돌리면서 운동한다. 똑같이 운동하는데 나는 돈을 쓰면서 하고, 저 사람은 돈을 벌면서 한다.'

다음 날부터 헬스 대신 신문배달을 시작했다. 아버지에게는 비밀로 하고. 그러니까 돈이 쌓이더란다. 아버지한테 받는 헬스비와 신문배달로 번 돈이 합쳐지니까 몇 달 지나니 2백만 원 정도가 모였다. 더 많은 신문을 배달하기 위해서 자전거를 한 대 사기로 했다. 백화점에 자전거를 사러 갔는데, 마침 재고가 없었다.

"주문해 드릴까요? 며칠 걸리는데…"

"네."

백화점 점원이 공장으로 주문전화를 하고 잠시 자리를 비운 사이, 전화기에서 재다이얼 버튼을 눌러 공장 전화번호를 알아내고는 집에 돌아와서 전화를 걸었다. 가격을 물어봤더니 직접 사면 반값이란다. 대량구매를 하면 1/3로 가격이 떨어짐을 알았다. 종자돈 2백만 원으로 몽땅 자전거를 사서 집에 쌓아놓고는 인터넷에서 저렴한 가격으로 팔기 시작했다. 주문이 오기 시작하고 불과 몇 달 사이에 3천만 원으로 불었다는 것이다.

이 얘기를 들으면서 젊은 나이에 사업에 성공할 수 있었던 것이 결코 우연이 아니었구나 하는 생각이 들었다. 남들이 보지 못하는 것을 볼 수 있고, 남들이 생각하지 못하는 것을 생각할 수 있는 혜안, 이것이 스마트사회가 필요로 하는 진정한 지식의 의미다. 일류대학을 나오고 아무리 스펙이 좋아도 부자의 눈을 갖지 못한다면 'I am a business', 'I am a brand' 패러다임의 문맹자가 될 수밖에 없다.

창업에 성공하기 위해서는 좋은 눈을 가져야 한다. 남들이 못 보는 것을 볼 수 있어야 기회를 포착할 수 있고, 넓은 시야를 가져야 시장 경계선 너머 플랫폼에 숨겨져 있는 뜻밖의 수요를 볼 수 있다. 변화의 트렌드와 방향을 볼 수 있다면 상승 기류에 올라탈 수 있고 이상하게 잘되는 사업의 주인공이 될 수 있는 것이다.

잘되는 빵집에는 빵이 없다

자, 당신의 눈을 한번 테스트해 보자. 어느 빵집이 잘되는지 안 되는지 무얼 보면 알 수 있을까? 잘되는 빵집에는 빵이 없다. 왜냐하면, 빵을 만들기가 무섭게 팔려나가기 때문이다. 그러면 어떻게 해야 날개 돋친 듯 팔리게 할 수 있을까? 날개를 달면 된다. 날개를 달아주면 상품이 떠서 하늘로 날아오른다. 빵에다 날개를 달다니, 그게 무슨 말인가?

〈국희〉라는 TV 드라마가 있었다. 시대적 배경은 일제강점기부터 시작해서 해방 후까지 이어지는데, 시골에서 상경해서 태화당이라는 동네 빵집에 취직한 국희(김혜수 粉)가 태화당을 큰 제과기업으로 성장시키는 스토리다. 태화당의 사장님이 죽으면서 빵집을 국희에게 맡긴다. 졸지에 경영을 하게 된 국희는 한 가지 아이디어를 생각해 낸다. 가게에 찾아오는 손님들에게만 팔 것이 아니라 극장이나 사람들이 많이 모이는 곳으로 가서 팔면 매출이 늘어나지 않을까 생각했던 것이다. 산업이나 시장이라는 관념이 형성되지 않았던 당시 농경시대 분위기에서는 쉽게 생각하기 어려운 '유통'이라는 개념이었다.

그러자니 문제가 생겼다. 가게 내에서 파는 빵을 굽는 것은 작은 오븐만으로 가능하지만 유통을 하려면 제과기계가 필요했던 것이다. 당시만 해도 기계라는 것이 없었고, 기계를 만들 줄 아는 사람도 별로 없던 상황이었다. 국희는 동네방네 뛰어다니며 그 문제를 해결하고, 해방 후 결국 태화당은 제과기업으로 성공하게 된다.

국희는 빵집 경계선 너머의 새 수요를 볼 수 있는 눈을 가지고 있었다. 틀을 깨고 가게 너머로 나간 것이 태화당의 성공 요인이 된 것이다. 농경시대에서 산업시대로 막 전환되던 당시 상황에서 세상의 변화와 비즈니스 패러다임의 이동을 간파하고 그 흐름에 올라탄 태화당은 큰 기업으로 뜰 수 있었지만, 기존 틀 안에 안주하고 있었던 동네빵집들은 뒤안길로 사라지는 결과를 맞았다.

국희는 빵에 날개를 달아 경계선 너머로 날아가게 했다. 즉 매장 안에서만 파는 것이 아니라 시장이라는 공간으로 나간 것이었다. 기계로 대량생산해서 시장으로 유통시키는 방식이 빵에 날개를 달아 작은 동네빵집을 큰 기업으로 날아오르게 만든 비결이었는데, 21세기 사람들의 관념으로는 그게 뭐 그리 대단한 아이디어인가 얘기하겠지만 당시로서는 생각해 내기 쉽지 않은 것이었다. 시장이나 유통이라는 개념도, 브랜드에 대한 이해도 희박했던 때였기 때문이다.

산업화가 되면서 시장이라는 '보이지 않는 손'이 작동하기 시작했고, 가내수공업 방식에서 기업의 형태로 성장하기 위해서는 시장의 원리를 활용해야 했다. 그러면서 가내수공업 방식에서는 필요 없었던 브랜드와 광고가 중요해졌다. 그것이 날개 돋친 듯 상품을 뜨게 만드는 비결이었다. 그리고 창업의 기회도 그와 같은 변화에서 발견할 수 있었고, 그 원리를 적용한 사업들은 지금은 대기업이 되어 있다.

빵집에서 빵을 팔아서는 안 된다

그런데, 세상이 또 달라지고 있다. 산업문명이 저물고 스마트문명으로 넘어가는 지금 상황에서는 어떻게 해야 상품에 날개를 달 수 있을까? 산업화의 역사가 주는 교훈을 현재에 대입해 봐야 한다. 과거에는 제품을 품질 좋게, 그리고 차별화되게 만들어 시장(유통)으로 내보내고 광고나 프로모션을 통해 브랜드 파워를 키우면 상품이 뜰 수 있었지만, 이제 더 이상 그런 방식이 먹히질 않는 것이다.

그런 방식으로는 시장의 경계선을 넘어 플랫폼으로 날아가게 만들 수 없다. 산업시대의 가치방정식인 사물의 경제논리에서 벗어나 아직까지는 좀 낯선 정보의 경제논리를 이해하고 적용해야 상품에 날개를 붙이고 뜨게 만들 수 있다. 창업의 성공률이 낮은 원인 중의 하나도 산업시대의 관념에 쩌들어 있는 데에 있다. 산업시대에 학교 다니고 산업시대 방식으로 일을 배웠기 때문에 그 틀을 깨고 나오기가 쉽지 않은 것이다.

그럼 어떻게 창업해야 하는가? 빵집에서 빵을 팔아서는 안 된다. 뭐라? 빵집에서 빵을 안 판다니, 그럼 그게 빵집인가? 그렇다. 역설적이게도 빵을 팔지 않는 빵집이 장사가 잘된다. 스타벅스는 커피집인데 커피를 팔지 않는다. 커피가 아니라 경험(experience)을 파는 스타벅스는 글로벌 커피기업이 되었다.

애플도 좋은 눈을 가지고 있는 회사다. 자체 매장을 갖고 있지 않았던 애플은 2000년도에 애플 스토어를 개장했다. 애플 스토어를 만들면서 그들에게 몇 가지 원칙이 있었는데, 첫 번째가 '잡동사니를 모두 없애라' 였다. 즉, 공간을 상품 대신 색다른 경험으로 채우라는 것이다. 소비자는 상품을 사기 위해 매장에 들어와 느낌을 갖고 떠나기 때문이다. 상품을 치우고 그 자리를 경험으로 채운 애플 스토어는 다른 회사들의 판매관이나 체험관의 벤치마킹 대상이 되었다.

상품이란 공장에서 생산되는 사물(hardware)이 아니라 고객에게 제공되는 가치의 총체물이라는 인식의 전환이 있어야 한다. 음식점이나 치킨집을 창업하려는 예비창업자들은 음식이나 치킨이라는 '사물'을 팔겠다는 생각을 버려야 한다. 맛있는 음식들은 너무나도 많다. 그리고 조금 지나면 더 색다른 음식들이 나온다. 이제 좋은 상품이나 차별화된 아이디어 정도로는 창업성공의 필요충분조건이 되지 못하는 환경 변화가 일어난 것이다.

상품이라는 사물은 중력의 법칙에 적용받기 때문에 하늘로 뜰 수 없다. 상품이 날개 돋친 듯 하늘로 날아오르게 하려면 태풍을 일으켜야 한다. 태풍이 정보의 경제논리다.

상품 진화의 세 가지 축

뜻밖의 창업 기회는 태풍의 기류에서 찾을 수 있다. 상품은 크게 세 가지 방향성을 갖고 진화하고 있는데, 디지털화, 소셜화, 게임화다. 이것을 다른 말로 표현하면, 상품에 디지털의 옷을 입히고 소셜 날개를 달고, 게임 엔진을 장착해야 하늘로 날아오를 수 있다.

빵집 이야기를 계속해 보자. 빵을 어떻게 디지털화할 수 있을까? 빵은 아날로그 상품이다. 아무리 인터넷과 디지털 기술이 발달한다 해도 원자(atom)가 최소단위인 빵을 0과 1의 조합인 비트(bit)로 전환할 수는 없는 노릇이다. 맞다. 공장에서 생산되는 물리적 사물인 빵은 절대 디지털화될 수 없다. 그러나 빵집에서 빵을 팔지 않고 경험을 판다고 생각한다면 '경험'은 얼마든지 디지털화될 수 있다. 상품이란 고객에게 제공되는 가치의 총체물이기 때문이다.

이제 상품에는 물리적 상품뿐 아니라 증강상품도 존재한다. 증강상품은 기존의 상품에 다른 요소들을 중첩시키는 방법을 통해 고객들에게 새로운 경험과 라이프스타일을 제공함으로써 총체적 가치를 증강시키는 것을 의미한다. 스타벅스는 증강상품, 가상상품, 대체상품 등의 개발에 박차를 가하고 있다. 이것이 아날로그 상품에 디지털의 옷을 입히는 방법이다.

이제 업종에 상관없이 IT와 디지털 기술을 모르고서는 사업을 할 수 없는 시대가 되었다. 디지털은 창업 전에 반드시 공부해야 하는 필수과목이다. 생활양식이나 사업모델이 새로운 디지털 패러다임에 적합성을 가져야 한다. 거기서 새로운 가치가 창출될 수 있으며, 블루오션으로 가는 방법이 될 수 있고, 창업의 기회도 찾을 수 있다. 물리적 상품을 제조하는 것은 자칫하면 대기업의 블랙홀로 빠져들 수 있는 일이지만, 증강상품이나 가상상품, 대체상품 등은 창의적인 아이디어만 있으면 개인도 사업화할 수 있기 때문이다.

빵도 없고 빵도 팔지 않는 빵집을 상상해 보라. 진열대에서 빵을 치우고 새로운 문화, 색다른 경험, 뜻밖의 발견, 신기한 스토리, 재미있는 트렌드로 채우라. 빵이 많은 빵집은 잘 안 되는 집이다.

소셜 날개를 다는 방법

둘째, 빵에다 소셜 날개를 붙인다는 것은 어떤 의미일까? 소셜화는 시장의 변화와 깊은 연관이 있다. 이제는 시장이 오프라인뿐 아니라 온라인, 그리고 모바일 영역으로까지 확대되고 있다. 특히 모바일 쇼핑의 성장속도는 매우 가파르며, 오프라인 매장에서는 구경만 하고 온라인에서 구매한다든지(쇼루밍족), 반대로 모바일에서 정보를 탐색하고 실제 구매는 오프라인에서 하는 크로스오버 구매형태도 보이고 있다.

시장이라는 개념이 시공간적으로 울타리가 쳐진 형태에서 고객들의 동선 자체가 시장으로 변하고 스마트폰 안으로 들어가고 있다. 이제는 고객이 있는 곳이 곧 시장이다. 시장의 시간과 공간의 경계선이 허물어지면서 '울타리 정원'에서 '오픈 플랫폼'으로 변하고 있다. 그렇기에 이제는 시장에 머물러 있어서는 안 되고 플랫폼으로 나가서 고객의 동선을 따라가는 소셜화가 매우 중요한 전략이 되어 가고 있는 것이다. 요즘 기업들이 옴니채널(Omni Channel) 전략, N스크린 전략, O2O 전략 등에 투자하는 이유도 여기에 있다.

소셜화란 고객들의 눈과 귀를 계속 추적하면서 소통을 끊이지 않게 하는 것을 의미한다. 이를 위해 필수적인 도구가 블로그나 SNS 등과 같은 소셜미디어다. 창업을 하면 대개 홈페이지를 구축하는데 소자본 창업자에게는 일반적인 홈페이지 대신 블로그를 추천하고 싶다. 요즘은 큰 기업이나 정부 기관들도 블로그 형식의 홈페이지를 만드는 사례가 늘어나고 있다. 블로그는 생태계(blogsphere)가 조성되어 있기 때문에 많은 사람들을 만날 수 있고 연결이 쉽지만 홈페이지는 무인도에 혼자 앉아서 오는 손님을 기다리는 것과 같기 때문이다.

블로그(blog)는 웹(weB)과 로그(LOG)의 합성어다. 즉, 종이에 기록하는 대신 웹에 기록해 놓은 것이 블로그인 셈이다. 블로그들은 RSS(Really Simple Syndication)와 트랙백(trackback) 기능을 통해 서로 연결될 수 있는데, 이 연결성을 더 쉽고 빠르게 만들어 준 것이 SNS(Social Network Service)다. SNS를 마이크로 블로그라고 부르는 것도 이 때문이다. 2000년대 중반부터 급속히 퍼진 페이스북, 트위터, 인스타그램, 유튜브, 카톡 등의 SNS는 기업들에게는 중요한 마케팅 플랫폼이 되어 있다.

2010년 선데이토즈가 개발한 애니팡 게임이 빵 터졌던 비결도 소셜화에 있었다. 카카오톡 플랫폼으로 들어갔고, 하트 선물을 주고받고 친구의 점수를 보여주는 소셜 기능을 접목시킨 것이 애니팡의 성공비결이었다. 애니팡이 다른 게임보다 더 재미있거나 퀄리티나 완성도가 높았던가? 아니었다. 애니팡은 모바일게임 이전에 인터넷게임으로 먼저 선보였었는데, 그때는 실패한 게임이었다. 모바일 시대가 열리면서 소셜 날개를 붙인 것이 애니팡을 뜨게 만든 요인이 된 것이다.

창업자들에게 SNS의 활용은 필수가 되었다. 카페나 블로그, SNS는 고객들이 모여 있는 커뮤니티인데, 커뮤니티 시공간을 놓쳐서는 비즈니스가 불가능하기 때문이다. 이러한 소셜미디어는 강한 영향력을 가지고 있고, 동시에 파괴력도 지니고 있다.

소셜미디어를 활용하면 적은 돈으로도 큰 광고효과를 볼 수 있는 시대가 되었다. SNS를 통해서 성공하는 개인 창업자들의 사례가 늘어나고 있고, 유튜브나 아프리카 TV 등과 같은 동영상 플랫폼에다 자신의 방송국을 차릴 수도 있다. 1인 출판, 1인 방송국, 1인 미디어가 가능해진 것이다.

과거에는 매스미디어 말고는 광고나 홍보를 할 길이 없었다. 매스미디어가 사람들의 눈과 귀의 길목을 장악하고 있었기 때문이다. 미디어라는 용어는 산업시대에 생겨난 것이다. 인쇄술과 운송수단의 발달로 신문, 잡지 등이 만들어지고, 20세기 들어 전기와 전파의 발달로 라디오, TV 등이 발명되면서 매스미디어(mass media) 시대를 열었다. 그리고 매스미디어는 수십 년간 사람들의 언로를 장악하면서 제왕적인 영향력을 발휘해 왔다. 그러나 이젠 매스미디어에서 소셜미디어로의 권력이동(power shift)이 일어나고 있는 중이다.

단, 소셜미디어를 활용할 때 한 가지 주의할 점은 광고나 홍보의 성격을 띠어서는 오히려 역효과가 날 수 있다는 점이다. 소셜미디어 생태계는 수평적이고 민주적인 시공간이기 때문에 설교하려 해서는 안 되고 대화해야 한다. 즉, 'tell' 하지 말고 'talk' 하라는 것이다.

소셜화는 시장의 경계선을 넘어 플랫폼으로 날아가는 작업이다. 소자본 창업자들에게는 새로운 기회의 땅이 될 수 있다. 소셜미디어를 적극 활용하고, 실시간 고객들과 소통하고 그들의 동선과 눈과 귀를 놓치지 말라. 고객들은 빵을 빵집에서 사지 않고 플랫폼에서 산다.

게임 엔진 장착법

셋째, 빵에 어떻게 게임 엔진을 집어넣을 수 있을까? 미국 LA에서 '고기(KOGI)'라는 브랜드로 타코 노점상을 창업해서 아메리칸드림을 이룬 앨리스 신이라는 한인 2세가 TV에 소개된 적이 있었다. 일종의 이동식 노점상, 즉 푸드트럭인데, 'KOGI' 브랜드를 단 트럭이 나타나는 곳마다 타코를 사려는 사람들이 장사진을 친다. 이들 때문에 교통체증이 일어나기도 한단다. 이들은 트럭이 나타나기 전부터 미리 기다리고 있던 사람들이다.

오랜 시간 팔지도 못한다. 한정수량이 떨어지면 다른 곳으로 이동한다. KOGI의 영업장소나 영업시간도 일정치 않다. 즉, 언제 어디로 가야 KOGI를 살 수 있을지 아무도 모르는 것이다. 그런데도 KOGI의 매출은 일반 타코 노점상의 6배가 넘었단다. KOGI는 대박돌풍을 일으키며 프랜차이즈가 늘어나고 있다고 했다.

어떻게 이런 일이 가능할까? 그것은 트위터 때문이었다. 홍보비한 푼 들이지 않고 트위터를 통해 '어디로 가고 있다', '몇 시에 시작하고, 몇 개 한정판매한다' 등의 단문을 팔로어(follower)들에게 보내면 문자를 받은 팔로어들은 미리 와서 기다린다. 사람들은 푸드트럭 앞으로 몰려들어 수십 미터 줄을 서서 음식을 사 가고, 영업이끝나면 또 다른 장소로 이동하는 것이다. KOGI의 이동경로는 일정하지 않다. 트위터 팔로어들이 어디로 와 달라면 가기도 한다.

SNS를 통해 마치 고객들과 게임을 벌이는 방식이다. 비즈니스는원래 게임이다. 그런데 요즘은 마케팅을 게임식으로 하는 사례들이늘어나고 있다. 2011년 말 호주의 한 호텔 체인이 투숙 고객들과도둑게임을 벌였다는 기사가 보도됐다. 여러 곳에 체인을 가지고있는 아트시리즈 호텔에서는 그 중 한 곳에 벽화 화가 뱅크시(Banksy)의 작품 'No Ball Games'를 전시해 놓고 그것을 훔치는데성공하는 사람에게 그 작품을 준다는 내용이었다.

어느 체인 몇 층에 있는지는 아무도 모른다. 단지 남들에게 들키지 않고 절도에 성공해서 1월 15일까지 잘 숨겨놓으면 그 작품을 상품으로 준다는 것이었다. 만일 발각되면 제자리에 갖다놔야 하고 게임은 다시 원점에서 시작된다. 이 소식이 입소문을 타서 그림을 훔치기 위해 사람들이 호텔로 몰려들었다.

고객들과 내기를 벌이는 재미있는 아이디어 하나가 호주 아트시리즈 호텔의 인지도를 올려놓았다. 우리나라 뉴스에까지 소개되어 알게 되었으니, 적은 홍보예산(작품 가격 약 1,500만 원)으로 큰 효과를 본 셈이다.

소자본 창업자들에게 매스미디어를 통한 광고는 언감생심이다. 그렇지만 창의적인 아이디어를 고안해 내고 재미있는 게임식 마케팅을 하면 TV나 신문들이 서로 와서 소개해 준다. 왜냐 하면 뉴스가치(news value)가 있기 때문이다. 디지털의 옷을 입히고 소셜 날개를 달았다면 고객들과의 재미있는 게임을 기획해 보라. 할인해 주고 사은품 주는 것도 구태의연하게 하지 말고 쌍방향적인 게임식으로 할 수 있다. 재미와 감성(fun & feel)은 마케팅 성공의 중요한 요소가 되고 있다. 재미있는 스토리텔링과 고객과의 역동적인 게임이 사업을 날게 만드는 엔진의 역할을 한다.

미래에는 이렇게 아날로그 상품에 디지털 옷을 입히고, 그 옷에 소셜 날개를 달고, 고객을 참여시키는 게임 엔진을 장착한 상품과 사업만이 살아남게 될 것이다. 창업을 하려면 기존의 방식으로는 절대 성공률을 높일 수 없다. 차별화 정도로는 창업에 성공할 수 없고 이젠 차등화해서 다른 수준의 경지로 올라가야 한다.

모든 상품은 디지털화, 소셜화, 게임화의 세 가지 방향으로 진화해 가고 있다. 당신이 생각하고 있는 업종이 무엇이든, 또 사업의 규모가 크든 작든 간에 이 원리를 따르지 않고 뭔가 못 보던 획기적인 상품 없을까, 어떻게 해야 차별화할 수 있을까 하는 사물의 경제 논리에 머물러 있어서는 창업에 성공할 확률이 낮다는 얘기다. 왜냐 하면, 변화의 기류에 안 맞아 태풍에 올라탈 수 없기 때문이다.

창업자들에게 진짜 필요한 것은 돈이 아니라 눈이다. 좋은 눈을 가지고 있으면 훔쳐올 것도 보이고 새로운 조합의 가능성도 볼 수 있다. 더 중요한 것은 시장 경계선 너머의 새 수요를 보는 일이다. 본질을 꿰뚫어 볼 수 있는 예리한 통찰력, 플랫폼을 바라보는 넓은 시야, 그리고 늘 자신의 틀을 허무는 겸손하고 열린 마음, 여기서 뜻밖의 창업이 나온다.

즐기면서 돈 벌게 해주는
블록체인

크리에이터 전성시대

요즘 기업들이 인플루언서 마케팅(influencer marketing)에 예산 지출을 늘려가고 있다. 인플루언서란 말 그대로 소비자들에게 영향력을 끼치는 사람을 의미하는데, 많은 팔로워를 보유한 블로거나 SNS스타, 콘텐츠 크리에이터, 셀럽 등을 지칭한다.

인플루언서 마케팅이 각광을 받는 이유는 기존 광고나 프로모션 등의 마케팅 방식보다 효율성이 높기 때문이다. 예를 들어, 화장품 회사는 유튜브에서 화장품 1인 방송을 하는 크리에이터를 만나고 싶어 한다. 조회 수가 수십만에서 많게는 수백만에 이르는 영상에 자사 브랜드를 노출시키고 진행자인 크리에이터가 추천하거나 멘트 한번 날려주는 것이 매출에 직접적인 영향을 미친다. 비싼 광고비를 써서 매스미디어에 노출시켜봐야 높은 GRP(Gross Rating Point)를 얻을 수 있는 미디어 환경도 아닐뿐더러 실제로 소비자들이 보는지 안 보는지 측정할 방법도 없고, 더 본원적으로는 이젠 그런 일방향적 커뮤니케이션보다는 친구나 영향력자의 평가나 추천을 더 신뢰하는 소비자성향의 변화가 일어나고 있기 때문이다.

유튜브에서 활동하는 크리에이터들의 수입은 크게 두 가지다. 하나는 구글 애드센스를 통해 배분되는 광고수익인데, 현재 구글의 정책에 의하면 구독자 1,000명, 그리고 총 누적 시청시간이 4,000시간 이상 되어야 자격이 주어진다. 광고주 유치, 게재, 정산 등 모든 관리는 구글이 해주고 수익을 나누는 방식이다.

또 한 가지는 인플루언서 마케팅의 대가로 기업으로부터 제공받는 수익인데, 이는 구글과는 상관없이 독자적으로 이루어진다. 대개는 MCN(Multi Channel Network) 회사를 통하지만 광고주와 크리에이터들을 직접 연결해 주는 플랫폼들도 생겨나는 실정이다. 물론 이는 상당한 영향력을 가진 크리에이터들에 국한되는 경우다. 한술 더 떠서 자신의 브랜드 상품을 기획하고 판매하는 크리에이터들도 늘고 있는데, 장난감이나 화장품 분야에서 많은 사례를 볼 수 있다. 명실상부 "I am a brand"의 시대가 된 것이다.

고수익을 얻는 크리에이터들의 성공사례가 알려지면서 콘텐츠 크리에이터는 동경하는 직업이 되었다. 꼭 전문적인 지식이 없더라도 소통능력이 좋으면 누구나 도전해 볼 수 있기 때문이다. 2018년 〈포브스〉의 발표에 따르면 전 세계 유튜버 수익 1위는 '라이언 토이즈리뷰(Ryan ToysReview)'인데, 이는 라이언이라는 7살 어린이가 올린 장난감 리뷰 동영상이다. 그냥 장난감을 갖고 노는 모습을 보여주는 것인데, 약 1,500만 명의 팔로워를 보유하면서 2,200만 달러(한화 약 244억 원)의 수익을 올렸다고 한다.

이미 중국에서는 왕훙(网红)이 선망의 직업이 되었다. 왕훙은 왕루어훙런(网络红人)의 줄임말인데, 네트워크 망을 뜻하는 '왕(网)'과 중국인 좋아하는 레드 컬러 홍(红)이 합쳐진 단어로 온라인상의 유명인사를 뜻한다. 주로 위챗이나 유쿠 등 중국 SNS에서 활동하면서 많은 팬과 영향력을 지닌 사람들이다. 왕훙은 강력한 마케팅 파워를 가지고 있다. 이들의 말 한마디가 기업의 매출을 좌지우지하며 문 닫았던 기업도 되살려낼 정도의 파워를 가지고 있는 것이다. 최근에는 '왕훙 경제'라는 단어가 생겨날 정도로 전자상거래 부문에서 왕훙의 영향력은 막강한데, 활동 범위도 패션과 미용을 넘어 게임, 여행, 육아까지 다양한 분야로 확장되고 있다.

이들은 자신이 좋아하는 일을 즐기면서 돈도 번다. 물론 모든 사람들이 인플루언서로 성공할 수 있는 것은 아니다. 중요한 것은 자신의 업(業)에 대한 진정성이다. 자신의 업을 발견하고 몰입하는 것 이외의 성공비결은 있을 수 없다.

우리가 곧 미디어

인플루언서 마케팅이 갑자기 등장한 것은 아니다. 전통적 광고에서 유명 연예인이나 셀럽을 모델로 활용하는 것도 인플루언서 마케팅이다. 그러나 이제는 저명인사가 아니더라도 누구나 인플루언서가 될 수 있는 시대가 된 것이다.

권력의 이동을 가능하게 해 준 것은 인터넷이다. 인터넷은 정보의 비대칭 문제를 해소하면서 과거 TV, 신문 등 매스미디어가 독점했었던 힘을 개인(peer)들에게 이동시켜 주었다. 그리고 블로그 생태계, SNS, 스마트폰 등 1인 방송이 가능한 인프라스트럭처가 구축되면서 본격적인 "I am a medium" 시대가 도래한 것이다.

블로거들의 바이블이라 불리는 〈우리가 곧 미디어(We the Media)〉의 저자 댄 길모어의 주장처럼 이젠 누구나 기자나 리포터, 방송 앵커, 쇼 호스트 등이 될 수 있다. 대중매체 시대처럼 전문기자는 뉴스를 생산하고 피어들은 뉴스를 소비만 하던 시절이 아니라는 말이다.

지금까지 TV나 신문 등이 파워를 가질 수 있었던 것은 많은 구독자를 확보하고 있었기 때문이다. 그들은 사람들의 눈과 귀로 흘러들어가는 길목을 장악했고, 그렇기에 미디어는 권력이 될 수 있었다. 그런데 유튜브에는 수십만, 수백만 명의 구독자를 거느린 크리에이터들이 많아지고 있고 그들의 영향력은 기존 대중매체를 능가하기 시작했다. 매스미디어 대신 콘텐츠 크리에이터를 찾아 협업하려는 광고주들이 느는 것은 당연한 귀결이다. 권력이동(power shift)이 시작된 것이다.

뜻밖의 창업 기회를 권력이동에서 찾을 수도 있다. 예를 들어, 당신을 기자로 고용하는 뉴스 플랫폼들도 나타나고 있다. 누구나 기자가 될 수 있기 때문이다.

생각해 보라. 당신의 손 안에는 최첨단기기가 쥐어져 있다. 우연히 어느 지역을 지나다가 사고현장을 목도했다고 가정해 보자. 그 사건을 가장 먼저 알릴 수 있는 사람은 당신이다. 사진과 동영상을 찍어 블로그나 SNS에 올리면 네트워크를 타고 퍼져나갈 것이다. 그것은 하나의 기사이고, 신문사나 방송국이 사진이나 동영상을 인용하거나 조회할 때마다 미리 설정해 놓은 저작권에 관한 계약에 따라 당신에게 저작료를 지급하게 된다.

어느 기자가 사건을 예상하고 미리 카메라를 들이대 놓고 있겠는가? 모든 기자들을 다 동원하더라도 99% 피어들의 기동성과 현장성을 무슨 수로 당할 수 있겠는가? 조금 더 취재하는 수고를 한다면 당신이 특종을 터뜨릴 수도 있다. 어릴 적부터 기자의 꿈을 갖고 재능이 있다면 꼭 신문이나 방송국 앞에 줄 서거나 언론고시 준비하려고 골방에 들어갈 필요 없다. "내가 곧 미디어"가 될 수 있기 때문이다.

이와 같은 권력이동 흐름에 결정적 한방을 날리는 것이 블록체인이다. 2008년 미국 금융위기가 터졌을 때 시민들의 월가 점령운동이 일어났다. 그때 슬로건이었던 "We are the 99%"가 블록체인의 정신을 상징한다. "지금까지 1%에게 권력과 이익을 누리게 해주고 맡겨놨더니 도대체 이게 뭐야? 정부나 은행, 너희들 못 믿겠어." 이것이 "우리는 99%다."라는 말의 의미다.

사토시 나카모토가 설계한 P2P 전자화폐시스템(A Peer to peer electronic cash system)인 비트코인도 1% 은행을 제치고 99% 피어들끼리 P2P로 직거래하면서 송금/결제/대출 문제를 해결하자는 맥락에서 나온 것이고, 블록체인은 이와 같은 참여/공유/개방형 플랫폼을 만드는 알고리즘이다. 블록체인은 "내가 곧 은행"이 되는 1인 금융 시대를 열 것이며, 기존 사업들을 대체하면서 수많은 창업의 기회를 창출할 것이고, 사회혁명을 주도할 것이다.

블록체인의 원리를 적용하여 탈중앙화 뉴스 플랫폼을 지향하는 스타트업 시빌(Civil)의 예를 보자. 콘텐츠 생산자가 중간 플랫폼을 거치지 않고 직접 판매하는데, 가격, 수익공유방법, 광고, 저작권 지급방법 등은 직접 설정할 수 있다.

이 플랫폼 안에는 저널리즘 자문위원회, 관리자, 뉴스 제작자, 시티즌, 팩트 체커 등이 있다. 언론계 전문가들로 구성된 독립적인 단체인 저널리즘 자문위원회는 시빌 네트워크에서 분쟁이 발생하면 이를 조정하는 역할을 하고, 관리자는 헌장에 따라 뉴스룸을 관리하면서 운영에 대한 책임을 진다. 물론 헌장은 뉴스 제작자와 독자의 승인에 따라 만들어진다.

누구나 뉴스 제작자로 참여할 수 있다. 사진 기자와 영상 기자를 포함한 모든 기자, 에디터, 일러스트레이터, 자료조사관 등 뉴스룸 콘텐츠를 만드는 모든 사람이 뉴스 제작자에 해당한다. 시티즌은 뉴스 소비자다. 시티즌은 시빌에서 발행하는 이더리움 기반의 암호화폐 CVL 토큰으로 기사 열람권을 살 수 있다. 월 구독료가 아니라 기사 단위, 비디오클립 단위로 소액결제 가능하기 때문에 내가 보지도 않을 모든 기사를 덩어리째 구독할 이유가 없다.

또 피어들은 팩트 체커로 활동할 수도 있다. 저널리즘의 기본인 '사실'을 확인하는 팩트 체커로 높은 평판을 얻는다면 뉴스 제작자들은 유능한 팩트 체커를 찾게 될 것이고, 이는 곧 플랫폼 내 중요한 보조 시장이 창출되는 것으로 이어진다.

여기에 얼마나 많은 일자리가 만들어졌는가? 1인 기자, 1인 에디터, 1인 일러스트레이터, 1인 팩트 체커 등등 누구나 자신이 좋아하는 일을 즐기면서 돈도 벌 수 있는 것이다. 이렇게 공유경제의 완성인 블록체인은 신문이나 방송 등 미디어산업을 분해할 것이다. 콘텐츠들이 모듈로 쪼개지고 중간사업자를 거치지 않고 P2P로 직거래된다. 이와 같은 지각변동 앞에서는 넷플릭스나 아마존도 안녕하지 못하다. 블록체인 생태계에서는 중간자와 편성표 자체가 없어질 수도 있기 때문이다. 당신이 곧 기자이고 아나운서이자 인플루언서가 되는 것이다.

블록체인으로 돈 버는 방법

우리가 좋아하는 일을 즐기면서 돈 버는 방법은 계속 늘어난다. 조만간 페이스북이 피어들에게 보상을 해줄 날이 올 것이다. 페이스북은 현재 약 500~600조 원의 기업가치를 인정받고 있다. 그런데 그 가치는 누가 만들어 주었는가? 20억 명의 유저들이 콘텐츠를 올리고, '좋아요' 누르고 여기저기 퍼 나르면서 네트워크 효과 (network effect)가 커진 결과다. 그러나 페이스북의 가치는 주주들만 누리고 있다. 이는 불합리하지 않은가? 재주는 누가 부리고 돈은 누가 버는 식이다. 가치의 비대칭, 이 문제를 해결할 수 있는 솔루션이 블록체인이다. SNS를 통한 소통을 좋아하고 잘 할 수 있다면 이것을 통해 돈을 벌 수 있는 시대가 오고 있다는 말이다.

빅 데이터 시대인 21세기, 그런데 많은 사람들이 데이터의 중요성을 간과하고 방치하고 있다. 예를 들어 보자. 우리가 병원에 가서 검사를 하거나 치료를 하면 의료데이터는 병원이 소유한다. 만일 A병원에서 B병원으로 옮기면 검사부터 다시 시작해야 한다. A병원과 B병원이 의료정보를 공유하지 않기 때문이다. 환자 입장에서는 비용과 시간이 이중삼중으로 들뿐 아니라 자신의 의료정보조차 소유하지 못한다.

나의 의료데이터를 내 스마트폰 안에 가지고 있다면 이런 문제점을 해소할 수 있다. 또 요즘은 의료데이터가 병원에서만 만들어지지 않는다. 집에서 당이나 혈압을 재기도 하고, 웨어러블 기기를 통해 걸음 횟수, 수면상태, 맥박 등도 체크한다.

이런 데이터들을 탐내는 회사들이 많다. 제약회사나 연구소 등에서 신약 개발할 때 나의 의료데이터를 제공하고 대가를 받을 수 있다. 특히 DNA 연구 등 헬스 케어 분야는 빅 데이터에 목말라 하고 있다. 그래서 실리콘밸리에서는 군비경쟁(arms race)이라고까지 표현하는데, 데이터양의 싸움이라는 의미다. 이처럼 의료데이터는 병원이나 의료기관에게 돈이 되는 것인데, 지금까지 피어들은 자신의 의료데이터의 소유주가 되지 못하고 있었던 것이다.

블록체인은 주권을 찾아줄 수 있다. 의료데이터의 소유주가 피어들이 되면 병원은 분해되기 시작한다. 이미 인공지능이 의사의 역할을 대체해 가고 있는 상황에서 블록체인까지 가세한다면 일은 커진다. 의사가 기피직종으로 전락할 수 있고, 의사의 사회적 신분 역시 200년 전 상황으로 되돌아갈지도 모른다.

개인정보는 어떤가? 우리가 순순히 동의해 준 개인데이터와 위치정보를 가지고 돈 버는 것은 플랫폼 기업들뿐이다. 피어들의 개인정보는 매스미디어를 통한 광고에 회의를 느끼고 새로운 커뮤니케이션 인프라스트럭처를 찾는 기업들에게는 정말 가치 있는 보물과 같은 것이다. 누가 보는지 또는 실제 타깃인지도 모르는 상태로 공중에 쏟아 붓는 전통적인 방식으로 광고비를 날리는 대신 개인정보를 토대로 1:1 마케팅을 벌이는 것을 원하고 있기 때문이다.

이젠 시장이 스마트폰과 PC안으로 들어가면서 개인이 있는 곳이 곧 시장이며, 움직이는 동선 자체가 시장으로 변하고 있다. 즉, 시공간의 경계가 사라지면서 오픈 플랫폼화되고 있다. 그러므로 고객이 이동하는 위치정보, SNS나 메신저 등을 통한 대화내용이나 이미지, 신용카드 사용내역, 검색 내역 등은 기업들에게는 피 같은 마케팅 데이터가 될 수 있다. 지금까지는 사람들이 무심히 무상으로 제공해 주던 개인정보의 주권을 찾아와 토큰으로 보상받을 수 있는 블록체인 기반의 플랫폼들이 등장하고 있다. 99%의 데이터 주권회복운동을 가능하게 하는 프로토콜이 블록체인이다.

기초소득제도는 개인데이터 제공에 대한 대가와 연관될 수도 있다. 즉, 단지 사회복지 차원의 최저생계비 보장이라는 관점이 아니라 국민들이 활동하면서 생성하는 모든 생활데이터를 제공하는 대가를 기초소득이라는 명목으로 지급받을 수 있다는 얘기다. 재원은 새로운 세금을 통해서 조달할 수 있다. 예를 들어, 데이터 활용세와 같은 것을 신설할 수도 있다. 데이터를 활용해서 가치를 만드는 기업들은 부가가치세를 내지 않는다. 그들의 비즈니스는 원재료를 구매해 거기에 가치를 부가하서 판매하는 방식이 아니기 때문이다. 데이터를 활용해서 가치를 융합하는 방식이다. 그런데 기존의 세금 제도와 법규로는 이런 방식에 세금을 부과할 법적 근거가 없다. 유럽에서 구글이나 페이스북 등에 적용되는 새로운 과세방식을 만들려는 것이 이 때문이다.

빅 데이터는 4차산업혁명 시대의 소중한 자원이다. 인공지능은 데이터를 먹고 살기 때문이다. 석탄을 집어넣어야 증기기관이 가동되고 석유가 있어야 에너지가 만들어지듯 정보시대에는 데이터를 처리해야 가치가 창출된다. 100여 년 전만 하더라도 많은 사람들은 시꺼먼 액체덩어리인 원유를 방치했다. 그러나 석유의 잠재가치를 알아차렸던 미국의 사업가 록펠러는 미국 정유공장의 90%와 운송 회사의 80%를 장악하고 강에 내버리던 가솔린을 처음으로 자동차 연료로 사용해서 세계 최고의 부자가 될 수 있었다.

곧 데이터의 가치를 깨달은 피어들의 데이터 주권회복운동은 갈수록 거세질 것이다. 그 중심에 블록체인이 있다. 평균 교육수준이 높아지고 최첨단기기로 무장한 피어들은 갈수록 똑똑해지고 세를 규합해 가고 있다. 더 이상 수동적인 대상이 아니다. 이러한 변화는 1990년대 인터넷의 확산 이래 시작된 것이지만 집단지성이 무르익으면서 인류의 유전자도 진화하게 된 것이다.

기업이 생산해 주는 상품/서비스를 소비만 하는 소비자도 아니고, 무대 위 마이크에서 흘러나오는 1%의 일방적인 설교를 듣던 청중도 아니다. 스스로 생산하는 호모 프로듀스, 주위에 적극 추천하고 홍보하는 호모 세일즈쿠스, 또 남들과 공유하는 호모 엠파티쿠스라고 표현할 수도 있겠다. 신인류가 출현한 것이다.

누구나 국회의원이 될 수 있다

좀 더 신나는 얘기를 해보자. 블록체인은 당신을 국회의원으로 만들어줄 수 있다. 국회라는 제도는 왜 생겼었는가? 교육수준이 낮아 문맹률이 높고 소규모 집단이나 개인의 의견을 개진할 채널이 없었을 때는 똑똑하고 유능한 사람을 대리인으로 뽑아 국회로 보내는 대의민주주의가 필요했었다.

그런데 지금은 어떤가? 최첨단기기를 하나씩 가지고 다니면서 연결하고 소통하는데 익숙해진 스마트몹들이 훨씬 더 똑똑하고 유능하다. 닫힌 울타리 안에서 그들만의 잔치에 빠져 있는 정치인들에게 국민들은 이미 식상해 있다.

기성 정치시스템에 염증을 느끼고 스트레스 수준이 임계점을 넘으면 스마트한 피어들이 전면에 나설 것이다. 블록체인이 그것을 가능하게 해주기 때문이다. 구름 위에는 수많은 입법 커뮤니티들이 만들어질 것이다. 분야별 입법 커뮤니티에서는 경험이 풍부하면서도 전문지식이 있는 초야의 고수들이 훨씬 현실적이고 친서민적인 아이디어를 도출한다. 생각해 보라. 1%의 닫힌 조직이 99%의 집단지성을 이길 수 있겠는가? 입법안은 분산형 어플리케이션(DApp) 상에서 토론과 검증을 거쳐 발의되고 피어들의 전자투표를 통해 결정될 수 있다. 물론 이 모든 과정은 실시간 투명하게 공개된다. 콘크리트 벽에 둘러싸여 있던 국회건물이 유리창으로 변하는 셈이다.

국회의원에게 세비주고 국회 운영하고 선거하는데 들어가던 막대한 비용은 이 과정에 참여한 피어들에게 공평하게 분배될 것이다. 이렇게 되면 당신의 기초소득도 올라간다. 모든 프로세스는 스마트계약 플랫폼 상에서 자율적으로 돌아간다. 또 여기에 인공지능이 개입될 수도 있다.

지난 200년간 1%에게 맡겨놓았던 권력을 되찾아 오는 일을 블록체인이 가능하게 해주고 있다. 그런데, 이것은 입법부만의 문제가 아니다. 사법기관 역시 블록체인의 타깃이다. 공부 잘한 1%의 판사들에게 위임하는 대신 인생을 잘 아는 99%의 스마트 피어들이 배심원 역할을 하면서 집단지성으로 문제를 재판할 수 있다.

초야의 전문분야별 고수들은 사법 커뮤니티를 활성화시킬 것이고, 그렇게 되면 재판의 모습도 달라진다. 재판정이 따로 있을 필요도 없고 판사 양쪽에 검사와 변호사가 있는 그림도 아니다. 온라인 법정에서 인공지능 로봇이 취재한 사건의 개요를 브리핑하면 분산형 어플리케이션 상에 있는 피어들의 토론과 투표로 판결을 내릴 수 있다. 솔로몬처럼 누구도 생각지 못한 묘책이 속출할지 모른다. 알파고가 이세돌도 예측하지 못한 묘수를 두듯이.

경찰이나 검찰의 역할도 블록체인 기반에서 피어들이 대신할 수 있다. 1%와 99% 중 누구의 조사를 더 신뢰할 수 있겠는가? 이미 CCTV 영상이나 빅 데이터가 넘쳐나면서 벌거벗은 사회(Naked Society)로 진입해 있다. 사법부의 조직과 기능이 축소되는 데에서 절감되는 비용은 공헌도에 따라 피어들에게 코인이나 토큰으로 분배될 수 있다.

한때 권력을 1%에게 위임하고 무대 아래로 내려와 자유를 잃어버리고 소외되었던 99%의 르네상스, 그것이 집단지성과 인공지능의 융합으로 구현될 수 있고, 이것이 4차산업혁명의 본질이다.

내가 곧 공무원

블록체인 혁명은 사회전체로 확산된다. 행정부는 어떻게 변할까? 이미 에스토니아, 두바이, 싱가포르 등에서는 개혁이 시작되었다. 종이서류부터 손보고 있다. 신원증명자료, 재산 및 소득증명자료 등 모든 데이터를 암호화하여 블록으로 만들고 체인 상에 분산 저장한다. 아날로그의 종이원본처럼 변형과 위조를 불가능하게 만들기 위함이다. 이렇게 되면 우리가 구청이나 동사무소, 등기소 등에 갈 일이 없어진다. 공인인증서로 인터넷상에서 발급받지 않아도 된다. 디지털 ID만 있으면 모든 일들이 자동적으로 이루어지는 것이다.

이것이 우리 실생활을 어떻게 변화시키는지 생각해 보자. 예를 들어, 청년수당이나 연금 등을 신청하려면 각종 등본, 증빙자료 등 많은 서류를 떼어서 접수처에 첨부해야 했다. 그런데, 그럴 필요 없이 나의 디지털 ID만으로 접수가 끝난다. 담당공무원의 책상 위에 서류가 사라지고, 심사과정은 투명하게 공개되고 결과도 공유된다. 여기에 비리나 조작 등이 개입할 여지가 없다.

여행할 때 출입국 심사대 앞에 줄을 서지 않아도 된다. 디지털 ID가 여권을 대신하기 때문이다. 좀 더 센서 기술이 진화해서 생체인식까지 이루어지면 출입국 심사대마저 필요 없어진다. '마이너리티 리포트' 영화 장면이 뜬금없는 것이 아니다. 세관 심사 역시 대폭 간소화된다. 투명해진 벌거벗은 사회에서 어떻게 속일 수 있겠는가?

벌써 좀 신나지 않는가? 그런데 블록체인의 활약은 지금부터다. 단지 종이서류가 디지털 ID로 대체되는 것만으로도 정부의 조직이 대폭 줄어들지만 여기서 멈추지 않는다. 접수나 심사도 피어들이 블록체인 기반 디앱 상에서 직접 할 수 있다. 공무원들의 역할을 대신하는 대가로 토큰을 지급받는다. 공무원 급여나 조직 운영비 등의 정부 예산이 99% 피어들에게 분배되는 셈이다. 블록체인은 당신의 참여에 대해 정확한 보상을 해줄 수 있다. 공무원 시험 준비하겠다고 노량진의 한 평짜리 방에서 쪼그리고 자지 않아도 되고 시험장에 줄서지 않아도 된다는 얘기다.

행정부의 어느 부서가 이러한 쓰나미로부터 자유로울까? 집단지성과 인공지능이 힘을 합치면 훨씬 월등한 정책을 수립할 수 있다. 집행은 스마트계약에 의해 자율적으로 이루어진다. 법(法)의 정의도 달라진다. '코드가 법(Code is Law)'이 되는 세상이 블록체인 생태계다. 이것이 DAG(Decentralized Autonomous Government, 탈중앙화 자율적 정부)의 실체다.

정부가 사라지면 어떻게 되나 너무 불안해하지 않아도 된다. 지금의 정부 역시 100~200년의 짧은 역사를 가지고 있는 산업문명의 유물일 뿐이다. 블록체인은 충분히 기존의 정부를 대신할 수 있다. 아니 더 잘 할 것이다. 이미 관료조직의 문제점은 드러나 있다. 똑똑한 사람 뽑아 좀비로 만드는 관료조직은 기업조직보다 딜버트의 법칙이 더 잘 맞아떨어지는 곳이다.

현재의 정부시스템으로는 사회 발전에 저해되는 법과 규제와 제도를 혁신하는데 한계가 있다. 블록체인은 정부의 개념조차도 바꾸면서 새로운 거버넌스를 완성할 것이다. 블록체인은 99%의 혁명이다.

노동의 종말

모든 직업이 바뀐다. 앞으로 일은 인공지능이 하게 된다. 산업화가 진척되면서 인간의 손과 발을 대체했던 기계가 없이는 어떤 상품도 생산할 수 없게 되었듯이 앞으로 인간의 두뇌를 대체하는 인공지능이 없이는 어떠한 생산이나 경제행위도 불가능해진다. 불편하지만 진실이다. 그리고 막연한 미래의 이야기가 아니라 정해진 미래 이야기다.

그런데, 이건 슬픈 이야기가 아니다. 제레미 리프킨의 표현처럼 노동의 종말(the end of the work)이 오면 노동은 인공지능에게 맡겨 놓고 인간은 삶을 즐기면 된다. 이것은 해피엔딩 아닌가? 인간이 노동노예였던 시대가 끝나고 삶의 주인공이 될 수 있다. 우리는 이 세상에 살러 온 것이지 일하러 온 것이 아니다.

말은 그럴듯한데 아직 좀 찜찜하다. "돈은 어떻게 버나?" 때문이다. 이런 생각이 드는 것도 산업시대의 관념에 젖어 있기 때문이다. 생각해 보라. 우리 조상들이 동굴에서 살 때는 돈이 필요 없었다.

생활에 필요한 것은 자연에서 얻었고, 현대인들보다 삶의 만족도나 행복감이 높았었다.

또 살아가는데 돈이 생각보다 많이 들지 않게 될 것이다. 앞으로 우리가 쓸 물건은 인공지능 로봇이 만들어 갖다 준다. 그렇게 되면 상품의 가격은 제로로 수렴할 것이다. 가치를 부가하는데 들어가는 코스트가 제로로 가기 때문이다. 자동차를 예로 들어 상상해 보자. 자동차의 가치사슬을 역으로 추적해 가면 자연에 닿는다. 자연의 모래나 광물 등에서 재료를 채취하고 그것을 부품과 차체로 만들고 거기에 소프트웨어를 장착하는 것이 자동차산업의 가치사슬이다. 그 과정을 지금까지는 인간이 했기 때문에 단계마다 부가가치가 생겼고, 가격에 반영됐다. 그런데 채굴부터 운송, 제조, 조립 등을 인공지능 로봇이 한다면 부가가치가 발생하지 않는다. 가치가 발생하지 않으면 가격도 없다. 그 뿐인가? 운전도 인공지능이 해주면 인간은 굳이 소유하려 하지 말고 공유하면서 그냥 타고 다니면 된다.

농사도 인공지능 로봇이 해서 요리까지 만들어 갖다 바칠 것이다. 소도 로봇이 키운다. 우리는 먹고 싶은 것이 있으면 근처 상점에 들어가서 그냥 들고 나오면 된다. 계산대에 가서 바코드를 찍을 필요도 없다. 공짜니까. 인간이 가치를 부가하지 않았으니 가격도 없다.

이게 어떤 모습인지 그림이 그려지지 않는다면 아마존고 (AmazonGo)를 보면 된다. 아마존의 실험은 미래 쇼핑 모습을 보여주는 예고편이다. 사람들이 아마존고에 들어가서 필요한 물건들을 그냥 들고 나온다. 점원도 없고 계산대도 없다. 물론 아마존고에서 공짜라는 얘기가 아니다. 아마존고 매장 곳곳에 각종 센서와 인공지능 등 첨단디지털 기술이 숨어 있어 자동으로 결제까지 이루어진다는 사실을 눈치 채지 못한다면 영락없는 유토피아 아닌가?

일단 인공지능 생태계의 인프라가 갖춰지기만 하면 노동로봇이 공장도 가동하고 운송도 하고 또 다른 노동로봇도 인공지능이 만들면서 모든 일이 자동으로 돌아갈 것이다. 이것은 얼마든지 실현가능한 시나리오다. 우리는 놀면서 좋아하는 일을 즐기면 된다. 이 대목에서 또 한 번 반론이 일 것이다. "노는 것도 하루이틀이지 어떻게 일 안하고 놀기만 할 것인가?" 이런 생각 역시 자본주의 산업문명의 잔재다. 수천 년의 인류역사 속에서 일하던 사람들은 노예뿐이었다. 동굴에서 살던 조상들의 머릿속에는 일과 놀이의 구분조차 없었다.

이렇게 직장, 취직, 월급 등의 개념이 사라진다. 피어들은 네트워크상에서 커뮤니티와 연결해 자신이 좋아하는 일을 놀듯이 즐기면서도 삶을 영위할 수 있다. 입법 커뮤니티나 사법 커뮤니티에서 활동할 수도 있고, 예술가나 작가가 될 수도 있고, 데이터를 생산할 수도 있다. 자신의 적성과 비전에 부합하는 업을 하면서 삶을 즐기는 것이다. 생활비도 별로 들지 않는다. 인공지능 로봇들이 집도 지어줄 것이고, 운전도 해줄 것이고, 먹을 것 입을 것 만들어서 갖다

주니까. 생필품들은 가게에서 들고 나오면 되고, 소유하지 않고 공유한다면 생활용품도 많이 필요하지 않다. 기타 용돈 정도는 기초소득으로 충당할 수 있다.

상상 속의 유토피아 이야기 같지만 4차산업혁명의 본질은 에덴동산으로 돌아가자는 것이다. 인공지능을 너무 무서워하지 않아도 된다. 인공지능을 어떻게 활용하고 블록체인을 통해 집단지성을 어떻게 발현하느냐에 인류의 미래가 달려 있다.

세상이 크게 변하고 있다. 멀리 보고 넓게 생각하면 예상치 못했던 뜻밖의 세상을 발견할 수 있다. 우리가 아는 세상보다 모르는 세상이 더 크듯이 내가 아는 '나'보다 내가 모르는 '나'가 더 크다.

당신의 눈과 생각을 너무 믿지 마시라. 생각에 지치면 아무것도 하지 못한다. 더 큰 세상에 몸과 마음을 맡기고 용기 있게 첫걸음을 내딛는 것이 지혜로운 일이다. 거기에는 당신이 몰랐던 무언가가 분명히 있다. 뜻밖의 창업여행을 함께 떠나지 않으시겠는가?